Bibliografische Information der Deutschen Nationalbibliothek:
Die Deutsche Nationalbibliothek verzeichnet diese Publikation
in der Deutschen Nationalbibliografie; detaillierte bibliografische
Daten sind im Internet über http://dnb.dnb.de abrufbar.

© 2017 thE
Herstellung und Verlag:
BoD – Books on Demand, Norderstedt

ISBN: 978-3-744-864770

thE

Menschheit im Tiefschlaf

Unser täglich Gehirnwäsche gib uns heute

Die nachfolgenden Kapitel entsprechen einer zusammengefügten Sammlung spontan entstandener Texte, authentische Sichtweisen zu verschiedenen größeren und kleineren Begebenheiten aus der meist jüngeren Weltgeschichte und dem kommunalen Umfeld des Autors. Die übergeordnete Thematik dreht sich bei allen angerissenen Gebieten um die Formung und Lenkbarkeit des Geistes und die Frage, wieso es offenbar so leicht ist, umfassende Beeinflussungen beliebig und wirksam anzuwenden. Kommt hier ein übergeordnetes Prinzip zur Anwendung? Vieles weist darauf hin, was an den nachfolgend aufgeführten, aktuellen wie älteren, Beispielen sichtbar wird.

* * *

Individualität, sozialethische, menschliche Tugenden und altruistische Tendenzen sind immer weniger gefragt und nicht erwünscht; materieller Besitz, das Kaufen selbst, das nach außen gezeigte Bild des Einzelnen, sein »Image«, sowie Wichtigkeit von Markenartikeln in allen möglichen Bereichen und eine einhergehende Identifizierung mit reinem Konsumieren sind zur Normalität geworden.

* * *

Ein erschreckendes Element ist aber die Tatsache, dass eine Bevormundung menschlicher Erdenbürger aus der Richtung von Politik und Wirtschaft, des Gesundheitswesens und auch aus der militärischen, immer offener und unverhohlener präsentiert werden kann, die mit einer abnehmenden Bereitschaft zu Opposition und einer immer größeren Akzeptanz dieser Bevormundung einhergeht.

Es scheint sogar, dass ein gewisses Prinzip geistiger Unterdrückung umso besser greift, je offener es praktiziert wird.

Die Tyrannei gibt sich offen zu erkennen und macht keinen Hehl aus ihren Zielen, während der Großteil der Betroffenen dies klaglos und oft nicht einmal resigniert hinnimmt.

Jüngere Generationen, die bereits in eine schöne neue Welt â la Huxley geboren wurden, kennen nichts anderes und somit ist es vielleicht nicht verwunderlich, dass Bewegungen im Volke zur Bewahrung von Freiheit und Selbstbestimmung immer weniger in der Welt auszumachen sind.

Sogar nehmen sich wohl die meisten als freie, selbstbestimmte Individuen wahr, ohne zu merken, wie ein solches Selbstbild immer mehr bereits einer vorgegebenen Illusion entspricht.

Entgegen eines möglicherweise entstehenden Eindrucks soll hier keine pessimistische Schwarzmalerei betrieben werden, die auf unrealistischen Verschwörungstheorien gründet, wie sie manchen verblendeten Kreisen zugeordnet wird.

Allerdings lassen sehr viele Begebenheiten und Umstände das Bild einer Orwellschen Big Brother Vision entstehen, so hinter die Kulissen des globalen Informationsapparates geschaut oder nach Bildern gesucht wird, die in den öffentlichen Medien nie gezeigt werden. Im Zuge der Auseinandersetzung mit den Grenzgebieten der weltweiten Informationspolitik an sich ist es schwer, permanent eine klare Abgrenzung zum Stigma des Unrealistischen und Versponnenen herzustellen. Auch hierbei scheint eine Absicht dahinter zu stehen, manche Fakten damit zu versehen, um erst gar keine kritische Masse im Volke entstehen zu lassen, die genauer hinsieht.

Leider ist es eine Tatsache, dass die allermeisten Menschen sich nie die Mühe machen, tiefer zu schauen, weil sie mit dem alltäglichen Leben in einer vollkommenen Ablenkung und Oberflächlichkeit gefangen sind, so dass ein grundsätzliches kritisches Hinterfragen schlicht zu unbequem für sie ist. Dennoch sterben die nicht aus, die gerne alles genauer wissen wollen und herausfinden möchten, was Wahrheit und was Schein ist.

Eine Frage, die sich als roter Faden durch fast alle Themengebiete zieht ist die, wie es überhaupt möglich sein kann, den Großteil der Menschheit über Jahrhunderte und Jahrtausende hinweg und bis in die heutige Zeit immer noch in einer regelrechten geistigen Sklaverei zu halten und ebenso, wie dies genau geschieht.

Vorweggenommen sei, dass diese Frage weitgehend unbeantwortet bleibt, obwohl die Berechtigung sie aufzuwerfen, zweifellos besteht.

Die Aktualität der nachfolgenden Beispiele ist vollkommen unerheblich, da ein mehr oder weniger gleiches Prinzip zur Anwendung zu kommen scheint, mit dem Einzelne und ganze Völker seit Bestehen der Menschheit manipuliert werden können.

Es wird anscheinend seit jeher angepasst oder abgewandelt, aber sein Ziel ist nach wie vor stets das Gleiche, nämlich Menschen vor allem geistig klein zu halten und sie dadurch zu beherrschen.

Wieso auch Betroffene untereinander in ähnliche, gegeneinander ausgerichtete Handlungsstrukturen verfallen und auch nach Tausenden von Jahren immer nur eine Minderheit das Bedürfnis nach einem möglichst friedvollen und harmonischem Miteinander anstrebt, darüber kann nur spekuliert werden.

Menschheit im Tiefschlaf

Diese Formulierung hat sich als Gedanke immer wieder in Anbetracht des allgemeinen Weltgeschehens herausgebildet, das sich vor allem in unzähligen prekären Lagen und Situationen von Mensch und Tier in der Welt spiegelt.

Wieso schlafend?

Der Schlaf ist hier als Synonym im Sinne einer Passivität gemeint, in der Menschen verharren, obwohl sie viele Begebenheiten um sich herum als ungerecht empfinden und sogar Möglichkeiten wahrnehmen, Unerwünschtes in irgendeiner Form zum Besseren beeinflussen zu können.

Ist es tatsächlich nur Bequemlichkeit, die aktives Handeln großflächig verhindert?

Es sollte doch möglich sein, sich gegen bestehendes Unrecht, Beschneidung von Rechten und Lebensfreiheit in allen möglichen Bereichen zusammenzuschließen, um solche Beschneidungen zu verringern, sich gegen sie zu erheben und bessere Situationen herzustellen. Formen der Auflehnung müssen ja nicht unbedingt mit Gewaltanwendung verbunden sein.

Der Begriff der Macht kommt früher oder später mit ins Spiel, wenn die Vergegenwärtigung erfolgt, dass relativ kleine Gruppen von Menschen Macht ausüben, um größere Gruppen von Individuen, zum Beispiel Völker und Gesellschaften, in Ordnungssysteme zu bringen, die deren Leben in einem weiteren und auch engeren Sinne regulieren. Und zwar häufig gegen deren Bedürfnisse und Wünsche. Es stellt sich oft ganz simpel die Frage auf, wieso Menschen alle nur erdenklichen Maßregelungen bis hin zu Brutalitäten aller Art über sich ergehen lassen, ohne sich dagegen zu wehren.

Natürlich ist hier ebenso Angst als Mittel im Spiel, die Inhaber von Machtpositionen einsetzen, um die Menschen in gewünschte Richtungen zu lenken.

Es kann auch die grundsätzliche Frage gestellt werden, wieso Menschen überhaupt das Bedürfnis haben, andere zu unterjochen und sie zu beherrschen. Sicherlich sind es eher die sogenannten niederen Triebe, die hier zum Tragen kommen, entgegen höheren geistigen Qualitäten, die sich an Tugenden wie Toleranz und Gleichberechtigung orientieren.

Wie die Geschichte der Menschheit beweist, existieren diese Strukturen schon sehr lange und sind entsprechend eingeübt, halten »Täter« wie »Opfer« in ihren Rollen und Positionen. Bewährte Strategien werden seit vielen Generationen praktiziert und ausgebaut.

Strategien der Unterdrückung?

Was sind diese Strategien und wieso kann man sie erfolgreich so verbreitet und massiv anwenden?

Da sie auf allen Ebenen des Lebens erfolgen und dazu häufig in subtiler und kaum wahrnehmbarer Form, die sich in einem fast wörtlichen Sinne durch die Hintertür ins Unterbewusstsein einschleicht, ist es nicht so einfach, ihnen auf die Spur zu kommen.

Dies ist hier zwar auch gar nicht das erklärte Ziel, dennoch besteht eine gewisse Notwendigkeit, diese Methodik zu fokussieren und den Einstieg hierüber zu beginnen.

Es ist nicht ganz leicht, ein übergeordnetes Ansinnen einzugrenzen und zu formulieren. Sich selbst die Chance zu geben, aus dem Wechsel von konkreten Beschreibungen gegenüber Vermutungen und auch verallgemeinerten Ansichten ein fassbares Bild entstehen zu lassen, kann vorteilhaft sein.

* * *

Auch die Menschen der in einem scheinbar friedlichen Miteinander lebenden Wohlstandsgesellschaften finden in allen nur erdenklichen Bereichen ihres Alltagslebens genügend Gründe, die ihnen Anlass zur Unzufriedenheit liefern - ohne je wirklich effektive Maßnahmen für eine Veränderung zu ergreifen.

Anscheinend kann man Menschen alles Mögliche verkaufen oder sie beliebig dazu veranlassen, Standpunkte, innere Haltungen und Denkrichtungen, einzunehmen.

Offenbar spielt hier der Geist des Menschen eine entscheidende Rolle, denn Macht hat in heutiger Zeit ja nicht mehr unbedingt nur mit physischer Kraft und Überlegenheit zu tun, deren skrupellose Anwendung vor allem in den vergangenen Jahrhunderten und Jahrtausenden den Mächtigen die Macht sicherte.

Wie heute bekannt ist, bildet die logische Ebene des Bewusstseins, der Verstand, nur einen relativ geringen Anteil des Geistes.

Das Bewusstsein ist als Phänomen bis heute von seiner Entstehung her nach wie vor nicht entschlüsselt und erklärbar und bleibt eine rätselhafte Erscheinung.

Über seinen Verstand als zentrale Bewusstseinsfunktion identifiziert sich der Mensch nicht nur selbst, hierüber erfasst er auch alle Abläufe jedweder Art in der Welt um ihn herum. Global wie in seinem ganz kleinen persönlichen Lebens- und Spielraum.

Der Verstand bleibt trotz seines eher geringen Umfangs in dem großen Gebilde des menschlichen Geistes sein Hauptinstrument, mit dem sich der Mensch durch sein Leben manövriert. Leider neigt diese logische Ebene dazu, sich allzu wichtig zu nehmen, sich mit einem angenommenen Ich gleichzusetzen, das wahrscheinlich nur eine Idee und damit ohne fortdauernden Bestand ist, und das alles Wahrgenommene nach seinen Maßstäben nüchtern, sachlich und rational bewertet.

Dabei verkümmert in diesem Verstand im Laufe des Lebens zunehmend die Wahrnehmung für die restlichen Anteile des lebendigen Organismus, von dem er selbst lediglich ein nur geringer Teil ist. Dieser Umstand hat sicher auch sehr dazu beigetragen, dass in den modernen Gesellschaften das Emotionale immer weniger geschätzt wird und die Welt mittlerweile fast ausschließlich an die Maßstäbe der Ratio angepasst ist und alles vornehmlich über diese Ebene bewertet wird.

Höchstleistungen sind schon von diesem Verstand ersonnen und vollbracht worden. Dennoch ist es offenbar schier aussichtslos, umfassend bessere Zustände herzustellen, die für fast alle, oder doch zumindest wesentlich mehr Menschen als derzeit, bessere Lebensbedingungen bewirken. Dieser Umstand bleibt bestehen, obwohl der Mensch, als Einzelwesen wie im Kollektiv, intelligent oder weniger intelligent, absolut in der Lage ist, die umrissene Problematik zu begreifen.

Wieso ergreift er aber keine Initiative? Ist es Angst?

Heutzutage ist es in den Ländern mit vergleichsweise hohem Lebens- und Bildungsstandard wahrscheinlich auch die Bequemlichkeit, die sie weitgehend verhindert, die Initiative, oder auch nur der Anflug einer Bereitschaft, sie zu ergreifen. Es gibt auch Beispiele, die offen zeigen, dass für viele mancherorts eigentlich gar keine Lebensqualität als solche mehr existiert, und trotzdem kein Bestreben zu einer positiven Veränderung hin erkennbar ist.

Es ist also nicht generell haltbar, die psychologisch scheinbar begründete These aufzustellen, nach welcher der Leidensdruck noch nicht groß genug geworden ist, um eine ersehnte Veränderung in irgendeiner Form die Wege zu leiten oder dies zumindest zu versuchen.

* * *

Die Fokussierung soll nachfolgend nicht hauptsächlich auf größere und für alle sichtbare weltliche Konflikte, wie etwa Kriege, gelenkt sein. Ihre Benennung bietet sich aber neben anderen Begebenheiten an, die in jüngerer Zeit in der Weltöffentlichkeit zu beobachten waren.

Aber nicht nur auf der großen Weltbühne, sondern auch in einem ganz lokalen Rahmen können Umstände wahrgenommen werden, wie sich Menschen unbewusst und oft gegen ihren Willen und ihre Wünsche in bestimmte Richtungen lenken lassen. Meinungen, Sympathie oder Ablehnung bis hin zu purer Entrüstung entstehen hier und dort, bleiben aber ohne jede Konsequenz und Ergebnis.

Aus Lügen werden Kriege

Zu Beginn die Betrachtung eines länger andauernden Ereignisses, das permanent in den Medien sehr präsent war und dem sich niemand entziehen konnte.

Es betrifft den zweiten Golfkrieg, den die USA im damaligen Irak führten. Als Grund für diesen Militäreinsatz wurde über Monate die Information angeführt, der Irak unter Hussein verfüge über chemische und biologische Waffen, eventuell gar Atomwaffen, und dass diesem gefährlichen Staat diese Waffen nun entzogen und dazu die Regierung des Landes ausgeschaltet werden müsse, weil diese die Waffen natürlich nicht freiwillig abschaffen würde. Das Ausschalten konnte dann eben nur durch militärische Gewalt erfolgen. Der Krieg kam ins Rollen und kostete im Verlauf auch Tausenden von amerikanischen Soldaten das Leben - bis unwiderlegbar bekannt wurde, dass der Irak keineswegs mehr über sogenannte ABC Waffen verfügt hatte. Die Informationen, die im Vorfeld des Krieges angeführt wurden, stammten angeblich aus gut unterrichteten Geheimdienstkreisen und wurden über Monate oder sogar Jahre zusammengetragen und belegten, dass diese Waffen angeblich tatsächlich existierten.

Es kam dann aber doch heraus, dass es diese Waffen nicht gegeben hatte. Folglich konnte sie auch niemand, weder vorher noch im Verlauf des Krieges, irgendwie aufgespürt haben.

Die USA kamen nicht umhin, vor der ganzen Welt zuzugeben, dass der Grund, warum der Krieg überhaupt stattfand, eine schlichte Lüge war. Sogar gab es darauf folgend einen recht erfolgreichen Kinofilm mit Matt Damon in der Hauptrolle zu diesem Thema.

Man sollte meinen, dass angesichts Tausender gefallener junger Männer, die durch eine Lüge und mit einer bewusst kalkulierten Möglichkeit ihres Todes in genau diesen geschickt wurden, und zwar von der eigenen Regierung, ein Aufschrei durch die Welt und erst recht durch die Bevölkerung der USA gehen würde, der vielleicht sogar in einen regelrechten Aufstand münden könnte.

Was aber ist passiert?

Nichts.

Sicherlich wird es einige Bürgerinitiativen und Ähnliches gegeben haben, die von Hinterbliebenen gefallener Soldaten initiiert wurden und über welche die Medien, möglicherweise auch aufgrund von Einflüssen seitens Regierungskreisen, nicht besonders groß berichtet haben. Dennoch sind solche Proteste im Grunde genommen absolut nichtig im Vergleich zu der Empörung, die eigentlich zu erwarten gewesen wäre. Das Ausbleiben dieser Empörung ist doch seltsam und verwunderlich.

* * *

Direkt daran anknüpfend kann noch angeführt werden, dass schon der erste Golfkrieg unter Bush Senior ebenso auf schieren Lügen beruhte: Nach Beendigung jenes Krieges wurde bekannt, dass die Gräueltaten des irakischen Militärs, das Kuwait angeblich überfallen hatte, schlichtweg erfunden waren.

Kurz bevor der Entschluss der USA gefasst wurde, militärisch im Irak und Kuwait einzugreifen, gab es beispielsweise eine ziemlich theatralische und ergreifende Rede einer Frau in einem US - amerikanischen politischen Haus, öffentlich und medienwirksam, in der diese Frau sich als Zeugin bekannte, die beobachtet hatte, wie irakische Soldaten Babys aus Brutkästen kuwaitischer Krankenhäuser gerissen und zu Boden geworfen hätten, wehrlose Patienten erschlagen oder erschossen hätten und so weiter.

Dieser Auftritt hatte selbstredend eine enorme Wirkung und erzeugte große Betroffenheit. Nach Ende des Krieges erfuhr die Menschheit, dass diese Rede eine schlichte Lüge gewesen war. Die Frau war die Tochter des damaligen kuwaitischen Botschafters in den USA und hatte den frei erfundenen Inhalt der Rede einfach einstudiert und wiedergegeben. Ferner stammten Filmaufnahmen von in Ölschlamm verendenden Vögeln, - angeblich verursacht durch irakisches Militär, das auf Weisung Saddam Husseins Pipelines geöffnet und Öl ins Meer geleitet hatte - von einer Ölpest, die durch einen Jahre vorher im arktischen Polarkreis havarierten Tanker verursacht wurde.

Auch dieser Krieg beruhte also nachweislich zu 100% auf Lügen und schon dort geschah an Reaktionen oder Maßnahmen gegen Verantwortliche, die den Krieg offensichtlich inszeniert hatten - gar nichts.

* * *

Es ist immer wieder zu beobachten, dass Lügen und unangenehme Wahrheiten offen präsentiert werden können, ohne wirkliche Konsequenzen nach sich zu ziehen, wenn nur Zeit genug vergangen ist. Sicherlich ist es damals wegen der Unverschämtheiten, die sich eine Regierung gegenüber den eigenen Bürgern und sogar der Welt geleistet hatte, zu einer gewissen Empörung gekommen. Nach einigen Tagen war diese aber verpufft und hat wahrscheinlich auch mehr im Wohnzimmer der Menschen stattgefunden als irgendwo sonst. Jeweils aktuelle Meldungen verdrängen die von gestern, kurioserweise aber auch die Wichtigkeit oder das öffentliche Interesse, die mit ihnen verbunden sind. Es besteht offenbar eine gewisse Grundhaltung und Tendenz zur Gleichgültigkeit im Bewusstsein der Mehrheit aller Völker. Jedenfalls kann die Akzeptanz der Lüge und die Hinnahme der Erkenntnis, betrogen worden zu sein, ziemlich schnell hergestellt werden.

Der spontane Impuls der Empörung erlischt umgehend und die Konfrontation mit anderen Themen scheint dafür vollkommen ausreichend zu sein. Das ist zwar nicht bei allen Menschen so, aber doch wohl bei der überwiegenden Mehrheit. Seltsam ist aber auch die Grundtendenz einer wesentlich kleineren Gruppe von Menschen, die sich zudem noch häufig in bestimmenden Positionen gegenüber der Masse befinden, diese ein ums andere Mal zu belügen und zu betrügen, um sich und ihresgleichen Vorteile zu verschaffen oder Interessen durchzusetzen.

Es kommt immer wieder vor, immer wieder dringen nicht korrekte Machenschaften und lange verschwiegene Wahrheiten ans Licht, aber der Coup, nicht belangt zu werden, gelingt jedes Mal.

* * *

Um Zusammenhänge und Beweggründe besser zu verstehen ist es gut, wenn sie wiederholt und vertieft werden.

Genau davor scheuen aber anscheinend fast alle Menschen zurück, denn sonst könnte man sie und ihre Meinungen vielleicht nicht so leicht in fast jede beliebige Richtung lenken.

Um das vorige Beispiel aufzugreifen: Dass die Informationen, die über die Massenmedien sozusagen in die Weltöffentlichkeit gestreut wurden, eine Erfindung waren, ist also bekannt geworden. Das setzt aber voraus, dass diese falschen Informationen vorher gezielt ausgedacht wurden. Es werden also Menschen in die allerhöchsten Positionen und Ämter gewählt, die es in einem der mächtigsten Staaten des Planeten überhaupt gibt. Etliche dieser Menschen besitzen dann während ihrer Amtsperioden die Dreistigkeit, absolut grausame Verbrechen frei zu erfinden, um sie anderen zu unterstellen.

Damit die weiter verbundenen Pläne und Ziele erreicht werden können, die etwa darin bestehen, selbst wirkliche Verbrechen umzusetzen, inszenieren sie eine regelrechte öffentliche Show. In das gesamte Spektakel müssen ja im Vorfeld viele weitere Menschen eingebunden gewesen sein, um das alles perfekt und glaubhaft darzustellen. Kaum jemand vergegenwärtigt sich die Perfidität, mit der ein solcher Plan ersonnen wurde.

Dazu kommt die Kaltblütigkeit, eine große Zahl von unwissenden Menschen des eigenen Volkes, und natürlich eine große Zahl eines »gegnerischen« Volkes, mit voller Absicht in eine gefährliche Lage zu bringen, die ganz sicher sehr vielen von jenen den Tod oder viel Leid einbringen wird. Es kann also getrost davon ausgegangen werden, dass es sich hierbei um einen gezielten und lange absichtsvoll geplanten Massenmord gehandelt hat.

Ohne in diesen Überlegungen, vielmehr Beobachtungen und logischen Rückschlüssen, zu sehr ins Pathetische abzudriften, kann am Ende nur die Erkenntnis stehen, dass es sich hier bei den planenden Menschen, den Angehörigen der Regierung der USA in diesem Fall, nur selbst um potentielle Mörder handeln kann. Es ist wohl nur nebensächlicher Natur, ob sie die notwendigen massenhaften Tötungen von anderen ausführen ließen oder sie selbst begangen haben.

Würde ein Bürger irgendeines demokratischen Staates etwas ähnliches planen, und ausführen, beispielsweise den Tod der Bevölkerung einer ganzen Stadt herbeizuführen und ihm dieses bewiesen werden, käme dieser Mensch sicherlich für den Rest seines Lebens nicht mehr aus dem Gefängnis oder einer forensischen Klinik heraus; oder es würde ihn eine Hinrichtung erwarten. Menschen einer Regierung können so etwas aber einfach planen und auch umsetzen, ohne jemals dafür belangt zu werden. Sogar leben diese Menschen bis ans Ende ihrer Tage in größtmöglichem Wohlstand und erhalten entsprechende Bezüge.

Diese werden daneben von den Menschen bezahlt, die sie in einer freien Wahl gewählt haben.

Welches Denken und welche moralische Abgründigkeit muss in diesen Menschen vorhanden sein, so etwas auch tatsächlich und mit der größten Selbstverständlichkeit zu tun?

Da solche Begebenheiten schon lange, in größter Vielfalt und nach wie vor geschehen, kann zwangsläufig nur die Frage aufgestellt werden, wie dumm die meisten Menschen sein müssen oder in welch einer Täuschung, in welchem Tiefschlaf, sie sich befinden müssen, um über Jahre, gar Jahrhunderte und sogar Jahrtausende, diesen und ähnlichen Lügen und Manipulationen immer wieder aufzusitzen und wirklichen Mördern und Betrügern ihr Vertrauen zu schenken?

Gehirnwäsche und totale Versklavung durch Geheimdienste - Wahnvorstellung oder Wirklichkeit?

In den 1990 Jahren erschien ein Buch der Autorin Cathy O´Brien, *Die TranceFormation Amerikas*, das vor allem in eher esoterisch interessierten Kreisen schnell recht bekannt wurde.

Die Esoteriker bilden zwar eine relativ kleine Gruppe innerhalb der Gesellschaft, trotzdem erreichte dieses Buch eine recht hohe Popularität und Verkaufszahlen, die es zu einem Bestseller werden ließen. Es wurde in mehrere Sprachen übersetzt und in vielen Ländern verkauft. Es stammt von einer Autorin, die sich in dem angeblich autobiographischem Buch als Opfer von Geheimprojekten der, wiederum US - amerikanischen Regierung, offenbarte.

Über viele Jahre hinweg sei sie als Sexsklavin auf brutalste und abscheulichste Weise misshandelt worden, an prominenteste US Senatoren und unter anderem den ehemaligen Präsidenten Reagan zwangsweise prostituiert worden.

Auch sei sie an hohe Staatsbeamte anderer Länder »ausgeliehen« worden, um auch denen als Sklavin zu dienen.

Da diese Sklavendienste über viele Jahre erfolgten, lernte sie auch ranghohe Politiker wechselnder Regierungen kennen, denen sie dienen musste. Auch ihre Tochter wurde angeblich in diese Grausamkeiten involviert und stand genau wie sie Politikern der allerhöchsten Etage als Sexsklavin zur Verfügung.

Die benannten Politiker, neben Reagan auch Clinton, Cheney und viele andere, werden in diesem Buch zudem des Drogenhandels und -konsums im allergrößten Stil beschuldigt. So soll Dick Cheney bevorzugt Kokain konsumiert haben, bevor er sich an Frau O´s minderjähriger Tochter verging. Sie berichtet auch von Drogendeals mit sehr großen Mengen, in die die CIA angeblich verwickelt war oder sie inszeniert hat.

Dazu kommen noch Berichte von geheimen Anwesen, auf denen die hohe politische Riege nicht nur entsprechende Parties feierte, sondern auch Menschenjagden veranstaltete, bei denen andere Sklaven, die ein identisches Schicksal teilten, regelrecht gehetzt und abgeschossen wurden.

Verbrechen abscheulichster Art werden in diesem Buch ganz offen geschildert und Politikern zugeordnet, die zu den höchsten in der Welt gehörten und gehören.

Eine ganz bestimmte Genitalverstümmelung der Autorin soll sogar das spezielle Interesse von Frau Clinton erregt haben, der sie auch lesbische sexuelle erzwungene Handlungen an ihr unterstellt.

Zudem soll Bill Clinton nicht nur ebenso mit Kokain gehandelt haben, sondern dieses auch mit Vorliebe in großen Mengen konsumieren oder konsumiert haben.

Nach diesem schier unglaublichen Martyrium soll Frau O. dann von einem ausgestiegenen Ex Agenten aus diesen Fängen befreit und gerettet worden sein, weil dieser sich in sie verliebt hätte. Mit ihm ist sie wohl auch heute noch zusammen und hat diese Geschichten mit ihm aufgeschrieben und veröffentlicht.

* * *

Gegen Ende des Buches listet Frau O. auf über zwei Buchseiten Institutionen und Behörden der USA auf, denen sie all diese Verbrechen und Taten mitgeteilt hätte.

Mit der Hoffnung und in dem Versuch, eine strafrechtliche Verfolgung gegen ihre Vergewaltiger und Sklavenhalter, zumindest gegen einzelne, zu erreichen, ohne auch nur einen einzigen Erfolg oder überhaupt eine Reaktion irgendeiner Stelle dabei erzielt zu haben.

Der Inhalt dieses Buches ist derart widerwärtig, schockierend und unglaublich, dass es zunächst ohne langes Zögern auch einem psychisch ziemlich gestörten Menschen zugeordnet werden könnte.

Was bis zum heutigen Tage Staunen und Verwunderung hervorruft, ist zunächst die Tatsache, dass dieses Buch überhaupt erscheinen konnte und nicht in kürzester Zeit vom Markt genommen wurde.

Würden zum Beispiel einem Bundeskanzler der BRD solche Verbrechen in einer Buchveröffentlichung unterstellt, wären gegen den Autor sicherlich innerhalb kürzester Zeit ein oder mehrere straf- und zivilrechtliche Verfahren und Klagen eingeleitet und der öffentliche Verkauf umgehend gestoppt worden.

Zumindest wäre eine öffentliche Reaktion in irgendeiner Form erfolgt.

Im Gegenteil ist das Buch von Frau O. aber in mehrere Sprachen übersetzt worden und hat sich weltweit mehrere Hunderttausend Male verkauft.

Es kann sein, dass das US-amerikanische Recht zulässt, derartige unbewiesene Anschuldigungen veröffentlichen zu lassen.

Darüber hat der Autor dieses Buches keine Kenntnis. Aber es sollten doch wenigstens jede Menge Verleumdungsklagen durch die beschuldigten, aller Welt bekannten, Politiker erfolgt sein und Versuche jener, sich gegen diese Anschuldigungen zu verteidigen. Dazu natürlich der Versuch, zu verhindern, dass jenes Buch weiter verkauft werden darf.

Strafanzeigen gegen Frau O. oder Versuche, sie unter Betreuung stellen zu lassen und sich gegen diese von ihr aufgestellten Behauptungen zu erwehren sollten doch eine natürliche und unmittelbare Reaktion der Betroffenen gewesen sein.

Aber rein gar nichts dergleichen ist geschehen.

Eine Frau bezichtigt die bekanntesten und höchsten Politikern dieser Welt mit Drogen zu handeln, höchst perverse Sexualverbrechen, Zwangsprostitution, Morde und schwerste pädophile Handlungen zu begehen, und all das über viele Jahre und massenhaft, und wird dafür in keinster Weise belangt.

Wieso? Sollten nicht ranghöchste und aller Welt bekannte Politiker entweder versuchen, sich gegen solche Anschuldigungen zu verteidigen oder die Verleumderin, so sie eine ist, mundtot zu machen, zumindest doch zu verhindern versuchen, dass sie mit diesen Lügen über Buchverkäufe reich wird?

Neben der Schwierigkeit, den Wahrheitsgehalt des Buches zu beurteilen, ist es an erster Stelle äußerst merkwürdig, dass niemand von den in irgendeiner Form Betroffenen in irgendeiner Weise darauf reagiert hat. Wenn schon keine empörte Zurückweisung oder ein Versuch, die Autorin zu diskreditieren, dann doch wenigstens eine Initiative, die Buchverkäufe zu unterbinden.

Aber gar nichts?

Auffallend ist erneut das Ausbleiben weiterer Prozesse und Reaktionen, Fragen, die über Medien in die Öffentlichkeit getragen wurden. Frau O. hat auch Lesungen und Vorträge in mehreren Ländern veranstaltet und gehalten und macht dies möglicherweise immer noch. Sie betreibt auch eine Internetseite, in der es um alle diese Dinge geht.

Aber passieren tut sonst weiter nichts.

* * *

Es ist immer wieder dasselbe auffallende Muster, dass eben nichts seitens Bevölkerung oder Behörden geschieht, egal mit welchen schockierenden und möglichen, für die breite Masse negativen, Konsequenzen verbundenen Informationen die Menschen konfrontiert werden.

Kommunaler Klüngel – Kommerz und Eigendünkel statt Lebensqualität für Bürger

In einem viel kleineren Rahmen beobachtet der Autor seit vielen Jahren, dass zum Beispiel auf einer kommunalen Ebene Aktionen angeordnet und umgesetzt werden, deren Sinn und Nutzen sich dem Volke nicht erschließt und mit denen die allermeisten Bürger eigentlich gar nicht einverstanden sind.

Hier kann das recht massenhafte Abholzen langjährigen Baumbestands auf dem Gebiet einer mittelgroßen deutschen Stadt über mittlerweile Jahre benannt werden, für das es keinen ersichtlichen Grund gibt.

Außer natürlich den, dass beteiligte Firmen an diesen »Baumpflegearbeiten« und an dem damit verbundenen Holzverkauf wahrscheinlich gut verdienen.

Im Verlauf der zahlreichen Rodungen wurde dann doch in den lokalen Medien die Information bekannt, dass die politische Riege der Stadt Jahre zuvor eine vertragliche Vereinbarung mit einigen weiterverarbeitenden Großbetrieben unterzeichnet hatte, die für einige Jahre Gültigkeit hat und in der sie sich verpflichtet, pro Jahr eine bestimmte Mindestmenge an Holz, gleich Bäumen, zu liefern, die eben aus dem Stadtgebiet stammt.

Ganz unverhohlen erfuhren die Bürger der Stadt, dass rein wirtschaftliche Interessen hinter den Abholzungen standen und keinerlei wirklich notwendige Maßnahmen; weil vielleicht Bäume die Verkehrssicherheit gefährden könnten oder Ähnliches.

Nun mag das Fehlen eines umfangreichen alten Baumbestands vielen Menschen nichts ausmachen, einer hohen Zahl der Einwohner aber durchaus. Bis neu gepflanzte Bäume die Größe der verlustigen erreicht haben, dürften bereits die Enkel der aktuellen Generation selbst alte Menschen geworden sein.

Beachtenswert ist auch, dass die langjährige Bürgermeisterin der Stadt, die der städtischen Führungsriege seit Jahren vorstand und für oben genannte Verträge mit verantwortlich zeichnet, sich auch während ihrer Amtszeit über Jahre im Vorstand des größten hiesigen städtischen Energielieferanten befand, ihn sogar anführte.

Einige Zeit zuvor schon hatte es Verwunderung in der Stadtbevölkerung erzeugt, dass dieser Energielieferant sich einen sehr kostspieligen Neubau in der Innenstadt geleistet hatte. Kurz nach Fertigstellung veranstaltete der Konzern dort mehrere Vortragsabende, bei dem auch ein, mittlerweile ehemaliger, Bundespräsident unseres Staates, Herr Gauck, wenige Monate vor seinem Amtsantritt eine Rede hielt. Sein Thema kann nicht genau erinnert werden, dafür aber die Tatsache, dass der angehende Bundespräsident einen Geldbetrag von 25.000 Euro dafür erhalten hat.

Die besagte Veranstaltung wurde einige Zeit lang unter einem bestimmten Namen geführt, fand stets in den Räumlichkeiten des Energieunternehmens statt und schon vorher waren an prominente Redner, unter anderem einen anderen bekannten Politiker und einen Schlagersänger, gezahlte Beträge in die öffentliche Kritik geraten.

Auch deshalb, weil die Summen mit keiner Auflage verbunden waren, sie zu gemeinnützigen Zwecken zu spenden, also getrost in die eigene Tasche der ohnehin wohlhabenden Personen abgeführt werden durften.

Natürlich ist der Betrieb dieses Energieerzeugers ein wirtschaftliches Unternehmen und die Vorstandsarbeit besagter Bürgermeisterin eine ihrer eher privaten Angelegenheiten. Dennoch wurde aber selten so offenbar, wie Politik und Wirtschaft eng zusammenspielen und sich Bezeichnungen wie Filz oder Klüngel geradezu anbieten.

Es wurden selbstverständlich (?) auch einige kritische Stimmen im Lokalkolorit laut.

Trotz der offensichtlichen Ablehnung einer scheinbaren Mehrheit in der Stadtbevölkerung gegenüber solchen Machenschaften ist aber die genannte Bürgermeisterin und die Partei, die sie vertritt, wiedergewählt worden.

Es steht dazu außer Zweifel, dass die betreffende Partei hier paradoxerweise auch künftig die besten Wahlergebnisse erzielen wird.

Die genannten Begebenheiten fanden zwar schon während der zweiten Amtszeit der Bürgermeisterin statt, aber schon zuvor hatte sie sich auch mit anderen Entscheidungen in ein zweifelhaftes Licht gerückt, die mit der Ausgabe höherer Geldbeträge zugunsten von später wenig erfolgreich verlaufenen Projekten in Verbindung standen und deren finanzieller Ausgleich dann zu Lasten der Stadt ging.

Ist es nicht paradox, wie sich hier eine Mehrheit an Stimmen findet, die Partei und Person erneut an die politische Spitze der Stadt befördert?

* * *

Sicherlich fallen jedem etliche ähnliche Beispiele ein, ob es nun weltbekannte, länderübergreifende Angelegenheiten sind oder welche aus einem kleineren Umfeld.

Seien es politische, militärische oder wirtschaftliche Begebenheiten, die einfach seltsam, unverständlich und vor allem ungerecht erscheinen.

Mittlerweile ist es ja auch mehr und mehr offen zu erkennen, wie verschiedene Institutionen, Behörden, Regierungen und »Systeme« zusammenspielen, voneinander abhängig sind und vor allem gegenseitig voneinander profitieren.

Und zwar vornehmlich entweder wirtschaftlich, sprich finanziell, oder durch sonstige Machtverschiebungen. Wobei festzustellen bleibt, dass Geld immer Macht bedeutet und fast immer am Ende einer Kette von Verknüpfungen, welcher Art auch immer, steht.

Es ist überhaupt nicht schwierig, ein ganzes Buch mit Beispielen ähnlicher Art aus allen nur erdenklichen Zeiten und Bereichen zusammenzutragen.

Hier soll aber vielmehr die Aufmerksamkeit auf den Umstand gerichtet sein, dass niemals eine Art von Gegenbewegung in den Reihen derer entsteht, die massiv Benachteiligungen oder Einschränkungen der Lebensqualität durch die hier erläuterten Geschehnisse erfahren oder feststellen, dass sie schlicht belogen werden. Belogen und bevormundet von Menschen, denen sie ihr Vertrauen geschenkt haben, indem sie sie in entsprechende Ämter gewählt haben und so weiter.

Es liegt auch im politischen System der sogenannten Demokratie der Umstand verborgen, der dafür sorgt, dass einmal in bestimmte Ämter und Positionen gewählte Menschen für ihre Entscheidungen nach der Wahl keiner expliziten Zustimmung der Wähler mehr bedürfen. Das liegt selbstverständlich auch an der Unmöglichkeit, für alle Einzelentscheide eine Art Volksabstimmung durchzuführen.

Hierin liegt ja der eigentliche Sinn von Parteien, eben das zu vertreten, für was sie inhaltlich angeblich stehen und diese vorgegebenen Werte durch Handlungen auch praktisch in die Welt zu bringen. Ebenso besteht darin ja die allgemein bekannte Diskrepanz, dass diese Umsetzung meistens überhaupt nicht so erfolgt, wie vor der Wahl versprochen. Dennoch wählt das Schäfchen immer und immer wieder oft die Gleichen in die gleichen Ämter, trotz langjähriger negativer Erfahrungen.

Hier wieder eine der Grundfragen: Wieso machen die Menschen das mit? Wieso lässt sich die Menschheit als große Masse von vergleichsweise sehr wenigen Menschen bevormunden und lenken?

Sind die meisten Menschen einfach dumm und die wenigen, die das Weltgeschehen im Großen und Kleinen lenken, intelligenter als die anderen? Hat es überhaupt, und wenn, dann nur mit Intelligenz zu tun?

An dieser Stelle die Information, dass zum aktuellen Zeitpunkt keine alles erklärenden Antworten auf diese Fragen geliefert werden können oder noch präsentiert werden.

Vielmehr ist es eine fortlaufende Symbiose während des Zusammentragens und Festhaltens der Informationen, mögliche Antworten und Erklärungen zu finden.

Vielleicht existieren auch keine glasklaren Antworten zu diesen Fragen.

Je mehr eine Annäherung an die Frage stattfindet, wieso es möglich ist, Menschen und im Grunde das gesamte Weltgeschehen, zu manipulieren, desto mehr erscheint es, dass ein gewisses Konzept Anwendung findet, um all dies möglich zu machen.

Bewusstseinskontrolle – längst etabliert?

Wie kann es sein, dass Menschen über so viele Wahrheiten und Belege dafür verfügen, dass sie belogen und betrogen werden, dass Vertrauenshalter in öffentlichen Ämtern und Positionen ihre Macht vollkommen schamlos missbrauchen, um sich zu bereichern oder ganze Völker und Gesellschaften regelrecht ausbeuten und trotzdem in diesen Positionen bleiben?

Und dass die betroffenen Menschen, denen Unrecht und Leid jedweder Art durch diese Manipulationen widerfahren, überhaupt nichts dagegen unternehmen, um das zu ändern oder es wenigstens versuchen, Veränderung, Wandel zur Verbesserung zu erreichen?

Wieso wehren die sich nicht?

Da, erst recht in der heutigen Zeit, die ja ein regelrechtes Informationszeitalter ist und ebensolche inflationär zur Verfügung steht, ist es doch verblüffend und grotesk, dass wider besseren Wissens Freiheiten und Lebensqualität zunehmend reduziert und minimiert werden.

Im Gegensatz dazu waren in früheren Zeiten viel öfter und überall in der Welt Revolutionen und Aufstände zu verzeichnen, wenn ein gewisses Maß an Unzufriedenheit in der Bevölkerung erreicht war. Und das, obwohl die Menschen damals viel weniger Zugang zu Informationen aller Art hatten. Vielleicht liegt es daran, dass die Menschen damals von Änderungen viel unmittelbarer betroffen waren und Auswirkungen unvermittelt zu spüren bekamen? Es gab noch keinen »Wattepuffer« in Form von Ablenkungen durch Internet, Fernsehen und Videospielen.

Es scheint, als ob »die Unterdrückung« umso besser funktioniert, oder nur deshalb so gut funktioniert, weil sie harmlos verpackt und quasi durch die Hintertür eingeschoben wird.

Die Bewusstwerdung der Einschränkungen wird erst einmal umgeleitet, etwas abgefedert, und das auf alle nur erdenklichen und vielfältigen Wege, und so scheinbar der Wille zum Widerstand im Keim erstickt und der Geist gefügig gemacht.

Das sind Möglichkeiten, die sich erst in der Moderne entwickelt haben und früher nicht bestanden. Haben sie zur Folge, dass der Mensch mit der Beschneidung seiner persönlichen Freiheit offen konfrontiert werden kann, die Ablenkungen aber bewirken, dass er sich nicht widersetzt? Vielleicht ist es die Summe einer massenhaften Reizüberflutung, die den Geist »aufweicht« und so leicht beeinflussbar macht.

Das war früher anders, weil Möglichkeiten solcher vielfältigen Ablenkungen und zur Lüge in einem so großen Ausmaß wie heute gar nicht bestanden. Die unliebsame Konsequenz, etwa seitens des Lehnsherren in Form von höheren Leistungsforderungen, wurde dem Bauern oder Leibeigenen mitgeteilt und wer sich widersetzte, wurde eingesperrt, enteignet oder direkt umgebracht. Wurde das Ausmaß der Unterdrückung zu groß und ließ an einem bestimmten Punkt eine kritische Masse entstehen, bildete sich ein Volksaufstand, der entweder eine kurzfristige Besserung bewirkte – oder blutig niedergeschlagen wurde.

Offenbar verhindern heutige Instrumentarien der Bewusstseinsbeeinflussung, dass der Unmut der Massen sich derart entlädt, Rechte und Freiheit einschränkende Maßnahmen aber trotzdem durchgesetzt werden können.

Eines der Instrumentarien könnte der Glaubenssatz sein, zivilisierte Menschen bedienten sich keiner Lösungsansätze durch rohe Gewalt. Sie ist als Mittel aber an allen möglichen anderen Punkten unverständlicherweise gesellschaftsfähig und etabliertes Prinzip, um Probleme zu lösen.

Darüber wundert sich der unzufriedene Bürger dann aber nicht.

Es wird versucht, solche Widersprüche noch beispielhaft zu belegen.

Es sei aber erneut gesagt, wie die Auflistung von Beispielen eine Anregung des Denkens und keine plakative Beurteilung oder Verurteilung im Sinne einer Anschuldigung darstellen und auch nicht inhaltlicher Mittelpunkt sein soll.

Nach diesen eher spekulativen Gedanken nun wieder die Zuwendung in Richtung aktuellerer Themen im alltäglichen Jetzt.

Normalität der Kommerzialisierung

Das reine Wissen um Missstände und Hintergründe scheint also vollkommen unerheblich zu sein und keinerlei Einfluss zu bewirken. Den Menschen kann offensichtlich ruhig ganz offen gesagt werden, dass sie betrogen werden, wer sie betrügt und warum er oder sie es tun - und die Menschen machen nichts dagegen. Sie bleiben in ihre Rollen und Positionen, die denen oft denen von Opfern gleichkommen, obwohl sie diese Umstände ganz klar erkennen können.

Da sich auch in diesen großen »Opfergruppen« sehr viele wirklich intelligente und gebildete Menschen befinden, kann die Lenkbarkeit also nicht viel mit einer reinen Wissensebene in Verbindung stehen. Es scheint mehr eine Art von psychologischer Strategie zu sein, die eine Einflussnahme auf unbewusste Bereiche und unabhängig jeder intellektueller Qualität unternimmt, damit eine regelrechte Bewusstseinssteuerung übergreifend erfolgen kann. Es ist ja schon lange bekannt, dass Werbestrategien sehr viel mit dem unbewussten Bereich arbeiten und vornehmlich auf diesen Einfluss nehmen, um Menschen zu Konsumverhalten zu bewegen. Dass dies sehr gut und erfolgreich funktioniert, dürfte jedermann bekannt sein. Trotzdem fühlen sich häufig einzelne in unserer Gesellschaft davon ausgenommen und meinen, sie beträfe und bei ihnen wirke das nicht. Genau hier befindet sich anscheinend eine entscheidende Schnittstelle. Denn der Erfolg der Werbestrategen zeigt ja, dass hier etwas bewirkt wird und zwar bei so gut wie jedem Menschen. Alle unterliegen einem Einfluss, über den sie seiner Natur nach Bescheid wissen, nehmen ihn bewusst aber nicht wahr und folgen ihm dennoch. Glauben sogar, sie gehören zu den wenigen, bei denen »Es« nicht wirke.

Das ist ein Trugschluss und wiederum können einzelne wie Gruppen mit dieser Tatsache konfrontieren werden - und brechen trotzdem nicht daraus aus - in welcher Form auch immer es überhaupt möglich wäre, sich etwas zu entziehen, das nicht direkt wahrgenommen werden kann. Wieder die Fragestellung: Wieso ergreift niemand Initiative und warum bleiben alle so gleichgültig? (Es sei angemerkt, dass sich das »Es« nicht scharf definieren lässt und daher Worte wie Beeinflussung, Manipulation und ähnliche genannt werden.)

Warum wirkt Werbung?

Und andere Einflussnahmen auf den Menschen, seinen Geist, sein Unterbewusstsein?
Da das Unbewusste eben unterhalb der Grenze der bewussten Wahrnehmung liegt, ist ihm und seinen Mechanismen nur schwer auf die Spur zu kommen. Außerdem wird das (Unter-) Bewusstsein ja nicht nur durch Werbekampagnen und zu kommerziellen Zwecken beeinflusst, sondern auch in anderen Bereichen, wie etwa dem Militär. Auch bei mancherlei religiös gefärbten Gruppierungen kommen gezielt Strategien zum Einsatz, die eine Änderung im Denken und Veränderungen von Meinungen, Ansichten und Glaubenssätzen oder auch des Selbsterlebens bewirken sollen. Hier könnte ein Begriff wie *Gehirnwäsche* angebracht werden, durch welche Menschen gefügig werden, sich in Richtungen lenken und manipulieren lassen, in die sie freiwillig und vollkommen selbst-bewusst nicht gegangen wären.

* * *

Es sei die Frage gestellt, ob der Begriff des Feldes eingebracht werden kann oder sogar muss, wenn es um Fragen geht, welche Intelligenz, Bewusstsein und deren Beeinflussung betreffen.
Es steht wohl außer Frage, dass Menschen innerhalb des gesamten Intelligenzspektrums, beispielsweise durch Werbemanipulation, beeinflussbar sind. Mit diesem Spektrum ist eines gemeint, das auch Menschen betrifft, die trotz eines geringen Quotienten dazu fähig sind, am gesellschaftlichen Leben aktiv teilzunehmen und etwa alleine in einem Supermarkt einkaufen gehen können. Menschen eines sehr hohen Grades intellektueller Fähigkeiten, die den oberen Rand des Spektrums bilden, können dies selbstverständlich auch.

Vermutlich würden sowohl überdurchschnittlich begabte als auch Menschen eher geringer Intelligenz von sich behaupten, sie seien nicht durch Werbung beeinflussbar, wenn sie nur den willentlichen Entschluss dazu fassen würden. Wahrscheinlich vertreten die meisten Menschen innerhalb des Spektrums mehr oder weniger diese Überzeugung. Sicherlich gibt es auch Menschen mit einer so geringen Intelligenz, wie etwa Kanner-Autisten schwerer Ausprägung, die hier nicht manipulierbar sind und die aus dem Spektrum ausscheiden. Es steht aber wohl außer Frage, dass alle Menschen innerhalb des Spektrums sehr wohl zumindest bis zu einem vielleicht nicht exakt bestimmbaren Grad durch Werbung oder andere, das Unbewusste gezielt ansprechende Maßnahmen, manipulierbar sind. Denn sonst wäre die immer größer werdende und nach wie vor stetig wachsende Kommerzialisierung so gut wie aller Gesellschaftsbereiche gar nicht möglich und ergäbe keinen Sinn. Allein die Tatsache ihrer Existenz und das viele Kapital, das in entsprechende Kampagnen aller Märkte investiert wird, spricht hier für sich.

Damit scheint auch ziemlich klar, dass die Intelligenz keine dominierende Rolle auf dem sehr großen und sehr unbekannten Gebiet der Bewusstseinsbeeinflussung spielen dürfte.

Wieso Felder?

Zunächst entsteht bei manchen gut reflektierten und wachen Geistern leicht Verwunderung darüber, wenn sie sich in irgendeinem Konsumtempel befinden, bevorzugt große Supermärkte, dass sie anscheinend zu den wenigen gehören, denen die permanente Dauerberieselung durch akustische Verkaufspropaganda etwas ausmacht. Einzelne registrieren diese nicht nur, sie nehmen sie ständig bewusst wahr und es gelingt ihnen nicht, sie zu überhören. Und sie stört sie. Alle müssen diese Dauerbeeinflussung hinnehmen, wenn sie einkaufen gehen. Aber den allermeisten scheint sie überhaupt nicht auf die Nerven zu gehen. Offenbar sind die Grenzen der Toleranzen individuell stark divergierend.

Hier könnte ein weiterer Ansatz entstehen und die Frage aufwerfen, wieso gerade manche das als unangenehm empfinden und andere nicht.

Je feiner die Wahrnehmung, desto mehr Informationen nimmt der Geist auf und muss sie verarbeiten.

Es ist für einige mittlerweile unbestritten, dass der menschliche Geist, hauptsächlich das Unbewusste, überhaupt alles Wahrgenommene irgendwo speichert, woraus auf eine zumindest rudimentäre Weiterverarbeitung sämtlicher aufgenommenen Informationen geschlossen werden kann. Je feiner jemand registriert, was auf ihn einströmt, desto größer wird der Anteil dessen, was sein Bewusstsein als unwichtig und störend empfindet. Daraus resultiert wieder ein Gefühl, das signalisiert: unangenehm, ablenkend, nicht benötigt oder erwünscht.

Diese Aversion entsteht oder wird verstärkt, wenn klar wird, dass der Störfaktor nicht zu beeinflussen ist. Dann muss entschieden werden, ob das Individuum den Reiz flieht oder ihn akzeptiert und sich ihm aussetzt.

Das sind in den meisten Fällen Angelegenheiten des Alltags, die der Geist des Durchschnittsmenschen leicht bewältigen kann, also die Einflüsse.

Aber - für einige Menschen ist die Wahrnehmung und die damit verbundene Aversion deutlicher spürbar als für andere. Entsteht die innere Ablehnung nur aus der Erkenntnis, dass der Einfluss nicht zu ändern ist oder dem Einzelnen die Werbebotschaft nicht sympathisch ist? Oder ist es die Ahnung, dass hier gegen den eigenen Willen beeinflusst wird?

Betroffene haben häufig das Gefühl, vornehmlich in Supermärkten et cetera, dass sie einen Schutz in ihrem Geist aufbauen müssen, um einen klaren Kopf, das Denken in leicht kontrollierbaren Strukturen, zu halten. Dies erleben sie als zusätzlichen Energieaufwand und als Stress, auch weil es sie ärgert (Aversion), zu der Entscheidung gezwungen zu werden, sich entweder gezielt auf ihre Einkaufsliste zu konzentrieren oder sich dazu anregen zu lassen, doch das eine oder andere Produkt zusätzlich zu kaufen. Sie könnten auch versuchen es zu unterlassen, die innere Abwehr aufzubauen und nach einem unbestimmten Zeitpunkt lockert sich die angespannte Haltung auch, ob sie das wollen oder nicht. Doch zunächst ist es ein selbständiger Akt ihres Geistes, eine Abwehrhaltung zu erzeugen.

Es ist durchaus nicht so, dass die Lockerung mit einem völligen Verlust des Willens verbunden ist, aber die Konzentration und die allgemeine Vigilanzlage verschlechtern sich durchaus, je länger sie dem subjektiv als unangenehm empfundenen Einfluss ausgesetzt sind. Selbstbeobachtung und Reflexion bestätigen es sofort jedem.

Das liegt schlicht an dem Aufwand zusätzlicher Energie, um die Abwehrhaltung aufrecht zu halten und irgendwann gibt der Geist etwas nach. Das wirkt sich auch auf die Stimmungslage aus.

In der Folge meidet der Betreffende entsprechende Situationen nach Möglichkeit.

Es existiert durchaus eine größere Gruppe solch hypersensibler Menschen innerhalb unserer Gesellschaft.

Offenbar nimmt diese Gruppe etwas wahr, das der Mehrheit im Verborgenen bleibt oder von ihr nicht als unangenehm eingestuft oder gar nicht erst reflektiert wird. Aber da einzelne innerhalb dieser Gruppe identische oder sehr ähnliche Wahrnehmungen haben, beruhen sie offenbar nicht auf Einbildung.

Die Frage ist nun, was es denn ist, was da wahrgenommen wird.

Irgendetwas nimmt Einfluss auf die Bewusstseinslage, weiterführend auf die Stimmungs- und Gefühlsqualität.

Wenn es nur, um bei dem einfachen Beispiel der akustischen Werbung in Supermärkten zu bleiben, ebendiese wäre, die sich da unangenehm in der Wahrnehmung einzelner Individuen auswirkte, dann könnte es psychologisch mit persönlichen Merkmalen dieser Einzelpersonen begründet werden.

Etwa ein besonders stark ausgebildetes Bedürfnis nach Freiheit und individueller Entfaltung, das sich bei den Betreffenden auch in anderen Situationen zeigen würde, zum Beispiel in einem allgemeinen Autoritätsproblem. Das »Es«, das hier einzugrenzen versucht wird, lässt sich aber nicht nur auf die Werbung an sich beschränken. »Es« wird schon wahrnehmbar beim bloßen Betreten eines Großmarktes und ähnlicher Lokalitäten. Es wird von einzelnen empfunden als eine Art dumpfer Schleier, der automatisch die Freiheit des eigenen Gedankenflusses und seiner Qualität einschränkt. Eine selbständig entstehende teilweise Blockierung des Geistes, zumindest von Bereichen des Geistes, des Denkens und Fühlens.

Manchmal entstehen auch positive Empfindungen, etwa wenn sich ein Mensch des anderen Geschlechts im gleichen Laden befindet, der sympathisch erscheint und die eigene Phantasie anregt. Etwa dadurch, dass ein Ansprechen und Kennenlernen stattfinden könnte.

Jeder kennt diese banalen Alltagsphantasien.

Das aufmerksame Beobachten der eigenen Gedankengänge wird aber stets die Erkenntnis liefern, dass alle Gefühle von Euphorie und mit ihr verbundenen Gedanken direkt nach der Kasse enden und eine regelrechte Ernüchterung eintritt. Jeder Gedanke an einen Flirt, hier nur als Beispiel eingebracht, erlischt abrupt nach dem Bezahlen - aber erst danach. Die Kasse oder das Bezahlen an sich scheinen eine seltsame »Triggerfunktion« zu haben.

Ob dies eine automatische Reaktion des Geistes ist, die mit irgendeiner unbewussten Assoziation einhergeht oder durch Verkaufsstrategien innerhalb des Marktes erzeugt wird, muss hier unbeantwortet bleiben. Dieses Beispiel ist lediglich etwas, das sozusagen nebenher festgestellt werden kann.

Ein künstlich erzeugtes Konsumverhalten wird auch scheinbar verstärkt, je mehr Menschen sich an betreffenden Orten aufhalten, die hier eine abweichende Wahrnehmung von den geschilderten haben. Offenbar gibt es eine viel größere Anzahl in der Bevölkerung, die das Beschriebene nicht so erlebt, oder sogar entgegengesetzt empfindet. Es verwundert geradezu, wieso viel mehr Menschen als die beschriebene Gruppe geradezu ein Bedürfnis danach zu haben scheinen, sich entsprechenden Orten und Situationen auszusetzen und sich darin offenbar regelrecht wohl fühlen. Ein gutes Beispiel hierfür ist der sonntägliche Besuch, man könnte es fast Ansturm nennen, eines Ikea Möbelhauses oder den auf Geschäfte an verkaufsoffenen Sonntagen. Es gibt dort genau dasselbe zu kaufen wie an den übrigen sechs Wochentagen, doch es finden sich weitaus mehr Menschen an diesen Sonntagen in den Geschäften ein als unter der Woche.

Wieso?

Das für einzelne als störend erlebte Gefühl, das »Es«, erfährt anscheinend auch bei den Menschen des anderen »Lagers« eine Verstärkung, nur in der Gegenrichtung.

Es stellt sich bei der offenkundigen Minderheit aller Konsumenten als innere Abwehrhaltung von allein schon beim Aufsuchen bestimmter Orte ein. Kritiker dieser Vermutungen könnten sich hier auf Befürchtungen berufen, die einfach durch negative Erfahrungen entstehen und sich durch Wiederholung verstärken.

Allerdings legt die Tatsache der anscheinend leicht herzustellenden Beeinflussung von Massen und ihre Gleichgültigkeit gegenüber verschiedenen Umständen, die ihre Lebensqualität teils massiv behindern, durchaus den Gedanken eines Feldes nahe, über das eine Beeinflussung von außen stattfinden könnte und das bei der Mehrheit ein gewünschtes Resultat erzielt. Und dass sich die Auswirkungen dieses Feldes anscheinend durch die Beeinflussten noch selbst verstärkt.

Sogar könnten Menschen nach diesem einfachen Konzept in »Lust«- und »Notwendigkeitskäufer« eingeteilt werden.

* * *

Eine verstärkende Auswirkung hat sicherlich allein eine gewisse Identifikation:

Viele andere tun das auch, ich bin nicht alleine und fühle mich bestätigt. Dennoch scheint ein angenommenes Feld manchmal durchaus naheliegend. Es ist lange bekannt, dass sich der Geist des Menschen durch Energieschwingungen verschiedener Frequenzbereiche manipulieren lässt, indem bestimmte Schwingungsbereiche bestimmte Emotionen wie Angst oder Courage, Euphorie oder Trägheit und unterschiedliche Grade der Wachheit erzeugen können. Stimmungs- und Gefühlslagen lassen sich durch chemische Prozesse, etwa durch Medikamente oder Drogen, aber auch mittels elektrischer Ströme erzeugen, die über Drähte an bestimmten Gehirnregionen angebracht sind.

Im Tierversuch vielfach bestätigt - seinerzeit sehr Aufsehen erregend publiziert von dem spanischen Wissenschaftler Delgado - sicherlich auch schon am Menschen erfolgt. Allerdings reicht möglicherweise auch das alleinige Bestrahlen mit Wellen aus, um gewünschte Reaktionen und Verhalten zu erzeugen. Zumindest das Erzeugen unterschiedlicher Gefühls- und Stimmungslagen ist belegt. Beobachtungen bestärken Annahmen, nach denen auch kosmische Einflüsse, etwa durch das Sonnenmagnetfeld, einen starken Einfluss auf Gefühle sensibler Menschen haben.

Psychiatrien haben stets einen höheren Zulauf an Menschen mit ernsthaften seelischen Störungen zu bewältigen, wenn die Sonne stärkere Aktivität zeigt und sich ihr Strahlungsfeld dadurch ausweitet. Sofern Statistiken hierzu erfolgt sind, haben sie dieses Phänomen jedenfalls bestätigt.

Ob künstlich erzeugt oder natürlich entstanden, Energiewellen können eindeutig das Bewusstsein beeinflussen.

Aber es erscheint abwegig anzunehmen, dass in jedem Kaufhaus und bei jeder Radiowerbung auch geheime Strahlen mitgesendet werden, die den Geist der Konsumenten gegen ihren Willen steuern. Ist dies so abwegig? Die technischen Mittel und die Zeit, die vergangen ist seit Entwicklung aller möglichen Techniken, lassen doch eher vermuten, dass beliebig Manipulationsmethoden aller nur erdenklichen Art bis zur Perfektion entwickelt und ausgebaut worden sind.

Wird dieser Gedanke in kritische Überlegungen einbezogen, wird schnell klar, dass es völlig naheliegend ist, solche Mittel zu genau solchen Zwecken massenhaft und quasi omnipräsent einzusetzen und zu nutzen.

Es ist auffallend, wie sehr sich fast alle Menschen, die mit solchem Gedankengut konfrontiert werden, hartnäckig weigern, die ganz offensichtlichen Schlüsse, die sich ergeben, anzunehmen, sie zumindest als möglich anzuerkennen.

Wenn es so leicht wäre, gegen unerwünschte Botschaften auf den eigenen Geist immun zu sein, wieso kaufen die meisten Leute die populären Produkte, die am meisten beworben werden, obwohl andere billiger und gleichwertig sind? Offenbar ist es für Menschen zu anstrengend oder zu unangenehm, diese Tatsachen anerkennen und sich mit ihnen auseinanderzusetzen.

Wieso kommt es einer Schwäche gleich, eine mögliche Beeinflussung gegen den eigenen freien Willen über virtuelle Wege und in alltäglichen Situationen überhaupt als möglich zu akzeptieren, warum die mangelnde Bereitschaft schon im Denken? Hinzu kommt die Abgrenzung und teilweise Ausgrenzung derer, die solche Fragen stellen und sich mit entsprechenden Themen auseinandersetzen.

Sind Menschen, die solche Themen erörtern Phantasten, Weltfremde oder Spinner - oder nur Leute mit einer feineren Wahrnehmung und größerer Neugier?

* * *

Es ist keine Langeweile oder Lektüre »falscher« Bücher, die manche antreibt, diese Fragen aufzuwerfen.

Sie beruhen vielmehr auf reiner Beobachtung der Welt und steigen automatisch auf. Alles hier Umschriebene erfährt innerhalb dieses Schriftstücks nur einen vergleichsweise groben Anriss, denn jeder einigermaßen intelligente Leser kann es mit seinem Geist mühelos nachvollziehen und selbst weiterdenken - wozu ja nicht einmal die Notwendigkeit besteht, da die Dinge ja einfach beobachtet werden können. Was man aber eben an erster Stelle auch wollen muss. Aber genau hieraus resultieren zu Teilen auch diese Fragestellungen.

Damit ist ein weiterer markanter Punkt erreicht.

Denn - es ist ja genau diese ausgeprägte Gleichgültigkeit, die alle »geistige Unterdrückung«, von der hier die Rede ist, erst ermöglicht.

Es ist in einem realistischen Sinne vorstellbar, dass es schon lange zur absoluten Normalität gehört, unterschwellige Manipulationen am menschlichen Geist an so gut wie allen öffentlichen Orten und gesellschaftlichen Bereichen standardmäßig anzuwenden. Es ist eine bekannte Erkenntnis der modernen Psychologie, dass der menschliche Geist zu seinem allergrößten Teil aus dem Unbewussten besteht. Schon weiter oben wurde ja angedeutet, wie sehr Menschen viel mehr über automatische Reaktionen zu Entscheidungen und Handlungen gelangen als über ganz bewusst getroffene Überlegungen. Da die sogenannten Psychomechanismen eine derartige Dominanz über das Wesen haben, die seinem Bewusstsein im Verborgenen bleibt, liegen hierin auch reale Möglichkeiten verborgen, Macht auf das Individuum auszuüben. Es können schlichtweg Töne eines bestimmten Frequenzbereichs sein, oder auch Farben, Bilder, Gerüche, und so weiter, die gewünschtes Verhalten bewirken können. Alles, was über Sinneswahrnehmungen aufgenommen wird muss das Unbewusste aufnehmen, nach seinem individuellen Wertesystem bewerten und als wichtig, nützlich, gefährlich, angenehm, und so weiter, filtern, weil dies eine seiner Hauptaufgaben ist, die sich durch Evolution ergeben hat. Überhaupt ALLES wird vom Unbewussten/Unterbewusstsein wahrgenommen und verarbeitet.

Die Sinne nehmen sämtliche Reize der Welt wahr und leiten die Informationen selbständig an die unbewusste Ebene weiter. Diese muss wirklich absolut alles, was zu ihr gelangt, permanent bewältigen und in das Selbsterleben integrieren.

Und zwar auf eine Art, das die Psyche = Geist = (Unter-) Bewusstsein damit nicht überfordert ist und in der ganz eigenen inneren Welt keine Konflikte entstehen, die dafür sorgen, dass die Integrität des Wesens/Menschen mit seinem Dasein in der Welt zusammenbricht oder dort nicht mehr bewältigt werden kann.

* * *

Es gibt immer wieder Einzelne, bei denen dieser automatische Mechanismus nicht so funktioniert, wie er durch seine zugrunde liegenden evolutionären Prozesse entwickelt wurde, und deren Leben daran zerbricht oder diejenigen in eine Krise stürzt.

Solche Menschen werden als psychisch gestört oder krank bezeichnet und bedürfen entsprechender therapeutischer Maßnahmen, um ihre Psyche wieder lebensfähig und in einem einigermaßen gesunden Bereich zu halten.

Selbstverständlich gibt es leider auch eine Fülle von Erkrankungen, die ohne äußere Einflüsse einen Menschen als psychotisch dastehen lassen oder ihn zu einem schwierigen Mitglied der Gesellschaft machen. Hier könnte eine weitere sehr große Klammer aufgemacht werden, um die Thematik der Psychologie und der Psychiatrie, ihre Methoden und Ansichten, zu beleuchten, wie sinnhaft sie sind, wie häufig sie falsch verstanden oder falsch angewendet werden et cetera.

Doch darüber existieren bereits Bücher und es wäre zu umfassend, hier im Detail einzusteigen.

Zudem betrifft das Letzte ja auch die wenigsten in der menschlichen Gemeinschaft.

Jedenfalls setzt der unbewusste Teil des Geistes, der mit ca. 90% seinen Hauptanteil bildet, alle zu bearbeitenden Informationen in irgendeiner Form um.

Dieses Umsetzen äußert sich in der Entstehung von Gefühlen und Emotionen, gedanklichen Bildern, die Ansichten und Meinungen erzeugen und Handlungen oder Unterlassungen entstehen lassen, die letztlich vom Bewusstsein als Willensentscheide interpretiert werden.

* * *

Aus beobachtbaren seelischen Vorgängen leitet sich die Erkenntnis ab, dass der freie Wille eher eine Illusion ist.
Diese Erkenntnis ist gleichzeitig einer der Ansatzpunkte für den Gedanken an eine künstliche Beeinflussung.
Die Möglichkeiten für Beispiele der hier genannten Vorgänge in unserem geistigen Bereich sind schier unendlich.
Automatisch durch äußere Eindrücke entstandene Gefühle können zum Beispiel Ängste sein, in der anderen Richtung wäre es vielleicht Euphorie.
Allein diese beiden Richtungen lassen sich ja schon nicht mehr konkret, beispielsweise in Grade, einteilen und die Vielfältigkeit ist schnell nicht mehr fassbar oder genau berechenbar.
Wegen der individuell völlig unterschiedlichen Einflüsse, die jeder in seinem Leben erfährt, kann selbstverständlich auch keine generelle Wirkung durch irgendeinen gezielten Einfluss bis ins letzte Detail vorhergesagt werden.
Dennoch wird sicherlich seit vielen Jahren daran gearbeitet, wie sich eine solche Einflussnahme eben doch größtmögliche Vorhersagbarkeit des Verhaltens erzielen ließe. Die mittlerweile omnipräsente Beeinflussung durch Werbung aller Art ist wahrscheinlich die harmloseste Variante der Beeinflussung unseres Bewusstseins, vielmehr Unterbewusstseins.

Es soll hier verdeutlicht werden, dass mehr oder weniger beliebig etwa emotionale Zustände, Meinungen, Attitüden und bestimmtes Verhalten aller möglicher Art und Richtung durchaus gezielt bewirkt und im lebenden Wesen erzeugt werden können.

Genau hier ist der generelle Ansatzpunkt des behandelten Themas, grob mit Manipulation des Geistes umschrieben, der all die Dinge und Begebenheiten möglich werden lässt, über die sich manche Menschen wundern. Die Mehrheit wundert sich nicht. Sie denkt noch nicht einmal darüber nach. Warum nur?

So, wie bestimmtes Kaufverhalten oder Aggression durch unterschwellige und unbewusste Einflussnahme möglich ist, so kann in einer anderen Richtung auch eine gewisse Gleichgültigkeit und Teilnahmslosigkeit erzielt werden. Ein massenhaft anzutreffendes Phänomen, provokativ einmal als »Sklavenmentalität« bezeichnet.

Um das vorangehend verwendete Beispiel des Konsumverhaltens und der Werbung erneut aufzugreifen: Es ist ja bekannt, dass über alle möglichen Töne und Melodien, bestimmte Reizworte und so weiter, die dem Konsumenten täglich in allen bekannten Konsumtempeln vom Super- bis Baumarkt entgegenschallen, ein Kaufverhalten erzeugt werden soll. Und gleichzeitig die gleichgültige Haltung, die ein bestimmtes Abwehrsystem in unserer Seele immun macht, sich dagegen abzugrenzen.

Der menschliche Geist - das große Unbekannte

In einem kurzen Exkurs soll auf verschiedene Begriffe, dass und wie sie hier verwendet werden, hingewiesen sein:

Alle Anteile des Menschen, die nicht körperlich sind, werden von der Medizin als seelisch oder psychisch bezeichnet. Dazu gehört auch der Begriff Geist. Es gibt zwar sehr viele Begriffe, die diese Bereiche voneinander abgrenzen und bestimmte Zuordnungen zulassen. Dennoch existiert für alles Geistige/nicht Körperliche keine so detaillierte Kartographie, wie sie für die Physis des Menschen weitgehend besteht. Aber auch allein der rein körperliche Bereich mit all seinen Vorgängen und Funktionen ist keineswegs abschließend erforscht und begründet. Immer wieder ergeben sich selbst für die begabtesten Mediziner und Forscher aller möglichen Gebiete neue Rätsel und Fragen. Jede Antwort und Erkenntnis stößt neue Tore zu noch mehr unbeantworteten Fragen auf.

Dies bezieht sich erst recht auf den Geist.

Von dem in seiner Gesamtheit sehr viel mehr bestimmenden Anteil des nicht körperlichen Bereiches ist die Rede, wenn Begriffe wie Geist, Bewusstsein, Unbewusstes, Psyche, Seele, Wille, Gefühl, Emotion, Stimmung und so fort verwendet werden. Gleichermaßen wird vorausgesetzt, dass der Leser die verwendeten Begriffe in den richtigen Kontext und das Verständnis des besprochenen Themas umsetzt, ohne dass eine Erklärung im Detail erfolgen muss. Es wird darauf vertraut, dass der Geist das kann und automatisch macht. Es geht hier ja nicht um eine Neuerfindung oder Definition der Psychologie oder Ähnliches oder um eine wissenschaftliche Abhandlung.

Vielmehr dreht sich die Grundfragestellung darum, wie alle bisher gewonnen Erkenntnisse der Menschheit um diese Themen herum dazu verwendet werden, das einzelne Wesen, wie auch die Menschheit als Ganzes, geistig zu steuern und zu lenken. Denn dass dieses geschieht, ist wohl unübersehbar.

Die übergreifenden Fragen sind, wieso das geschieht und wie es überhaupt geschehen kann.

Seelische Zwerge

Es gibt den Spruch, nachdem alle Menschen Riesen sind, die von Zwergen erzogen wurden.

Die Frage nach einer Beeinflussung des Geistes muss differenziert werden, wenn tiefer in diese Fragestellung eingetaucht werden soll. Es ergeben sich mehrere neue Richtungen, etwa hinsichtlich dessen, was beim Probanden überhaupt bewirkt werden soll.

Beim Einkaufen geht es darum, bestimmte Produkte zu kaufen und eine Bereitschaft im Menschen zu wecken, Geld in etwas zu investieren, das man vielleicht gar nicht unbedingt braucht und auch, überhaupt erst die Bereitschaft an sich zu wecken, sich in eine oder mehrere Richtungen innerlich zu öffnen, um eben dieses oder jenes zu erwerben. Offenbar reichen die bekannten Reklamemaßnahmen dafür aus, sonst wären sie in den letzten Jahrzehnten sicher deutlich verändert worden.

Was ist aber mit der mehrfach angedeuteten Gleichgültigkeit, mit der anscheinend die meisten durch' s Leben gehen?

Etwa die pauschale Geisteshaltung des »kleinen Mannes«, der ja sowieso nichts ausrichten kann. Selbst wenn man den kleinen Männern verdeutlicht, dass sie als mehr oder weniger geschlossene Einheit durchaus etwas gegen diverse, von der Mehrheit eigentlich unerwünschte, Einflüsse ausrichten könnte, wenn sie nur organisiert genug wäre, hat gar keine Wirkung.

Der Mensch bleibt in seiner Lethargie.

Selbst das Aufzeigen tatsächlicher Möglichkeiten, sich etwa gegen Preiserhöhungen zu wehren, wird schon als Grundidee abgelehnt.

Beispielsweise könnte eine Nation als einheitliche Masse einmal eine ganze Woche lang nicht zum Tanken fahren, um passiv gegen steigende Benzinpreise zu demonstrieren.

Sich ergebenden Entbehrungen wäre leicht vorbeugen und es ist realistisch, so ein Vorhaben umzusetzen. Wenn der Markt seine Absätze nicht mehr hat, MUSS er beisteuern. Alleinige Voraussetzung ist ein einheitliches Zusammenhalten, den gefassten Entschluss umzusetzen.

Es ist aber praktisch nicht möglich, die häufig untereinander klagenden Bürger zu einer solchen Maßnahme zu bewegen, wenn willkürliche Verschiebungen innerhalb irgendwelcher Märkte mal wieder den Ölpreis und damit die Benzinkosten in die Höhe treiben, egal, wie groß der Zusammenhalt vielleicht abends am Stammtisch ist.

Eine eingehende Betrachtung des Phänomens macht offenbar, wie tief die resignative Haltung in den Menschen verwurzelt ist. Es sind vergleichsweise immer nur einzelne, die eine gewisse Zuversicht hin zu einer Änderung entwickeln und einhergehend auch die Bereitschaft, sie umzusetzen.

Erschreckend wird diese Feststellung gegenüber der Beobachtung, dass eine Mehrheit zu negativen Zusammenschlüssen (es sei hier so formuliert) offenbar sehr leicht zu motivieren ist.

Siehe etwa die andauernde politische Krise rund um die Ukraine seit 2014, die schnell zu einer militärischen avancierte.

Wieso sind die gleichen Menschen nicht dazu zu bewegen, sich auf das konfliktfreie Miteinander zu besinnen, in dem sie offenbar viele Jahre zuvor gelebt haben?

Vereinfacht ausgedrückt ist Hass anscheinend leichter zu bewirken als Liebe und Harmonie.

Das hat sicherlich auch damit zu tun, dass Wut und Hass im Bereich der sogenannten niederen Triebe angesiedelt sind, im großen Unbekannten, dem Unbewussten. Wahrscheinlich sind es simple genetische Strukturen, die sich über viele Jahrtausende im allgemeinen Überlebenskampf gegen eine doch durchaus eher feindliche Umwelt bewährt haben.

Wer einem ans Leben wollte, den musste er erfolgreich abwehren und hat entsprechende Gefühle und Gedanken gegen jeweilige Gegner und Widersacher entwickelt, seien es wilde Tiere oder die Angehörigen einer anderen Sippe gewesen.

Das ging lange so und ist wahrscheinlich als Anlage im Menschen tief verwurzelt.

Aber was setzt den Impuls frei?

Der Gedanke an Frequenzen und Bestrahlungen durch Wellen, die bestimmte Bereiche im Gehirn anregen und dazugehörige Impulse erzeugen, entsteht immer wieder - und liest sich erst einmal wie einem Sience-Fiction Film aus den 1960er Jahren entnommen.

Es ist aber trotzdem sehr gut vorstellbar und vor allem mittlerweile auch technisch leicht machbar, eine ganz gezielte und absichtliche Beeinflussung des menschlichen Bewusstseins massenhaft geschehen zu lassen. Angesichts des Umfangs der Unterdrückung der Freiheit großer Massen, ganzer Völker bis hin zu abscheulichsten Bestialitäten im Einzelnen, die so vereinzelt ja auch nicht vorkommen, kann es eigentlich nicht anders sein.

Es ist beinahe absurd zu glauben, dass dies nicht geschähe, denn bekannt ist es seit langem, dass die Mittel und Möglichkeiten dazu bestehen.

Zu glauben, diese Möglichkeiten würden auch im zivilen Bereich, an politisch gesehen im Frieden lebenden Völkern, nicht angewendet und die damit verbundene Aversion, das Gegenteil im Denken zuzulassen, gehört vielleicht ebenso zur Kalkulation in einem übergreifenden Manipulationsprogramm. Die Masse von Richtantennen auf zahllosen Häusern so gut wie jeder Stadt rund um die Welt gibt die Möglichkeit dazu, den Geist permanent Frequenzen aller Art auszusetzen.

Wer sich ins Gedächtnis ruft, welche Vielfältigkeit durch das Verwenden für unser aller Auge unsichtbaren Strahlen die moderne Welt mittlerweile bietet, vom Fernsehen über Mobiltelefonie, GPS, www und Datenübertragung jedweder Art, der sollte eigentlich leicht verstehen können, dass da auch ganz andere Absichten zur Anwendung kommen könnten, die überhaupt nicht über die Sinne wahrnehmbar sind.

Auch der Begriff von Strahlenwaffen im militärischen Bereich gehört ja schon längst nicht mehr einer Utopie eines Jules Verne an.

Wie schon mehrfach gesagt, ist die Ausrichtung hier nicht explizit die, eine Beweisführung zu liefern, sondern mehr die einer Erfassung von Möglichem, vielmehr sogar Wahrscheinlichem, und schon andere Autoren sind selbstverständlich diesen Gedanken nachgegangen. Etwa ein Autorenteam (Fosar und Bludorf), das im Berliner Großraum eine Quelle von Strahlungen ausgemacht hat, durch welche die Bevölkerung in diesem Ballungszentrum dauerhaft bestimmten Wellen ausgesetzt ist. Dafür wurden gezielt Messungen vorgenommen und angeblich durchaus eine solche Quelle im unmittelbaren Bereich eines Großflughafens lokalisiert.

Aber - bei dieser Feststellung in einer Buchveröffentlichung und einem geweckten Interesse einer im Vergleich nur sehr kleinen Bevölkerungsgruppe ist es dann auch geblieben. Hier spielen offenbar die angenommene künstlich erzeugte Gleichgültigkeit und eine Ignoranz oder Leugnung zuständiger Stellen wie Behörden oder dem Militär dann erfolgreich zusammen und festigen das von den Verursachern gewünschte Ergebnis, dass alles beim alten bleibt und der Esel, in Form der Bevölkerung, das frisst was er vorgesetzt bekommt und das glaubt oder nicht glaubt, was er glauben soll.

Es soll hier aber auch die kritische Betrachtung der genannten Autoren eingebracht sein, die es in der Vergangenheit manchmal schon mit den Belegen für ihre aufgestellten Thesen nicht so genau genommen haben.

Ferner sind sie auch einmal auf einen absichtlich erzeugten sogenannten Kornkreis hereingefallen, den sie als »höchstwahrscheinlich außerirdisch« bezeichneten.

* * *

Da der Mensch hauptsächlich seiner optischen Wahrnehmung die weitaus größte Bedeutung zumisst, würde die Möglichkeit einer Beeinflussung des Geistes über reine Energiewellen plausibler erscheinen, wenn er sie sehen könnte.

Würden Menschen alle Felder und Strahlen, die sie umgeben, sehen, sähen sie nämlich überhaupt nichts mehr.

Selbstverständlich ist es nicht Absicht, sich hier in eine paranoide Attitüde zu verrennen, sondern lediglich, ein Gedankenspiel mitzuteilen und dieses realen Möglichkeiten gegenüberzustellen oder zumindest zu versuchen, diese abzuschätzen.

Dennoch besteht die Möglichkeit eines langfristigen regelrechten Aufweichens des menschlichen Geistes, das auch über Strahlen und Frequenzen dazu beitragen kann, größere Gruppen gefügig zu machen und Meinungen und Gesinnungen zu erzeugen oder ihre Erzeugung zu unterstützen.

Alle vorangegangenen Gedanken zum Thema Strahlen sind selbstverständlich nur schwer in eine direkte Verbindung zum Beispiel zu dem Krieg um die Ukraine zu stellen.

Die Historie der Menschheit kann erneut auch als Gegenargument herangezogen werden. Denn in der Vergangenheit hat es ja ungezählte kriegerische Auseinandersetzungen gegeben, ohne dass eine Technologie zur Verfügung stand, die eine Beeinflussung des Geistes durch technisch erzeugte Energien ermöglicht hätte, um ihn darüber zu lenken.

Es würden an dieser Stelle mehr Informationen benannt, die unmittelbar eine Beeinflussung des Bewusstseins von Menschen, die vielleicht verdeckt stattfinden und nur vermutet werden können, stünden sie zur Verfügung. Hierzu gehören auch technische Einzelheiten. In Ermangelung von Kenntnissen über solche Einzelheiten kann es nur bei der Umschreibung von Vermutungen bleiben, deren Grundlagen aber fast unübersehbar sind.

Das Dilemma, um es so zu bezeichnen, besteht ja leider zu einem großen Teil darin, dass die Mehrheit der Menschen die hier betrachteten Inhalte gar nicht so genau ansehen möchte. Auch ist die Feststellung eine Wiederholung, dass diese Vermeidung im Sinne der Sache steht, die hier betrachtet wird.

* * *

Es ist nachvollziehbar, dass der Leser schon mehr als einmal die Augen verdreht hat, angesichts der geäußerten Spekulationen.

Als Werbemaßnahmen über das damals noch recht neue Fernsehen in der Mitte des vergangenen Jahrhunderts ihren Siegeszug antraten, wurde damit, und mit dem menschlichen Unterbewusstsein, das gezielt beeinflusst werden sollte, experimentiert und vielen ist eines der bekannt gewordenen Beispiele vielleicht noch in Erinnerung. Es handelte ich um die Einspielung von Bildern einer Flasche eines bekannten Erfrischungsgetränks während einer Filmvorführung. Die Bilder waren in den Film eingebracht worden und wurden nur so kurz gezeigt, das der Betrachter sie bewusst nicht wahrnehmen und sich erst recht nicht an sie erinnern konnte.

Unmittelbar nach Ende der Vorführung kauften im Vergleich aber deutlich mehr Probanden genau dieses Getränk, was als offensichtlicher Beleg für eine gelungene Manipulation des Geistes gewertet wurde.

Damit war klar, dass das menschliche Bewusstsein, vielmehr seine unbewusste Abteilung, mehr oder weniger erfolgreich gesteuert werden kann.

Wird dieses einfache Beispiel aus den Anfangstagen der Fernsehwerbung hergenommen und mit den technisch machbaren Möglichkeiten der heutigen Zeit verglichen, über die aber nur sehr wenige Einzelheiten der Öffentlichkeit bekannt sind, so ist es doch überaus wahrscheinlich, dass mittlerweile ganz andere Methoden zur Anwendung kommen.

Es ist denkbar, dass auch in akustischen Werbespots, denen jedermann neben den Optischen täglich ausgesetzt ist, Signale in Form von Tönen eingebracht sind, die für das bewusste Hören nicht erkennbar sind. Wenn das damals schon beim Auge funktioniert hat, warum sollte das Ohr nicht ähnlich überlistet werden können? Damit muss möglicherweise also gar nicht auf einer Feldebene eingegriffen werden, um Ziele zu erreichen. Da aber die Erzeugung und darin eingebrachte Botschaften von Frequenzen aller Art, die auf einer reinen Energieebene stattfinden, problemlos generiert werden können, so erscheinen die Spekulationen rund um dieses Thema herum doch ziemlich realistisch.

Der vornehmliche Ansatzpunkt dürfte darin bestehen, alle Beeinflussungen, von denen hier die Rede ist, dem Bewusstsein über die Sinneswahrnehmungen einzuspielen, ohne dass eine Bewusstwerdung stattfinden kann. Was der Mensch nicht sieht oder hört, das glaubt er auch nicht so leicht. Vielmehr, dass er auf eine solche Weise zu allen möglichen Sachen verleitet werden kann. Wahrscheinlich bewirkt der Aspekt des bewusst nicht Wahrnehmbaren auch gleichzeitig die typische gleichgültige Haltung der allermeisten Konsumenten, wie sie vorangehend einige Male umschrieben wurde.

Somit sind diese Gedanken hinsichtlich einer Manipulation des Geistes durch technische Möglichkeiten in der heutigen Zeit mittlerweile eher plausibel als unwahrscheinlich. Dass diese Spekulationen den Menschen dennoch egal sind, werden sie damit konfrontiert, spricht höchstens einmal mehr in erschreckendem Maße für die Wirksamkeit der vermuteten Methoden.

Und, um irgendwo mitten in der übergeordneten Thematik quer einzusteigen:

Wieso können die zu Beginn erwähnten vermuteten extremen sexuellen Ausschweifungen einer Hillary Clinton nicht nur in dem genannten Buch, sondern in etlichen filmischen Beiträgen thematisiert werden und diese Frau dennoch für das Amt des US Präsidenten kandidieren?

Wieso kann der britischen Königin Mitwirkung an Entführungen, sexuellem Missbrauch und Tötungen von Waisenkindern aus kanadischen Heimen unterstellt oder sie damit aktiv in Verbindung gebracht werden?

Inklusive in Bild und Ton festgehaltener Aussagen von Menschen, die das angeblich bezeugen können?

Wieso kann sich jedermann in Filmbeiträgen diese Themen bequem im Youtube Kanal ansehen und anhören so oft er es will?

Und es dennoch als Lüge und Schwachsinn erachten?

Wieso ergreifen die höchst prominenten Beschuldigten keine Maßnahmen, um diese Lügen, so sie welche sind, aus der Welt zu schaffen oder die vermeintlichen Verleumder in die Schranken zu weisen?

Die Mittel dazu hätten sie sicherlich eher als der Durchschnittsmensch.

Die Antwort kann nur sein: Weil sie es nicht brauchen.

Denn die Menschen machen sowieso nichts gegen sie, weil ihr Geist längst aufgeweicht genug ist. Sie hören, sehen und lesen es, beißen dann in ihr Butterbrot und überlegen, welche Sachen sie morgen auf der Arbeit anziehen werden oder was sie einkaufen oder wohin sie vielleicht in den Urlaub fahren werden. Und bei den nächsten öffentlichen Auftritten dieser Personen gehen die Leute wieder hin und jubeln ihnen zu.

Dass hier vielleicht eine ungeahnt große und übermächtige Beeinflussung des Bewusstseins aller Menschen in einem Umfang stattfindet, der alle je ersonnenen Science Fiction Utopien in den Schatten stellt, daran denkt niemand.

Aber nur dadurch ließen sich all die seltsamen Begebenheiten, die hier inhaltlich angerissen werden, erklären.

Der Gedanke des Selbstläufers als ein sich selbst regulierendes System kommt hier wieder leicht ins Spiel: Sogar Verbrechen wie Morde können politischen oder sonstigen weltlichen Größen öffentlich unterstellt werden, ohne dass ihnen irgendwelche Konsequenzen drohten.

Die seit der Einführung des Internets inflationär zur Verfügung stehenden Informationen über buchstäblich alles und jeden spielen möglicherweise auch eine nicht ungewichtige Rolle. Die Gleichgültigkeit der großen Mehrheit bleibt bestehen oder steigert sich sogar mit der Zahl der Information und Detailgenauigkeit. Vielleicht kapituliert der menschliche Geist sogar umso schneller, je mehr Quantität und Vielfalt an Information ihm angeboten wird. Erst recht, je mehr sich erfundene Scheinwahrheiten, Anschuldigungen und Diffamierungen, die inzwischen als fake news etabliert sind, die Grenze zwischen Wahrheit und Lüge immer mehr verwischen und dazu beitragen, so gut wie alle Schlagzeilen in erster Linie als Unterhaltung einzustufen.

Wie schon zu Beginn eingeräumt, kann leider keinerlei stichhaltige Beweisführung geliefert werden, welche Mittel tatsächlich benutzt werden, um den Geist mehr und mehr aufzuweichen.

In jedem Fall ist es aber doch mehr als wahrscheinlich, dass die Umsetzung einer steigenden Einflussnahme von Institutionen aller Art, Regierungen eingeschlossen, stattfindet und Strahlenimpulse, die als Standard bei etwa jeder Fernsehausstrahlung gesendet werden oder in so gut wie allen technischen Medien, die Kommunikation ermöglichen als verborgene Funktion enthalten sind, erscheinen bei genauerer Betrachtung doch plausibler als andere Mittel. Eigentlich ist es auch unerheblich, mit welchen Mitteln etwas umgesetzt wird, zählt am Ende doch vielmehr Absicht und Ergebnis.

* * *

In der Tat gerät die Erwähnung dieser Gedanken überzogen oder schlicht abgehoben.

Solche Gedanken ergeben sich aber zwangsläufig, wenn all diese Dinge tiefergehend beobachtet und durchdacht werden. Dass nur wenige das tun und so gut wie alle mit dem Bewusstsein an einer künstlichen und oberflächlichen Scheinrealität haften, hat vielleicht mit Bequemlichkeit zu tun.

Warum sind die Menschen so oberflächlich und bequem? Wieso zieht niemand die absurdesten Überlegungen als Realität in Erwägung? Eben weil sie derart absurd anmuten, könnte eine Antwort sein - so etwas tun Menschen doch nicht ...

Wegen des Mangels an beweisbaren Erklärungen bilden solche Fragen immer wieder einen in sich geschlossenen Kreis, der mit einem Stigma des Unseriösen und Blödsinnigem behaftet ist.

Leider finden sich auch zahlreiche Phantasien und Thesen, die diese Vorurteile bestätigen, was das Heraustreten der Informationen mit tatsächlichem Wahrheitsgehalt stets erschwert oder sogar unmöglich macht. Die Antworten liegen wahrscheinlich außerhalb der Kreislinie in Bereichen, zu denen nur die stets aktiven und initiativen Insider Zugang haben. Dem Außenstehenden bleiben nur Spekulationen wie diese, zu denen aber jeder gelangt, der danach sucht.

* * *

Es wird mehr und mehr verständlich, wie die Menschheit leicht als gefügige Masse lenkbar gehalten wird und es mutet bisweilen wenig wichtig an, ob der verbreitete Stumpfsinn womöglich mit technischen Mitteln via Strahlen gefördert wird, die theoretisch mittlerweile auch über jedes Mediagerät ausgesendet werden könnten.

Neben diese wahrscheinlich immer noch utopisch anmutenden Gedanken könnte die Aussage des »whistleblowers« Snowden gestellt werden, I- und andere Smartphones könnten auf virtuellem Wege jederzeit angezapft werden, die Position jedes Handybenutzers jederzeit lokalisiert werden und gar, dass er selbst und seine Umgebung über die eingebaute Kamera zu jedem Zeitpunkt selbst bei ausgeschaltetem Gerät beliebig beobachtet werden kann.

Das erscheint dann doch zu überzogen.

Wieso gibt es mit der NSA eine umfassende US-amerikanische Behörde mit tausenden Mitarbeitern, die nur existiert, um geheim zusammengetragene Daten zu verwerten?

Und wieso wurde/wird Snowden dann rund um den Erdball gejagt?

Sogar wurde das Thema einer unmittelbaren Überwachung über Mobiltelefone 2016 in der bekanntesten deutschen Krimiserie eingebracht.

Zwar wurde es hier sehr dürftig in den Plot eingebaut, aber dennoch klar herausgestellt, wie sehr technische Möglichkeiten zum Zwecke einer Überwachung in jedweder Form die kühnsten Phantasien bereits in den Schatten stellen. Damit ist klar, dass viele der hier angestellten Gedanken und Vermutungen größtenteils doch bereits Realität sind.

Zu Beginn 2017 gab es gar auf den Portalen von GMX & Co einen Artikel zu lesen, der die Tatsache öffentlich machte, wie bereits jetzt schon alle durch die Aktivitäten der Internetbenutzer weltweit gesammelten Daten von Google, facebook, amazon und so weiter, die nicht nur das Kaufverhalten betreffen, exakte Profile von so gut wie allen usern erstellt werden können und werden. Um eine noch gezieltere Beeinflussung zu praktizieren. Sei es, um Produkte zu bewerben und zu verkaufen oder um politische Ansichten und Wahlverhalten zu steuern.

Auch die Mobiltelefone werden bereits aktiv dazu verwendet, indem permanent Hintergrundprogramme in diesen Geräten laufen, die alle Daten und Aktivitäten erfassen und analysieren, mit dem Ziel, eine globale Vernetzung herzustellen, die letztlich zu einer kommerziellen und »marktstrategischen« Lenkbarkeit jedes Einzelnen führen sollen. Von Datenschutz kann überhaupt keine Rede mehr sein und wieder zeigt sich, wie die vielen Millionen Betroffenen damit offen konfrontiert werden können, ohne dass eine nennenswerte Regung in Form irgendeines eines Protestes entsteht.

A propos Gedanken der Vergangenheit, die Wirklichkeit wurden:
In weniger von Gewalt betroffenen Regionen der Welt wird das Aufweichen
des Geistes an dem immensen Fortschritt der Kommerzialisierung aller
Lebensbereiche sichtbar.

Kinder und Jugendliche sind nahezu vollständig in der künstlichen virtuellen
Welt verhaftet, so gut wie jeder von ihnen läuft als »Smartphonezombie« über
den Gehsteig, das Bewusstsein abgekoppelt von allen anderen Bewegungen,
seien es soziale oder materielle. Die Entrüstung darüber hat sich schnell gelegt
und das Phänomen ist Normalität geworden. Gleichzeitig wird das
Bewusstsein der jungen Generationen mehr und mehr auf alles Materialistische
und Oberflächliche eingeschworen. Markenbekleidung und Frisuren sind das
Wichtigste. Sogar junge Flüchtlingskinder, die mit ihren Familien aus
Kriegsgebieten in westliche Gesellschaften entkommen sind, wollen in ihrer
freien Zeit an erster Stelle »shoppen« gehen, und sich nach Möglichkeit in den
angesagtesten und teuersten Marken kleiden. Die Steuerung des Geistes im
Sinne der Orwellschen Big Brother Vision ist längst heutige Wirklichkeit.
Und das bei der gleichzeitigen Überzeugung fast aller Betroffenen, sie lebten in
größerer Freiheit als je zuvor.

Gerade die jungen Generationen unserer Tage erleben eine totale
Werteumkehr, die sie schon in jungen Jahren zu gefügigen »Kopfnickern«
macht und das oft auf eine gar wörtlich spielerische Weise.

Eine erschreckend dramatische Abnahme des Bildungsniveaus geht damit
einher und unterstützt die Annahme, Gesellschaften übergreifend Generationen
von oberflächlichen Konsumenten zu erzeugen.

Soziale Netzwerke wie facebook haben ja schon lange die Funktion realer
sozialer Kontakte übernommen. Wobei die x 100 virtuellen Freunde oftmals
tatsächlich für solche gehalten werden, wie sie es einst in der realen Begegnung
einmal waren.

Allein der Unterschied in der Bedeutung wird von den Millionen »usern« nicht mehr korrekt wahrgenommen und differenziert.

Jugendliche und Kinder verbringen immens viel Zeit mit Computerspielen, die immer realistischere Gewaltdarstellungen enthalten. So werden Brutalität und Töten schon in ganz jungen Jahren als etwas völlig Selbstverständliches internalisiert.

Dazu kommt der Umstand, dass die Vorbilder der Welt, die politischen Größen, die allabendlich in den Nachrichten und Portalen präsentiert werden, Gewalt als Mittel täglich propagieren.

Krimiserien oder Filme, die in den 1970er Jahren im Spätprogramm gezeigt wurden, weil befürchtet wurde, die gezeigten Gewaltdarstellungen könnten Kinder und Jugendliche verwirren oder in ihrer Entwicklung stören, laufen heute im Nachmittagsprogramm. Sie sind nicht einmal mehr für Sieben- bis Zehnjährige ein Aufreger.

Zu jener Zeit sagten die Leute angesichts der zunehmenden Verrohung der jungen Generation und mit ihnen verbundener Gewalttaten, dass auch hier irgendwann »amerikanische Verhältnisse« herrschen würden.

Mittlerweile enthalten bereits Trick-/Animationsfilme, die für unter zehnjährige gedacht sind, ein Übermaß mehr an Darstellungen massiver Gewalt als die vorab genannten Krimis der damaligen Zeit. Jedes Kind hat heutzutage schon ungezählte Male absolut realistisch nachgestellte Szenen von Tötungen und Durchschüssen mit großkalibrigen Waffen gesehen.

Ist es ein Wunder, dass die befürchteten Verhältnisse tatsächlich eingetreten sind?

Es ist doch leicht nachvollziehbar, wieso die Probleme der heutigen Zeit existieren.

Warum wundern sich die Menschen, dass ihre Kinder Gewalt- und Tötungsspiele ansehen oder selbst schon recht früh in gewalttätige Konflikte verwickelt sind, anstatt Baumhütten zu bauen oder auf der Wiese Fußball zu spielen.

Ein »Du sollst nicht töten« ist längst dahingehend abgewandelt worden, Töten sei eine legitime Maßnahme, wenn es nur den Richtigen trifft.

Selbstredend ist hier nur von Tötungen von Menschen die Rede und ebenfalls sehen sich alle irgendwie an gewalttätigen Auseinandersetzungen Beteiligten selbst als die Richtigen oder Guten an.

Aber Gewalt und der Akt des Tötens an sich sind etwas vollkommen Selbstverständliches und Normales geworden.

Wie soll sich da je ein Frieden verbreiten können?

Vorab ist bereits dargelegt worden, wie wenig von den meisten Menschen gewaltfreie Strategien zur Konfliktlösung überhaupt geistig vorgestellt werden können. Wenn die Mehrheit eine friedliche Welt noch nicht einmal denken kann, wie soll sie da je sozusagen in vivo entstehen? Die Macht der Gedanken ist mit eine der größten in der Welt und im Lebewesen überhaupt.

Alles was existiert ist stets zunächst erst einmal gedacht und innerlich vorgestellt worden. Und genau aus diesem Grund läuft die Menschheit immer noch größeren Konflikten entgegen, weil sie nämlich in der Vergangenheit stets erwartet wurden. Alle negativen Zukunftsprognosen, die sich schon bewahrheitet haben, sind befürchtet worden, als sie noch längst nicht eingetreten waren. Verbunden mit entsprechenden Umschreibungen und inneren Bildern.

Kein Wunder, dass alles so kommt, wie es kommt. Die Vorstellung einer friedvollen Welt ist zur größten Utopie von allen verkommen. Sie anzustreben ist pure Heuchelei derjenigen, die sie angeblich zum Ziel haben.

Alle nur denkbaren Erfindungen und technischen Neuerungen sind Wirklichkeit geworden und immer noch neuere kommen täglich hinzu. Viele von ihnen stehen allen zur Verfügung, so sie es sich leisten können, aber alle glauben an sie.

Aber dass manche solcher Entwicklungen dazu benutzt werden, um den Menschen bis in seinen letzten privaten und geheimen Winkel auszuspionieren und zu berechnen, um ihn noch besser lenken zu können, das erscheint der Masse utopisch.

Ist das nicht sehr widersprüchlich, vor allem, weil die tollsten Technologien geradezu dazu einladen, sie zu diesen Zwecken zu verwenden?

Warum es Einzelne gibt, die von der Suggestion nicht komplett »eingefangen« werden, darüber gibt es ebenso keine klaren Antworten und so muss sich dieses kleine Schriftwerk mit dem einem bescheidenen Appell an die Besinnung der Selbstverantwortung begnügen.

In ihr schwingt immer die Möglichkeit mit, Veränderungen herbeiführen zu können.

Sogar Gedanken sind Veränderungen und Bewegungen in dem Raum, der am schwersten zu erfassen und, technisch, zu beobachten ist.

Obwohl dieser Raum im Kopf eines jeden denkenden Wesens der Ursprung jeder Handlung und Aktion ist. Und daher setzt auch der erste Impuls jeder Beeinflussung des Geistes in genau diesem Geist an.

Zum Glück kann aber jeder Mensch auch immer noch bewusst selbst Einfluss auf seinen eigenen Geist nehmen und Entscheidungen treffen.

Entscheidungen, anders zu denken und zu handeln.

Wieso also nicht davon Gebrauch machen, anders zu denken, genauer hinzuschauen oder überhaupt Fragen zu stellen? Viele Überzeugungen, die so gut wie jeder Mensch für gegebene Wirklichkeit hält, beruhen auf übernommenen Glaubenssätzen, die er nie empirisch überprüft hat.

Zum Teil auch, weil es gar nicht möglich ist, manches zu überprüfen. Zum Beispiel, dass die Erde rund ist. Höchstwahrscheinlich ist sie das, aber fast alle Menschen, jedenfalls alle, die noch nie im Orbit waren, müssen sich auf diese für sie unüberprüfbare Aussage verlassen.

Die Mehrheit verlässt sich ein Leben lang blind auf unzählbar viele solcher Aussagen, die zu ihren Glaubenssätzen und unverrückbaren Überzeugungen geworden sind.

Das bedeutet aber nicht, dass auch tatsächlich alle davon der Wahrheit und Wirklichkeit entsprechen.

Weil jede noch so kleinste Aktivität aber eine Reaktion hervorrufen muss, also eine Veränderung, und zwar weil dies eine tatsächliche universelle Gesetzmäßigkeit darstellt, worauf das Prinzip aller Bewegung gründet, wird auch die allerkleinste Aktivität, und sei es eine geistige, auch wirklich etwas verändern.

Wieso also nicht den eigenen Kosmos bestmöglich selbst beeinflussen und verändern und aus einstudierten Mustern und Gedankengängen ausbrechen? Was könnte passieren?

Vielleicht, dass das eigene Weltbild einstürzt, das tatsächlich auch nur ein Bild ist.

Das würde aber auch Platz für Neues im eigenen Kopf schaffen.

Es kann auch bereichernd und kurzweilig sein, seine Umgebung und auch sich selbst zu hinterfragen.

Da jeder doch sterben wird, ist es möglicherweise keine schlimme Erfahrung, Gewohntes aufzubrechen, um zu versuchen zu ergründen, wie wirklich die bisher angenommene Wirklichkeit wirklich ist.

Und möglicherweise ist nach dem Ende dieses Lebens die erstaunliche Erfahrung zu machen, dass dieses Ende kein endgültiges war, so wie es noch eines der folgenden Kapitel anregen möchte.

Je besser, bewusster, der eigene Geist sich auch für diese Möglichkeit offen hält, desto besser kann wahrscheinlich der weitere Weg beschritten werden.

Denn wenn dem so ist, muss der Weg weitergehen und er wird immer einer sein, der einer Selbstverantwortung unterliegt. Und somit nur leichter und besser werden kann, je klarer sich der Einzelne dieser vielleicht allumfassenden Wahrheit annähert und sie zumindest als Möglichkeit akzeptiert und dies innerlich so annimmt.

Es mutet mitunter bedauerlich an, keine bahnbrechende Lösungsmöglichkeiten geliefert zu bekommen angesichts des beleuchteten Dilemmas der eigenen Rasse. Hierin liegt ebenso die übergreifende Erkenntnis, dass keine Vorgaben anderer eine Wendung herbeiführen können. Das Zusammenwirken aller und die Bereitschaft aller Einzelnen zu erhöhter Bewusstheit, eigener Initiative sowie vor allem der Wille zu friedfertigen Strategien und Konfliktlösungen sind wohl unabdingbare Voraussetzungen, um in einer unbestimmbaren Zukunft die Vision einer tatsächlich friedvollen Welt Wirklichkeit werden zu lassen.

* * *

Nachfolgend nun ein weiteres Thema, das hierzulande nur sehr vorsichtig betrachtet werden darf, aber es sei hier schon hervorgehoben, dass es erneut und vornehmlich um die Benennung von Auffälligkeiten innerhalb des Buchkontextes geht, die nur schwer zu übersehen sind!

TV – ein altbewährtes Mittel zur Steuerung des Denkens

Eine dauerhafte und etwas besser für alle erkennbare Beeinflussung einer bestimmten Haltung zu bestimmten Themen ist über das Fernsehen auszumachen.

Hier soll das dunkelste Kapitel der deutschen Geschichte bemüht werden, um das zu verdeutlichen, denn es hat unmittelbar mit dem Begriff der Suggestion zu tun und eignet sich als Beispiel gut.

* * *

Wie so gut wie jedem auf der Welt bekannt, hat sich über einige Jahre nahezu geschlossen ein ganzes Volk unbestrittenerweise fürchterlicher Verbrechen schuldig gemacht.

Es ist bei genauer Betrachtung nur schwer zu übersehen, wie speziell das Volk der Deutschen bis heute dauerhaft in einem permanenten Schuldgefühl gehalten werden soll.

Hier kommen sicher auch Vereinbarungen auf einer rein politischen Ebene zum Tragen, die mit dem Ausgang des Zweiten Weltkriegs und der beteiligten Kriegsparteien zusammenhängen und welche bis heute gültig sind.

Über solche Vereinbarungen, auf die allein wegen des Umfangs des Themas nicht ausführlich eingegangen werden kann, sollte verständlicherweise nach Ende der Naziherrschaft dafür gesorgt werden, dass eine solche hier niemals mehr entstehen kann. Entsprechend zielen die Regelungen darauf ab, dauerhaft politische Macht auf Deutschland ausüben zu können. Das ist zunächst eine etwas gewagte Behauptung, die aber umso nachvollziehbarer wird, je mehr man sich ihr annähert.

Es sollte sogar mehr als nur unverständlich erscheinen, wenn den Siegern des Krieges nicht auch dauerhaft an einer stabilen Machtposition gelegen wäre, die möglichst viele Lebensbereiche, wenn nicht gar alle, des besiegten Volkes betrifft.

So etwas ist verständlich und üblich und hatte oder hat vielleicht zum Teil immer noch seine Berechtigung. Auswirkungen ziehen sich bis heute nicht nur durch die politische Weltlandschaft, sondern schlagen sich zudem in militärischen und auch wirtschaftlichen Bündnissen und Vereinbarungen nieder.

Es soll in diesem Unterkapitel aber konkret das angesprochene Schuldgefühl Beleuchtung erfahren.

Es ist wohl mehr oder minder offensichtlich, dass jeder Deutsche sich nach wie vor im Sinne des Wortes schuldig fühlen soll, angesichts der Gräuel des Nazireiches.

An diesem Punkt sollte aber eine klare Trennung unterschiedlicher Begriffe und ihrer tatsächlichen Bedeutungen stattfinden, denn es ist nicht nachvollziehbar, wie Menschen heutiger Generationen für Taten verantwortlich sein können, die andere Generationen lange vor ihrer eigenen Geburt begangen haben. Verantwortung und berechtigtes Schuldgefühl stehen hier nicht unbedingt mit einem suggeriertem Gefühl von Schuld im Kontext zueinander. Niemand kann für das verantwortlich sein, was der eigene Großvater vielleicht sogar noch vor der Zeugung seines Kindes getan hat.

Jemand kann sich aber dafür schuldig fühlen, wenn der Entschluss dazu von ihm bewusst gefasst oder auch das Gefühl unbewusst erzeugt wird. Objektiv betrachtet kann er aber nicht verantwortlich sein und deshalb *muss* er sich nicht schuldig fühlen.

Er ist angesichts des Themas vielleicht, oder sogar wahrscheinlich, betroffen.

Aber Betroffenheit ist nicht dasselbe wie Verantwortung und auch Schuld ist etwas anderes. Für ein gesundes menschliches Wesen und dem ihm zu eigenen Vermögen Empathie zu entwickeln scheint es aus der Sicht vieler selbstverständlich, dass sich von allein ein Gefühl großer Betroffenheit einstellt, wenn jemand sich die Schicksale der Naziopfer vergegenwärtigt. Dieses Gefühl ist aber keinesfalls automatisch mit einer Schuld gleichzusetzen. Weder mit einer objektiv nachweisbaren Schuld = Verantwortung, noch mit einer moralischen Verantwortung, die ein subjektives Gefühl von Schuld zwangsläufig entstehen ließe und auch rechtfertigen würde.

Das Gefühl einer moralischen Verantwortung, die einem Gefühl des schuldig seins gleichkommt, soll aber wohl so lange wie möglich und möglichst großflächig erhalten werden.

Es muss einen Mechanismus in der menschlichen Psyche geben, über die das Gefühl der Schuld erzeugt wird, und im Falle dieser Überlegungen, die das deutsche Volk betreffen, gefestigt werden soll.

Es scheint, als ob zunächst die Betroffenheit eine Tür dafür öffnet.

Der Mechanismus wird ganz deutlich an der Präsenz der Thematik in den Medien. Auch die Werbung macht sich den Umstand zunutze, dass Konditionierung durch Wiederholung entsteht oder gefestigt wird. Je öfter der Konsument etwas liest, sieht, sich vergegenwärtigt, desto besser haftet es im Gedächtnis.

Es ist auffallend und unübersehbar, wie zum Beispiel das Thema der Nazidiktatur im Fernsehen präsent ist. Beim Durchblättern des Programms der Sender in einer deutschen Fernsehzeitung finden sich täglich meist sogar mehrere Dokumentationen, Reportagen und auch Spielfilme, oft Mehrteiler, die immer und immer wieder das Dritte Reich regelrecht durchkauen.

»Hitlers Krieg im Osten«, »Verbrechen der Wehrmacht im 2. Weltkrieg« et cetera lauten die Titel und wohl nicht nur wegen der historischen Begebenheiten, sondern auch wegen der Erzeugung einer ganz bestimmten Haltung im Bewusstsein der Deutschen, werden in diesen Filmen Grausamkeit und Schuld der Deutschen thematisiert - und unausgesprochen generalisiert auf »die Deutschen« übertragen. Reportagen werden in einem entsprechend suggestiven Tonfall kommentiert.

Natürlich ist das angemessen.

Jedoch muss auch die Frage erlaubt sein, ob es denn notwendig ist, das endlos zu wiederholen. Wozu die damit erzeugte Haltung, das Denken und die verbundenen Gefühle, dienen sollen, das ist ja bereits erläutert worden.

In verschiedene Medien wird seit Jahrzehnten verallgemeinernd argumentiert, über die mediale Präsenz des Themas dem Vergessen entgegenwirken zu wollen.

Offenbar gibt es immer Unbelehrbare, aber die gibt es in allen Ländern, Völkern und Gesellschaften.

Das politisch extrem rechte Phänomen der Skinheads etwa existiert seit Dekaden sehr lebendig in vielen europäischen Staaten wie in den USA. Gewalttätige Übergriffe gegen Minderheiten sind dort ja ebenfalls seit jeher bekannt und ob diese von glatzköpfigen oder von Kapuzen bedeckten Häuptern begangen werden, ist dabei zweitrangig.

Im einem anderen Vergleich ist es genauso auffallend, wie verbrecherische Machenschaften in sehr großem Stil, die durch andere Völker und Nationen begangen wurden, in der Weltöffentlichkeit und den Medien nicht so kritisch beleuchtet werden. Den USA könnte auch bis zum Sankt Nimmerleinstag der Genozid an den indianischen Völkern vorgehalten werden. Genau genommen müsste man auch dem spanischen und portugiesischen Volk eine Schuld suggerieren, wenn überall die gleichen moralischen Maßstäbe angelegt würden.

Im Gegensatz dazu sind Westernfilme, die »den Indianer« als Feindbild darstellen, immer noch gesellschafts- und medientauglich.

Es ist wohl eine traurige Tatsache, dass Nazideutschland vom Umfang her hier einen Rekord an Grausamkeit und Völkermord aufgestellt hat.

Aber hier geht es ja nicht um Zahlen, sondern um die Sache des Verbrechens an sich und einer damit tatsächlich entstandenen moralischen Schuld. Daher müsste ein Bewertungsmaßstab eigentlich auf sehr viele Völker und Regierungen angewendet werden und würde dies geschehen, hätten sich sehr viele Nationen in der Welt sehr bedeckt zu halten, wenn ein authentisches Verantwortungsbewusstsein tatsächlich vorhanden wäre.

Hierin eingeschlossen ist auch das politische Israel unserer Zeit, das eine Legitimierung der Folter durch ausführende Organe ihrer Regierung, vornehmlich Militär, Geheimdienst und Polizei, schon lange gesetzlich verankert hat.

Das Vorgehen Israels gegen politische Nachbarn und manche Mitbewohner ihres geographischen Territoriums muss an dieser Stelle nicht ausführlich erklärt werden.

Auch politisch werden Israel-kritische Menschen manchmal nicht nur mundtot gemacht, wenn sie eine bestimmte Grenze überschreiten.

Darüber kann an dieser Stelle natürlich nur spekuliert werden, aber möglicherweise haben in der Vergangenheit politische deutsche Größen wie etwa Herr Möllemann oder auch Herr Barschel diese Grenze überschritten und dafür mit dem Kostbarsten bezahlen müssen.

Explizit soll mit der vorangegangenen Äußerung aber keine wie auch immer geartete Beteiligung einer israelischen Regierung oder eines israelischen Staatsorgans behauptet werden, die mit dem Tod der genannten Politiker im Zusammenhang stehen könnte!

Offiziell beruht das Ableben des einen ja auf Suizid, das des anderen auf einem Unglücksfall.

Eingebracht werden könnte an dieser Stelle noch der Begriff des Antisemitismus und Äußerungen, etwa von Herrn Möllemann, die seinerzeit von israelischen Politikern oder dem Zentralrat der Juden in Deutschland, für viele schwer nachzuvollziehen, schon als solcher bezeichnet wurden.

Es ist auch nicht das erste Mal niedergeschrieben, dass etwa das drastische Vorgehen Israels gegen die palästinensischen Widersacher ein antisemitischer Akt ist, weil Palästinenser ganz klar zu den semitischen Völkern gehören.

Allein die Wandlung des Begriffes in anti-israelisch, der ganz konsequent eigentlich anti-jüdisch heißen müsste, ist aus wirklich objektiver Sicht schon lange überfällig. Israels politischer Einfluss in der Welt ist aber wohl groß genug, um sich damit nicht auseinandersetzen zu müssen.

Aber - um nicht in eine falsche Richtung abzudriften - sei an den Mechanismus der Beeinflussung erinnert, der eben an den Fernsehsendungen klar erkennbar ist.

Offenbar soll aber über die Medienpräsenz des Themas ein dauerhaftes Gefühl von Schuld und eine regelrechte Dämpfung des Bewusstseins im gesamten deutschen Volk solange wie möglich aufrecht erhalten werden.

Mit seiner Vergangenheit und dem verlorenen Krieg hat sich Deutschland bis heute zu einem internationalen Sündenbock gemacht, der zwar hier und da mitmachen darf, um es salopp zu formulieren, und auch soll, aber nicht zu sehr gegen Interessen aller möglichen Art der alliierten Kräfte und der am meisten betroffenen Opfergruppe eines bestimmten Volkes sprechen soll.

Die Niederschrift dieser wörtlichen Formulierungen und die mit ihnen verbundene Brisanz erfolgt hier bewusst und ist beabsichtigt – sie sind aber keinesfalls verharmlosend oder beschwichtigend gemeint!

Es sei daher erneut betont, dass alle gelieferten Beispiele mit den damit verbundenen Themen lediglich wegen des übergreifenden Themas der vermuteten Beeinflussung des Bewusstseins aufgeführt werden.

In aller Deutlichkeit wird hervorgehoben, dass diese kritischen Formulierungen zwar vollkommen bewusst, dennoch ganz ohne jeden Zweifel keiner Haltung entspringen, die sich auch nur annähernd an eine politisch rechte Gesinnung lehnt.

Im Gegenteil geschehen sie sogar aus einer eher pazifistischen Ausrichtung heraus, die Gewalt als Lösungsstrategie und als Gegenteil zu intelligenter Konfliktbewältigung weitgehend ablehnt. Eine Ausnahme dazu könnte ein Akt unmittelbar notwendiger Selbstverteidigung im Sinne eines natürlichen Reflexes darstellen.

Keine der durchaus erkennbaren Israel-kritischen Äußerungen stehen in Bezug zu den Leiden des jüdischen Volkes, die ihm durch den Holocaust des Dritten Reiches und den Nazis zugefügt wurden!

Wenn vorangehend Brutalitäten angedeutet und eine möglicherweise nicht immer wirklich gerechte Vorgehensweise Israels etwa gegen das Volk der Palästinenser benannt wurde, so stehen diese Formulierungen ausschließlich im Kontext zu den Militär- und Polizeieinsätzen der heutigen Zeit, die unmittelbare Auswirkungen der israelischen Politik sind.

Ebenso wird keinesfalls das politische Israel mit dem Volk der Juden automatisch gleichgesetzt, sondern weltlich-politische Bezüge von religiösen strikt getrennt, obwohl bei diesem Thema nicht zu verhindernde Überschneidungen existieren.

Wird also diese passive Dauerbeeinflussung vor allem über das Medium TV ernsthaft und tiefer betrachtet, dann tauchen neue Fragen auf.

Eine davon ist, wieso eine bestimmte Volksgruppe in einer anderen das beschriebene Schuldgefühl noch viele Generationen nach dem Holocaust unbedingt wachhalten möchte. Sämtliche Verantwortlichen sind tot, Überlebende wurden, soweit möglich, verurteilt und nach bestehenden Rechtssystemen bestraft. Manche Naziverbrecher wurden auch von den Siegermächten des zweiten Weltkriegs verschont und für eigene Zwecke eingesetzt, teil- und sinnigerweise also sogar noch für ihr Wissen belohnt, wie Verfolgung, Folter und Mord an unschuldigen Menschen wirksam zu praktizieren ist. Zu diesem Thema erfolgen noch Erläuterungen.

Trotzdem soll die Belastung des Gewissens in den Deutschen erhalten bleiben. Offensichtlich geht es hier um das Verfolgen eins Rachegefühls.

Wiederum gelangt man unweigerlich auf eine Ebene im psychischen Bereich des Menschen, wenn gefragt wird, wieso diese Rache für so viele Nachfahren der Naziopfer auch in der heutigen Zeit so wichtig ist.

Die Betreiber der Initiative sind selbst nicht mehr unmittelbar betroffen, alle lebenden Deutschen ebenso nicht.

Eng an diese Gedanken ist erneut die seltsame Suggestion einer Erbschuld gebunden. Es wurde ja schon dargelegt, wieso eine solche nicht existieren kann.

Wenn sich Menschen unbedingt Gefühle der Verletztheit wegen vergangener Taten aufrecht erhalten, dann werden sie niemals in einen Zustand der Vergebung gelangen. Aber nur dieser würde eine wirkliche Befreiung von Ängsten und emotionalen Schmerzen herbeiführen.

Anscheinend möchten Menschen da aber häufig gar nicht hin.

Wenn zu diesen Gedanken noch die Geschehnisse in Deutschland und Europa des Jahres 2015 eingebracht werden, die mit dem massiven Flüchtlingsstrom in Verbindung stehen, der eine regelrechte Völkerwanderung war, dann ist es klar, sich mit diesen Äußerungen auf sehr dünnem Eis zu bewegen.

Dennoch sollen wiederum unübersehbare und sehr seltsam anmutende Eindrücke, die zwangsläufig entstehen, nicht ausgeklammert sein.

In einem übergreifenden Sinne können die vornehmlich syrischen Flüchtlinge, die im genannten Jahr fast zu Millionen in Deutschland angekommen sind, zweifellos als Opfer betrachtet werden.

Die politischen Umstände in ihrer Heimat, die Gräuel des Bürgerkrieges und der Terror des IS waren wohl nachvollziehbar Grund genug, der eigenen Heimat den Rücken zu kehren.

Dennoch bestand der Bürgerkrieg in Syrien und die Unruhen weitläufig rund um diese geographische Region des mittleren Ostens bereits seit etlichen Jahren.

Wieso kommen diese Menschenmassen erst nach vielen Jahren auf die Idee, zu fliehen?

Wieso fiel ihnen das erst so spät und dazu noch allen auf einmal ein?

Wieso wollten all diese Menschen um jeden Preis nach Deutschland?

Handelte es sich darum, das eigene Leben zu retten, wäre man doch spätestens in Griechenland, der Türkei, Ungarn oder irgendeinem anderen Land definitiv in Sicherheit gewesen. Aber es musste Mitteleuropa und vor allem Deutschland sein.

Die zweifellos vorbildliche und gesetzlich verankerte Asylpolitik der BRD stellt anscheinend einen großen Anreiz dar, unbedingt in dieses Land zu gelangen.

Das deutsche Asylrecht wurde sicherlich ursprünglich auch wegen der deutschen Vergangenheit so großzügig angelegt, wie es der Fall ist.

Es drängt sich aber doch der Gedanke auf, dass hier noch andere Kräfte im Hintergrund wirken, von diesem Asylrecht so sprunghaft und massenhaft Gebrauch zu machen.

Es ist unübersehbar und ebenso berechenbar, wie der soziale Wohlstand Deutschlands und der übrigen betroffenen europäischen Staaten unter der Aufgabe einbrechen könnte, all diese Leute aufzufangen.

Die Überlegungen zu diesem Thema werden schnell zu einem schwer zu überblickenden Problemkomplex, indem auch ein neutraler Betrachter durchaus verschiedene Positionen einnehmen kann.

Ganz offenbar scheint der massive Zustrom so vieler Menschen inszeniert und zielgerichtet zu sein, denn anders ist es nicht zu erklären, warum all die Menschen, vornehmlich syrische Kriegsflüchtlinge, auf einmal alle in ein bestimmtes Land wollen und müssen.

Wie sind sie auf die Idee gekommen und wieso nicht eher und wieso plötzlich massenhaft?

Wer bewirkt das und was könnten die Interessen der Initiatoren sein?

Nebenfragen, die sich ergeben, sind auch solche, die eine nachfolgende Zuwanderung der Familien in den kommenden Jahren betreffen.

Es wurde in dieser Zeit oft offen gefragt: Wieso sind da zum Beispiel tatsächlich viele einzelne junge Männer dabei, die ohne ihre Familien geflohen sind, die sie dann in ein oder zwei Jahren nachkommen lassen möchten?

Wenn ein Familienvater dem Kriegsterror entfliehen möchte, dann lässt er also seine Frau und seine Kinder dort zurück und begibt sich alleine in eine sichere Zone?

Das ist nicht einleuchtend.

Und wenn offensichtlich und jetzt schon absehbar diese zurückgelassenen Familien, Hunderttausende oder sogar mehr an der Zahl, in der Zeit der Trennung in den schlimmen Kriegsgebieten überleben und in einigen Jahren nach Deutschland auswandern können, was ja offenbar von vorneherein feststand, kann dann der Terror in der Heimat wirklich so schlimm sein? Ohne Zweifel sind die vorangehenden Fragen provokativ formuliert.

Die Fragestellung relativiert sich etwas über die Bereitschaft zur Mühe einer genaueren Recherche rund um dieses sehr komplexe und schwierig einzuschätzende Thema.

Die Möglichkeiten einer Suche nach Antworten sind begrenzt und nicht abschließend auf ihren tatsächlichen Wahrheitsgehalt hin überprüfbar. Es existieren relativ viele Filmreportagen wirklich engagierter Journalisten, die seinerzeit meistens sehr spät am Abend in weniger populären Fernsehkanälen gezeigt wurden.

Aus ihnen geht teilweise deutlich hervor, wie ganz unterschiedliche militärische Gruppen versuchen, einzelne Männer in den Krisengebieten rund um Syrien und Irak zu rekrutieren. Es ist einigermaßen nachvollziehbar, dass nicht jeder, der einer extremen Situation ausgesetzt ist und darunter leidet, wie sie allein der IS verursacht, auch bereit ist, mit der Waffe gegen oder für eine bestimmte Gruppe zu kämpfen.

Eine einzige Kugel zerstört das eigene Leben und bereitet der Familie des Getöteten eine noch schwierigere Lage. Solchen dramatischen Lebenssituationen, die auch einen regelrechten Psychoterror bedeuten, können sicher viele nur mit Flucht entgehen. Dabei ist die Möglichkeit, die ganze Familie einfach mitzunehmen, schon aus finanziellen Gründen und aus solchen der Sicherheit, oft nicht gegeben.

Es muss sich bei diesen einzelnen Männern also nicht zwangsläufig um herzlose und kühl kalkulierende Wirtschaftsflüchtlinge handeln, denen es in ihrer Heimat gar nicht so schlecht geht, wie sie vorgeben und die in den wohlhabenden europäischen Staaten Sozialleistungen abgreifen und aus purer Berechnung die Familie nachholen wollen.

Dennoch gibt es wohl auch nicht wenige, die einem solchen negativen Klischeebild entsprechen und es dürfte äußerst schwierig sein, diese Menschen nach ihrer wirklichen Intention und Lebenslage her zu differenzieren und zu selektieren.

Es wurde ja auch schnell mehr als deutlich, wie wenig es den Behörden gelang, diese Menschen statistisch überhaupt zu erfassen.

* * *

Trotzdem bringt die in sehr kurzer Zeit entstandene Gesamtsituation langfristig eine sich zwangsläufig ergebende Schwächung der hiesigen Gesellschaft mit sich, die sich leider auch in sogenannten ethnischen Konflikten niederschlägt.

Solche interkulturellen Konflikte, die sich sowohl durch politische Landschaften und Strukturen wie durch die zivilen Gesellschaften ziehen, sind ja bereits unübersehbar.

Der Versuch, einen wirklich übergeordneten Blick auf dieses Geschehen zu werfen, das ja tatsächlich eine größere Zahl an Staaten, Völkern und Volksgruppen, höchst unterschiedliche Kulturen und Gesellschaften und multiplen politischen Gesinnungen beinhaltet, lässt die Vermutung nicht unwahrscheinlich erscheinen, es stünde da ein Plan dahinter.

Daher muss es nicht unbedingt ein paranoider Gedanke sein, hier vielleicht eine Art späte Rache der alliierten Kräfte und im Besonderen der vom Dritten Reich besonders hart betroffenen religiösen Gemeinschaft zu vermuten.

Es sei abermals herausgestellt, wie leicht besonders die Formulierungen dieses Kapitels als üble Polemik ausgelegt werden können und dass dieser Umstand bereits vor der Niederschrift bewusst gewesen ist!

Dennoch bleibt es verwunderlich, dass besonders der Konfliktkomplex, wie er in Syrien stattfindet, Jahre des Bürgerkriegs und zunehmender Terror des IS, urplötzlich so immens wichtig geworden ist.

Seit Jahrzehnten existieren bereits ungezählte mit massiver Gewalt und resultierender Not verbundene Konflikte im geographischen Großraum des Nahen und Mittleren Ostens. Es bleibt unklar, warum ausgerechnet der in Syrien so schnell eine so hohe Bedeutung gewonnen hat und deshalb sollte es auch erlaubt sein, hierzu kritische Überlegungen anzustellen und sie ebenso in die Öffentlichkeit zu tragen.

* * *

Brisant sind all die vorangegangenen Äußerungen aber nur, weil sie mit einem massiven Tabu belegt sind und besonders deutsche Menschen so etwas nicht äußern dürfen, ohne in bestimmte Richtungen gedrängt zu werden, zu denen sie sich überhaupt nicht bekennen müssen oder sich dort von Gesinnung und Ausrichtung her angesiedelt sehen.

Leider spielen unübersehbare Strebungen bestimmter politischer Parteien, die in der jüngeren Vergangenheit wieder größeren Zulauf haben und ständig in der öffentlichen Berichterstattung auftauchen, dritten Kräften zu, kritische Beobachter genau jenen Kräften zuzuordnen.

Der Versuch, eine möglichst objektive und unabhängige Ausrichtung zu wahren und diese zu betonen, läuft dabei Gefahr, ignoriert oder als unglaubwürdig ausgelegt zu werden.

Entgegen der Möglichkeit einer solchen Auslegung sind an dieser Stelle einige Möglichkeiten dennoch ausformuliert, obwohl sie für viele eher absurd oder eben sogar gezielt provozierend erscheinen.

In die Idee eines gezielten Erschaffens eines großen Chaos mit dem vermuteten Ziel, letztlich einen neuen wirklich großen Krieg zu entfachen, könnte noch leicht die dauerhaft gespannte Situation zwischen Russland und Europa eingebracht werden. Zahlreiche Begebenheiten und Äußerungen von teilweise bedeutenden hohen politischen Größen der Lager, die vom einfachen TV Betrachter nicht wirklich beurteilt und realistisch eingeschätzt werden können, scheinen diese Entwicklung noch anfachen zu wollen.

Hier soll aber nicht der Fehler geschehen, zu sehr in ein mehr politisch gefärbtes Statement zu verfallen. Allerlei Gedanken zum übergeordneten Thema der Manipulation können aber offenbar leicht in alle angeschnittenen Bereiche eingebracht werden, weshalb ihre Benennung stattgefunden hat. Bis zum Zeitpunkt der Veröffentlichung werden sich in dieser schnelllebigen Zeit sicherlich viele weitere Veränderungen und Umwälzungen ergeben haben.

* * *

Abschließend aber ein erneuter kurzer Schwenk in die Richtung der Möglichkeit, dass eine übergreifende Destabilisierung des politischen und gesellschaftlichen Zusammenhalts in Europa in die Tat umgesetzt werden soll.

Obwohl sich manches sehr eindimensional liest, bleibt es aber auch festzustellen, wie die beschriebenen Umstrukturierungen wieder einmal auf dem Rücken der breiten Masse, des Volkes, ausgetragen werden.

Denn die Flüchtlinge sind ganz offenbar nicht nur Opfer einer zweifellos dramatischen Lage in ihren Herkunftsländern, sondern auch einer übergreifenden Suggestion und Lenkung im Denken, am Ende auch im Handeln, das sich darin zeigt, dass sich diese Menschen ja tatsächlich auf den Weg machen – was sie während etlicher Jahre des Bürgerkriegs und des Terrors nicht getan haben.

Opfer sind aber auch klar die europäischen Völker und Gesellschaften, in deren Mitte diese künstlich erzeugte Problematik schlagartig platziert wird. Wie schon gesagt, sind die Auswirkungen ja bereits deutlich zu erkennen, die eine Entzweiung der Menschen im Alltagsleben und in der Politik offenkundig bewirkt. Daher hier noch einmal die Vermutung, dass dies alles so gewollt ist. So, wie überhaupt NICHTS in der Politik und auch auf dem Geldmarkt je zufällig geschieht oder geschehen ist.

Leider übersieht der unreflektierte Durchschnittsmensch diese Tatsache ein um's andere Mal und schon seit vielen Jahren, wahrscheinlich aus reiner Bequemlichkeit.

Darüber wird er und sein Bewusstsein aber eben scheinbar beliebig lenkbar.

* * *

Ein jüngerer Mann von etwa 30 Jahren aus Eritrea, einem Land südlich von Ägypten, macht sich auf den Weg weg aus seinem Heimatland.

Er tut dies, weil er sonst angeblich in seinem Heimatland zehn Jahre lang gezwungen würde, Soldat zu sein. Verweigerte er diesen Zwangsdienst, hätte er mit zwanzig Jahren Haft zu rechnen. Einen solchen Vollzug in diesem Land ist wahrscheinlich nicht mit hiesigen Haftbedingungen zu vergleichen und es grenzte sicher an ein Wunder, wenn er das überleben würde.

Was Menschen in einem Staat zwischen Ägypten und dem Jemen als Soldaten für Arbeiten zu verrichten hätten, darum soll es hier nicht gehen.

Aber es ist anzunehmen, dass Menschen ihre Gründe haben, einem solchen Staat den Rücken zu kehren. Natürlich heimlich, denn eigentlich dürfen sie da gar nicht fort, so wie Europäer es gewohnt sind zu reisen und Landesgrenzen zu überschreiten. Auf seinem langen Weg, über dessen Ziel er sich noch nicht einmal im klaren ist, steht er oft vor Hunger und Erschöpfung an der Grenze zwischen Leben und Tod. Irgendwann trifft er nicht nur auf Menschen, die aus ähnlichen Gründen ihre Heimat verlassen haben und gemeinsam geraten sie an die hierzulande nur aus den Medien bekannten Schlepperbanden. Auf ihrem Weg, der sie am Ende nach Europa und nach Deutschland führt, treffen sie noch auf viele weitere solcher Organisationen. Ihnen müssen sie Geld geben, immer wieder werden alle Flüchtlinge durchsucht, alle Wertgegenstände werden ihnen abgenommen. Nur wenigen gelingt es, etwas zu verbergen, zum Beispiel ein Mobiltelefon. Mit ihren Handys dokumentieren einige von ihnen ihre Flucht, so gut es möglich ist. Auch werden sie häufig geschlagen und mit Waffen und dem Tode bedroht. Auch sollen einige Flüchtende von den Banden ermordet worden sein. Frauen droht sexuelle Nötigung und Vergewaltigung. Über tausende von Kilometern und mehrere Länder kommen sie irgendwann am Meer an und werden mit Waffengewalt und Schlägen gezwungen, ein kleines Boot zu besteigen, dass vollkommen überfüllt ist. Wer das Meer überlebt, wie der Mann aus Eritrea, gerät unvermittelt an eine weitere Bande, die ihn nun in Europa weiter bringen soll. Alle, die es bis hierher geschafft haben, sind völlig entkräftet und halb verhungert, zudem krank oder verletzt von Schlägen.

Immer wieder gibt es Zwischenstationen, bevor die flüchtenden Menschen weiter verladen werden. Auch müssen lange Wegstrecken durch unwegsames Gelände zu Fuß zurückgelegt werden, stets von bewaffneten Männern bewacht und angetrieben. In einem geheimen Zwischenlager werden sie in Gruppen in geschlossene Räume ohne Fenster gesperrt.

Sie können und dürfen nicht hinaus, bekommen kein Wasser oder zu essen und dürfen über zwei Tage lang auch nicht zur Toilette. Frauen und Kinder sind dabei.

Als es weitergeht, müssen sie in kleinen Gruppen in einen leeren Benzintank unter dem Bus oder LKW klettern, in dem sie versteckt werden. Denn sie sind ja illegale Auswanderer, die von illegalen Banden auf den Weg gebracht werden. Sie verbringen wieder fast zwei Tage in dem Tank, der nur ein einziges winziges Loch im Boden hat, durch das Luft hereinkommen kann. Im Tank stinkt es nach Benzin. Wahrscheinlich haben sie sich bleibende gesundheitliche Schäden der Lunge oder den Atemwegen zugezogen. Man erreicht irgendwann Griechenland und von da an ist ihr weiterer Weg recht gut dokumentiert und bekannt. Auf seinem Weg traf der Mann aus Eritrea auf einen Vater mit seinem etwa siebenjährigen Sohn aus Afghanistan, der vor den Taliban geflohen war.

Ihnen hätte schlichte Ermordung gedroht.

Einige andere, sehr ähnliche Biografien wurden in der Fernsehdoku vorgestellt, der diese grobe Beschreibung entnommen ist. In der Heimat sind viele der flüchtenden Menschen Lebenssituationen ausgesetzt gewesen, die nur als unerträglich beschrieben werden können. Ihr gesamtes Besitztum, teilweise eigene Häuser und Grundstücke wurde ihnen gewaltsam genommen oder durch erpresserische Methoden wurden sie gezwungen, all dies zu verkaufen. Den Erlös haben sie fast komplett für ihre Flucht hergeben müssen. Ob es staatliche Repressionen gewesen sind oder Machenschaften sonstiger krimineller Banden oder der schiere Terror des IS oder einer anderen pseudopolitischen Gruppierung ist einerlei. Es ist einfach eine Tatsache, dass die überwältigende Mehrheit der vielen Hunderttausend Flüchtlinge, deren Zureise in europäische Gefilde vorangehend thematisiert wurde, ähnliche bis identische Schicksale teilen, wie die, die hier kurz angerissen wurden.

Angesichts dieser unleugbaren Umstände erscheint die Darstellung, wie sie einige Seiten vorher umschrieben wurde, fast wie eine üble Propaganda. Diese stilistisch wahrscheinlich etwas ungeschickte Gegenüberstellung soll zeigen, wie leicht es ist, ganz unterschiedliche Meinungen und Positionen einzunehmen. Man hört dies und denkt sich etwas dazu. Man sieht etwas anderes und nimmt eine ganz andere Haltung ein.

Die Vermutung einer gewissen Steuerung der Bewegungen großer Menschenströme in den vergangenen Jahren bleibt weiter bestehen, obwohl sie auch eine reine Vermutung sein kann. Tatsächlich ist es nicht genau zu ergründen, warum so viele Menschen aus ganz verschiedenen Ländern und Regionen fast einem Sternmarsch gleich und nahezu gleichzeitig ihren Weg in das zentrale Europa angetreten haben. Eine Mitursache waren sicherlich die vielfältigen gewalttätigen Auseinandersetzungen im Rahmen des sogenannten arabischen Frühlings, der dann doch keiner wurde und bis heute keiner ist. Wieso das Phänomen der Massenflucht aus allen möglichen Ländern quasi zeitgleich begann, das wird wohl für immer ungeklärt bleiben. Da hierzulande kaum jemand sich auch nur entfernt ein Bild von den Lebensqualitäten machen kann, wie sie in den kriegsgebeutelten und armen Ländern des Nahen und Mittleren Ostens vorherrschen, ist es zwar einigermaßen nachvollziehbar, aber natürlich nicht zu rechtfertigen, wie die politisch rechten Strebungen im Europa der heutigen Tage zustande kommen.

Medien, Berichterstattung oder auch die Unterlassung einer neutralen Informationsübermittlung, die unendliche Informationsflut des Internet; all das trägt wohl in seiner unentwirrbaren Gesamtheit größtenteils zu dem Dilemma bei, in dem sich die aufeinander treffenden Völker aktuell befinden. Es ist einfach allzu leicht, Meinungen zu erzeugen und es ist leider auch viel einfacher, das zu glauben, was für den eigenen Geist am bequemsten ist.

So spontan, wie dieser letzte Zwischeneinschub eingebracht wurde, wird von ihm auch wieder Abstand genommen und noch einmal ein Blick auf die Doppelmoral geworfen, wie sie besonders in der politischen Landschaft häufig anzutreffen ist.

* * *

Unübersehbar ist hier eine gewisse Skrupellosigkeit, etwa der politischen Führung Deutschlands, die aber wohl charakteristisch für alle politischen Systeme zu sein scheint.

Denn, wie die nähere Vergangenheit gezeigt hat, waren der eigenen Regierung Aufwendungen von vielen Milliarden (!) Euro recht und billig, um Banken vor dem Untergang zu bewahren und das bestehende Geldsystem aufrecht zu halten. Im Zuge der Bewältigung des umfangreichen Flüchtlingsstroms wurden die politisch Verantwortlichen aber nicht müde, an das Volk zu appellieren, massenhaft ehrenamtlich tätig zu werden, um die aufkommenden Schwierigkeiten zu bewältigen.

Wieso konnten nicht humanitäre Organisationen, die all die Arbeit vor Ort und in den Auffanglagern bewerkstelligten, ebenso massiv finanziell unterstützt werden, um etwa mehr Menschen beschäftigen zu können und sie entsprechend gut zu schulen und auszubilden?

Wieso sind hier keine Millionen und gar Milliarden vorhanden, um diese Aufgaben zu stemmen anstatt sie auf das Volk in Form von unbezahlter Arbeit oder über freiwillige Spenden abzuwälzen?

Wieso ist ein Staat und seine Regierung nicht bereit, vielleicht die eine oder andere Milliarde aus dem Militäretat abzuziehen?

Eine Maschinerie, die weltweit dazu beiträgt, Konflikte zu ermöglichen, die eine Flüchtlingsproblematik überhaupt erst erzeugt.

Diese Gepflogenheiten rund um den Erdball laufen ja schon sehr lange nach dem bewährten Schema, was sicherlich auch eines seiner Ziele ist, und sind nur schwer umkehrbar. Aber die Zusammenhänge sind leicht zu erkennen und damit verbunden die Doppelmoral, die in der Politik üblich ist, und vor allem der fehlende empathische und soziale Aspekt, den Politiker fast aller Coleur nicht müde werden, ihn dennoch zu heucheln.

Wie kann es sein, dass die tragischen Ergebnisse militärischer Konflikte ständig von den höchsten Politikern des eigenen Landes beklagt werden, die Regierung, die sie bilden aber gleichzeitig Rüstungskonzernen eine Heimat bietet?

Hierüber darf also die eigene Wirtschaft angekurbelt werden, obwohl klar ist, wie sie bestehende Probleme, etwa die einer Flüchtlingswelle bislang nicht gekannten Ausmaßes, mit erzeugt? Werden große deals mit ausländischen Geschäftspartnern abgeschlossen, die eine Vielzahl an Panzern, Kampfhubschraubern oder Raketen beinhalten, so wird darüber sogar in den Abendnachrichten im TV berichtet.

Und wieso ereifern sich sich noch nicht einmal Einzelne öffentlich über diese doch leicht erkennbaren Widersprüche … ?

* * *

Überleitend ließe sich der Begriff *Attitude Adjustment* einbringen. Er eignet sich sowohl im Englischen wie in der deutschen Sprache als Wortspiel. Er beschreibt genau das, worüber direkt vorangehend spekuliert wurde und auch nachfolgende Beispiele zeigen, wie eine Justierung der allgemeinen Attitüde übergreifend durch populäre Menschen mit Idolcharakter und mit Hilfe der Massenmedien erfolgt.

Macht - im Supermarkt und auf der Weltbühne

Das Wort von der Weltverschwörung soll im Verlauf nicht zu oft bemüht werden, die Verwendung bietet sich aber erneut an.

Keineswegs soll jedweder Gedankengang, der auch nur einer regen Phantasie entspringen könnte, in diesen Text unter dieser Bezeichnung eingebracht werden. Alles hier erörterte deutet aber sehr zu einer Annahme hin, großflächige und weltumfassende Manipulationen großer Bevölkerungsgruppen zum Zwecke ihrer Kontrolle und Einschränkung geistiger und auch physischer oder materieller Freiheiten finden tatsächlich statt.

Jedermann ist bekannt, dass Machtinhaber zu allen Zeiten größten Wert auf die Erhaltung ihrer Macht und deren Weitergabe an nachfolgende Generationen ihrer Seite gelegt haben. Dazu haben sie auch schon immer zu allen nur erdenklichen Mitteln der Unterdrückung und der Einschüchterung gegriffen. Zu diesen Mitteln hat schon immer physische Gewalt gehört und die Erzeugung von Angst.

Das Anwenden von Gewalt, nicht nur physischer, hat automatisch die Erzeugung und Übertragung von Angst auf andere Menschen und Gruppen zur Folge. Dieses Prinzip ist von seinen Möglichkeiten der Anwendung und seiner Erscheinungsformen her schier unendlich wandelbar, aber es bleibt das gleiche Prinzip.

Es wäre die größte Illusion, anzunehmen, dieses Prinzip der herrschenden Kasten, Sippen, Clans, Regierungen, …, sei mittlerweile aufgegeben worden. Es wird nur permanent verändert und angepasst.

Die Machtstrukturen sind mitunter nicht mehr so deutlich zu erkennen.

In manchen Systemen wird es aber nach wie vor so gut wie gar nicht verborgen, wenn die Macht und Abschreckung durch Angst nur groß genug ist und die Herrschenden sich in ihrem System sicher fühlen.

Verschiedene Staaten und Regierungen heutiger Zeit kommen sicherlich jedem von allein in den Sinn. Ganz klar ist die Ausübung von Macht auch nicht überall unmittelbar mit einer ganz offenen Bedrohung und unmittelbarer Gewalt verbunden.

Sogar wird die Unterdrückung scheinbar in den Begriff der Freiheit gehüllt, oder der zu kontrollierenden Masse suggeriert, alle einschränkenden Maßnahmen dienten zur Erhaltung der Freiheit, es ließe sich aber nicht vermeiden, im Zuge der Sicherung dieser Freiheit diese aber auch zum Wohle aller manchmal einschränken zum müssen. Das ist hier natürlich sehr verallgemeinernd formuliert. Weitere Beispiele zeigen, wie der beschriebene Machterhalt bestimmender Gruppen und Einzelpersonen nach wie vor in gleichem Maße besteht und ausgebaut wird, wie es seit jeher der Fall gewesen ist.

9/11 und die Folgen

Das von seiner Bedeutung her am meisten maßgebende Ereignis einer möglichen Irreführung der Weltbevölkerung, das gleichzeitig als entscheidende Vorgabe einer neuen (Denk-) Richtung interpretiert werden kann, 9/11, kann dann selbstverständlich nur schwer ausgeklammert werden und nachfolgend werden die unmittelbaren Begebenheiten und ihre kritischen Begleitumstände angerissen, um sie wieder ins Gedächtnis zu rufen.

Allein die Tatsache, dass gleichzeitig vier verschiedene Flugzeuge über dem US Luftraum entführt und stundenlang herum fliegen konnten, wie die Entführer es wollten, ist eigentlich schon ein kleines Wunder für sich. Ausgang und offizielle Begründungen sind bekannt, also wer das angeblich getan hat, bei wem die Verantwortung für die Verbrechen liegt oder gelegen hat.

Die beteiligten »islamistisch-radikalen« Terroristen sind allesamt bei den Anschlägen gestorben, der Hauptschuldige OBL ist mittlerweile auch medienwirksam ermordet worden; gar als Kinofilm wurde der Akt verwurstet. Ob der letztgenannte, zweifellos in terroristische Handlungen mehr als nur Verwickelte, wirklich für diese Anschläge die Verantwortung trug oder nicht, soll aber gar nicht beleuchtet werden.

Ziemlich obskur waren die Informationen, dass die seinerzeit in den USA und rund um ihre Verbündeten tonangebende Sippe Bush seit etlichen Jahren wirtschaftliche, vielleicht auch private, Kontakte zur Sippe der Bin Ladens unterhielt, wie außer Zweifel steht, allerdings schon.

Ebenso wie die sehr detailliert beleuchteten und bekannt gewordenen Einzelheiten um die Anschläge selbst.

Etwa der Umstand, dass das über freiem Feld abgestürzte Passagierflugzeug so gut wie keine Trümmerteile hinterließ, geschweige denn Überreste von Leichen und auch nur ein relativ kleines Loch im Erdboden, in das es eigentlich nie und nimmer hineingepasst hätte. Oder das Loch in den Gebäuden des Pentagon, welches mehr an den Einschlag einer Rakete oder eines kleinen Flugzeugs wie einer Cessna erinnerte.

Es wurden in dem zerstörten Gebäude aber wohl tatsächlich Teile einer großen Passagiermaschine gefunden, die die offizielle Version bestätigten. Allerdings bleibt es außerordentlich erstaunlich, dass in eines der am besten überwachten und geschützten Gebäude des Planeten überhaupt etwas einfach so hineinfliegen konnte. Die Filmaufnahmen der brennenden Türme nach den Einschlägen der Flugzeuge, nach Aussagen erfahrener Jetpiloten ohnehin ein recht schwieriges Kunststück, so ein Manöver überhaupt zu fliegen und das auch noch zwei Mal hintereinander, zeigen im Zeitraffer recht unverkennbar, dass mehrere Detonationen in Etagen unterhalb der Flugzeuge die Gebäude erst zum Einsturz brachten.

Sie konnten nur durch Sprengladungen erfolgen, die da schon gewesen sein müssen; was die präzise Sprengung und das Einstürzen der Türme in aller Deutlichkeit bestätigte; ihrerseits wiederum ein Akt perfekter Präzision.

Auch diese Einzelheiten sind mittlerweile vielfach in allen möglichen Büchern oder TV Reportagen aufgegriffen worden, gleichsam mit diversen Versuchen, die Verschwörungstheorie zu widerlegen oder sie als unwahrscheinlich oder realitätsfern darzustellen. Die Summe der Details rund um diese Ereignisse lassen sie aber vielleicht doch als mehr als wahrscheinlich erscheinen. Wer all diese Dinge aufmerksam, auch optisch, betrachtet, kann dies nicht leugnen.

Die zuletzt erwähnten Detonationen, die zum Einsturz der Türme führten, sind besonders in Zeitraffer einfach zu sehen.

Es gilt ferner als gesichert, dass nur eine exakte Sprengung dazu führen konnte, diese Gebäude in sich einstürzen zu lassen, wie es geschehen ist, anstelle eines zufälligen Zusammenstürzens.

Erwähnt sei zu guter Letzt in diesem Zusammenhang noch der seltsam anmutende Umstand, dass der Besitzer dieser Gebäude sehr kurze Zeit vorher die Versicherungen dieser Türme noch mit einer ziemlich hohen Summe erneuern ließ.

All diese Informationen, die eine im allergrößten Stil eingefädelte Irreführung und Desinformation quasi der ganzen Welt förmlich nahelegen, wurden seitens der ermittelnden Behörden aber bekannterweise ignoriert und es blieb bei den islamistischen Terroristen und Bin Ladens Verantwortung.

Was hat sich daraus ergeben?

Etwa der sogenannte *Patriot Act.*

Ein Gesetz, das es Behörden der USA ermöglicht, Terrorverdächtige, die nicht US Bürger sind, unbeschränkt in Haft zu nehmen; es dem FBI erlaubt, ohne richterliche Genehmigung Abhörungen durchzuführen, und eine Reihe weiterer bedenklicher Möglichkeiten für Behörden wie FBI und CIA, die einem Freibrief gleichkommen.

Das Gesetz erlaubt seither diversen Behörden, Menschen zu inhaftieren, ohne dies in irgendeiner Form öffentlich rechtfertigen zu müssen. Theoretisch ist es möglich, dass Hunderttausende aus reiner Spekulation heraus in US-amerikanischen Gefängnissen einsitzen, ohne dass jemand davon etwas weiß. Einzelfälle sind bekannt geworden, aber wieviele es wirklich sind, weiß im Volke niemand.

Ziemlich schnell begann dann auch der Feldzug gegen die Hauptverantwortlichen des Anschlags, die Taliban. Ergebnis bekannt und bis heute sehr wenig zufriedenstellend für die Initiatoren.

Verbunden mit diesem Feldzug gegen die Terroristen dieser Welt war auch ein Umschwenken vieler Regierungen, was ihre politische Attitüde und auch die allgemeinen Rechte und die Freiheit von Bürgern vieler Staaten angeht. Die moralische und militärische Unterstützung für die selbst ernannten Terrorjäger dieser Welt wurde ja auch ganz unverhohlen mit dem Ausspruch eingefordert, dass, wer nicht für sie, automatisch gegen sie sei. Die wirtschaftliche Attraktivität jeglicher militärischer Akte generell ist ebenso offensichtlich und wurde seitens der USA im Vorfeld regelrecht beworben.

Wer mitziehe, deren im eigenen nationalen Territorium ansässige Konzerne dürften auch mithelfen, das zerschossene Gebiet wieder aufzubauen - wieso also dazu Nein sagen?

Manch deutscher Bürger mag sich noch sehr gut an zwei Interviews mit dem damaligen deutschen Kanzler Schröder kurz vor den Anschlägen und fast unmittelbar danach erinnern.

Sie betrafen aber mehr das harte militärische Vorgehen der russischen Regierung, deren Truppen damals gerade in Tschetschenien mehr als nur Präsenz zeigten.

Herr Schröder appellierte in einem ersten öffentlichen Interview an die Regierung Russlands, gegen die nach Freiheit strebenden tschetschenischen Kämpfer nicht so ultra-hart vorzugehen und auch die Menschenrechte bitte nicht außer Acht zu lassen.

Dies der Inhalt seiner Rede vor den Anschlägen.

Nur wenige Tage nach 9/11 sprach der Bundeskanzler der BRD dann, wiederum in einem öffentlichen Interview, der russischen Regierung seine volle Unterstützung gegen die tschetschenischen Terroristen aus.

Der Autor weiß noch, wie er beim Hören des zweiten Interviews kaum seinen eigenen Ohren traute.

Hatte der Kanzler nicht nur wenige Tage zuvor exakt das Gegenteil dieser Aussage verlauten lassen?

Er hatte.

Da waren, fast im Sinne der Formulierung über Nacht, es waren aber ein paar Tage, aus Freiheitskämpfern Terroristen geworden. Aber wie so oft nahmen fast alle Menschen, die mit diesem seltsamen Widerspruch konfrontiert wurden, jenen sinngemäß mit einem recht gleichgültigen »Aha« auf und hin. Selten zuvor war so deutlich aufgefallen, wie sehr Menschen bevormundet werden, wie leichtgläubig und vor allem wie gleichgültig sie sind. Seit ungefähr jenem Zeitpunkt treibt den Verfasser die Frage an, woher diese Gleichgültigkeit kommt, wie sie erzeugt wird und warum sie Betroffenen nichts ausmacht. Man kann den Menschen offenbar erzählen was man will und sie glauben es, wenn es denn aus dem Munde eines Menschen kommt, der eine Art Vorbildfunktion hat, ein hohes Amt bekleidet und dies vor laufenden Kameras ausspricht. - Dann muss es ja wahr sein.

Dies kann nur die Schlussfolgerung der meisten Menschen sein, die sich anscheinend automatisch einstellt.

* * *

Im Juli 2015 konnte eine ähnliche Umstrukturierung von Vorgaben beobachtet werden, was die allgemeinen Ansichten der Weltbevölkerung und speziell der Bürger der Türkei betrifft.

Es ist kein Geheimnis, dass die türkische Regierung einen langjährigen Kampf gegen die militante Organisation der Kurden, die PKK, führt.

Noch wenige Wochen zuvor waren es aber fast ausschließlich die Kämpfer der PKK gewesen, die nach langen Kämpfen die im Nordirak gelegene Stadt Kobane von den blutrünstigen IS Truppen zurück erobert hatten.

Im Zuge der Kämpfe wurden die PKK Kämpfer so gut wie möglich von sogenannten Militärberatern unterstützt, unter anderem von deutschen und britischen, und auch mit Waffen versorgt. Möglicherweise fand auch eine aktive Unterstützung durch die USA statt, die ihrerseits Aktionen gegen den IS führen.

Der türkische Regierungschef Erdogan war gegen Waffenlieferungen an die PKK, konnte sie aber wohl nicht verhindern.

Staaten wie die BRD und England und natürlich die USA sind ja eng mit der Türkei verbandelt, vor allem wegen der sehr günstigen geographischen = strategischen Lage angesichts der nun seit vielen Jahren andauernden Konflikte rund um den Irak.

In den Augen der Welt fungierten die kurdischen Kämpfer ganz ohne Zweifel als Kämpfer für die Freiheit.

Nur wenige Wochen darauf hatte aber eine kurdische Partei bei einer Wahl in der Türkei einen außerordentlich hohen Anteil der Wählerstimmen erhalten, was die damalige türkische Regierung und ihr Oberhaupt Erdogan gar nicht amused stimmte. Unmittelbar auf dieses Wahlergebnis erfolgten massive Militärschläge, vor allem über Luftangriffe, auf Truppen des IS im Irak, aber ebenso massiv gegen die PKK im Irak und auch innerhalb der Türkei. Die Aktionen fielen in das Fach Kampf gegen den Terrorismus.

Die kurdische Partei, die den Wahlerfolg erzielte, steht nicht im unmittelbaren Zusammenhang mit der PKK und es existieren auch andere Bündnisse und Organisationen innerhalb des kurdischen Volkes, sowohl innerhalb der Türkei als auch in den Kurdengebieten anderer angrenzender Staaten.

Eher wenige davon sind als gewalttätig, militärisch oder terroristisch einzustufen und mit der PKK gleichzusetzen. Gemeinsam haben sie aber das Ziel, eine weitgehende Unabhängigkeit und Autonomie der Kurden zu erzielen.

Es ist nicht schwer zu erkennen, wie die türkischen Machtinhaber versuchten, die Kurden und all die erwähnten Vereinigungen, Bündnisse et cetera in eine auf Gewalt ausgerichtete, gefährliche und terroristische Einheitsmasse zu verwandeln - zumindest in den Augen der Öffentlichkeit.

Dieser Versuch wurde entsprechend in den Medien zelebriert.

Beeindruckend, dies der Kern der Erwähnung dieser Ereignisse, war der Besuch des US Präsidenten Obama in der Türkei, der während eines TV Interviews wörtlich die PKK als Terrorvereinigung benannte. Unübersehbar kann man diese Gruppierung auch als solche einstufen. Aber sehr kurz zuvor noch war sie auch den USA und ihren sehr engen Verbündeten, darunter der Türkei selbst, aber sehr recht und billig als Instrument im Kampfe gegen den gemeinsamen Gegner IS gewesen.

Erneut sind innerhalb eines kurzen Zeitraumes aus Freiheitskämpfern (wieder) Terroristen geworden. Ob sie dies nun in Wirklichkeit sind oder nicht, ist unerheblich für die Feststellung, dass bestimmte Gruppen, politisch oder ethnisch, beliebig in Richtungen geschoben werden können und über die Steuerung der öffentlichen Meinung mittels der Medien Sympathie für oder Antipathie gegen sie erzeugt werden kann. Denn unzweifelhaft hat das Wort des US Präsidenten im Fernsehen und während des Türkeibesuches eine große Einflussnahme auf eben jene Abermillionen Menschen vor den Bildschirmen = öffentliche Meinung.

Unübersehbar auch die ursprüngliche Intention dahinter seitens Erdogan und seiner Partei.

Aber - man kann es machen.

Dass sogar noch viel mehr möglich ist, zeigte sich beeindruckend in dem Putschversuch innerhalb der Türkei im Jahr 2016.

Die Spekulationen über eine umfassende Inszenierung tauchten schnell auf und der Umstand, dass dieser Putsch am Ende dem Herrn Erdogan und seiner Regierung einen unübersehbaren Zugewinn an Macht eingebracht hat, nährt solche Thesen zweifellos.

* * *

Es ist ebenso nur schwer zu übersehen, wie die Anschläge des 9/11 als Auslöser es erst ermöglicht haben, quasi beliebig bestimmte Gruppen als Terroristen zu stigmatisieren und weiter, die persönliche Freiheit so gut wie aller Weltbürger nach Belieben einzuschränken und Maßnahmen und Instrumentarien zu installieren, die dies ermöglichen.

Motto: Kontrolle = Sicherheit.

Massivere Kontrollen und perfektionierte Überwachung in fast allen Bereichen des Lebens des Einzelnen sind zur absoluten Normalität und erst nach 9/11 möglich geworden, wenn es denn nur im »Kampf gegen den Terror« geschieht.

Leider gibt es aber auch eine Vielzahl tatsächlicher Terrorvereinigungen, die eine massive Bekämpfung durchaus rechtfertigen.

Dies kommt den hier geäußerten Vermutungen um die Ausrichtung vieler Staaten und ihrer Vertreter als Kalkül natürlich sehr entgegen, so die an dieser Stelle getätigten Äußerungen der Wahrheit entsprechen.

Sehr viele Staaten dieser Welt haben diese Anschläge enorme Vorteile eingebracht, die hier nur zum Teil angesprochen wurden.

Das, ursprünglich, ziemlich umstrittene Mautsystem in der BRD beispielsweise, die damit verbundene lückenlose Überwachung aller Wege, die jemand in diesem Land mit einem Kfz zurücklegt, fällt ebenso in diese Kategorie.

Zur Zeit seiner Errichtung existierten wesentlich kostengünstigere aber gleichsam effektive Systeme zur Erfassung der Verkehrsteilnehmer in diesem Land, die nicht mit einer vollkommenen Totalüberwachung verbunden gewesen wären. Die Anschläge der »islamistischen Terroristen« haben auch hier vielleicht bestimmte Entscheidungen begünstigt, die finanziell deutlich günstiger, auch was ihre steuerlichen Auswirkungen angeht, hätten ausfallen können.

Wie gesagt mit dem gleichen Ergebnis, ein Mautsystem zu errichten - wenn es ausschließlich hierum gegangen wäre.

Auch der computerlesbare Personalausweis hatte seinerzeit allein durch seine Ankündigung Proteststürme und Demonstrationen erzeugt.

Den »gläsernen Bürger« und eine totale Überwachung und Kontrolle dürfe es nicht geben, und so weiter.

Die Orwellsche Vision des Überwachungsstaates ist ja längst als peanuts gegen die heutige Realität anzusehen. Das hat sich ganz selbstverständlich vollzogen und ist heute völlige Normalität.

Man merkt es wahrscheinlich erst deutlich, wenn man in irgendeiner Form selbst in negativer Weise davon betroffen ist.

* * *

Es sei erneut betont, dass es keinesfalls eine naive Panikmache sein soll, diverse Beispiele anzuführen und zu kommentieren.

An ihnen ist aber erkennbar, wie die Menschheit zunehmend gelenkt und gegängelt wird und nach Belieben Maßnahmen umgesetzt werden können, die das ermöglichen. Und vor allem, dass »man« es nach wie vor und immer besser mit der gesamten Menschheit wie mit einzelnen Völkern und auch viel kleineren Gruppen irgendeiner Gesellschaft machen kann.

Haben alle Menschen ihr Gehirn an der Kasse abgegeben?

Waren sie schon immer so dumm und leichtgläubig?

Besitzen Menschen kein Rechtsempfinden/Unrechtsempfinden?

Zweifellos gibt es einzelne Menschen, die sich zum Teil auch verbünden, die gegen solche Bestrebungen, immer größere Massen immer leichter zu manipulieren, ankämpfen. Je mehr sie werden, desto mehr sollte sich ihr Einfluss verstärken und ihre Gruppe größer werden.

Je mehr sollte sich doch der Horizont der Menschen, einzelner wie Gruppen, erhellen und erweitern.

Wieso findet das nicht statt?

Es kann doch nicht nur Bequemlichkeit sein.

Oder doch?

Und wenn, wieso sind die einzelnen dann anders?

Weltverschwörung als recherchierbare Praxis?

An dieser Stelle die Eröffnung einer weiteren gedachten Klammer, um die tatsächlichen Machtgefüge innerhalb der heutigen menschlichen Gemeinschaft aufzuzeigen, die aber in Wirklichkeit, wie alle wissen, keine tatsächliche Gemeinschaft im Sinne eines gemeinsamen Zusammenhalts ist.

Vielmehr dient dem Machterhalt das Mittel der Trennung und Entzweiung in vielerlei Hinsicht.

Hierzu passt der altbekannte Ausspruch: »Teile und herrsche!«

Die in diesem, Machiavelli zugeschriebenen, Satz genannte Teilung bezieht sich ja bekannterweise keinesfalls auf ein (Auf-) Teilen zugunsten aller innerhalb einer Gemeinschaft, sondern ist mehr im Sinne einer (Zer-) Teilung der Gemeinschaft, ihres Zusammenhalts, zu verstehen.

Innerhalb des großen Themas der Weltverschwörung findet sich das bekannte Beispiel der 1% Regelung.

Das Thema im Gesamten ist auch schon in mehreren Filme untergebracht worden, zuletzt in *The Big Short*. Dennoch kurz auch hier der Abriss: Es ist eine überprüfbare Tatsache, dass sich derzeit etwas mehr als, mindestens aber, 45% des Weltkapitals, also alles finanzielle und wirtschaftliche Kapital, im Besitz von nur einem einzigen Prozent der gesamten Weltbevölkerung befindet.

Der Rest verteilt sich auf die verbleibenden 99%.

Allein hieran wird das ungeheure Machtpotential deutlich, über das die Menschen, die diesem einen Prozent angehören, verfügen. Es muss nicht unbedingt ausgesprochen werden, dass die Größe von den aktuell 45% noch ausgeweitet werden soll. Schon allein, weil alles andere dem Grundprinzip aller Märkte und der kapitalistischen Idee widersprechen würde.

Es erschließt sich nicht jedem sofort, wie der Schein, eine Illusion, in den eigenen Gedankengängen vorhanden ist, bevor man sich dieses Machtgefüge vergegenwärtigt.

Selbstverständlich ist es auch nicht so zu verstehen, dass alle innerhalb des einen Prozents eine Art verborgene Weltregierung bilden, die sich ab und zu trifft, um auszuklügeln, wie sie den Rest der Menschheit noch besser versklaven könnte.

Als großer Geist sozusagen schwebt diese Idee aber durchaus über eben dieser Riege der Mächtigen.

Da auch das eine einzige Prozent sich insgesamt aus sehr vielen Einzelnen zusammensetzt, ist es bisher auch nicht zu verwirklichen, dass sie es schaffen, ihre Machtgemeinschaft intern unter einen Hut zu bringen. Es dürfte sich ja immerhin um eine Anzahl von etwa 80 Millionen Menschen handeln. Zu ihnen zählen aber alle, die eine mehr oder weniger bestimmte Menge an Geld oder sonstigen Wertgütern ihr eigen nennen, also zum Beispiel alle großen Banken und Konzerne. Dabei ist es unerheblich, aus welcher Art von wirtschaftlichen Gütern ein riesiger Konzern besteht, der sich ja meist auch aus vielen kleineren Firmen und Gruppierungen zusammensetzt.

Das Machtgefüge wird manchmal anhand des Beispiels der Automobilindustrie erklärt und es kann auf alle möglichen anderen Bereiche und Märkte übertragen werden: Jeder weiß, dass es auf der Welt viele Autohersteller gibt, die auf dem Weltmarkt miteinander konkurrieren. Geht es einem von denen mal nicht so gut, so muss er Werke schließen, weil er ja nicht mehr so viele Autos verkaufen und entsprechend seine Arbeiter nicht bezahlen kann. Um weiter bestehen zu können muss er sich verkleinern und Werke schließen. Das Beispiel Opel und die Schließung des großen Werks in Bochum 2015 verdeutlicht das sehr schön.

Die Arbeiter haben keinen Job mehr und keinen Verdienst, was sich auch auf das soziale Niveau und andere Bereiche des Standorts, den Einzelhandel und so weiter niederschlägt.

Auch auf dem Weltmarkt sind insgesamt mehrere Branchen und viele Menschen davon in negativer Weise betroffen. Wird die wirtschaftliche Kraft des Konzerns noch weiter geschwächt, bedroht es Börsenwerte et cetera. So kämpfen die Autohersteller weltweit um ihre eigene Existenz und alle Mitarbeiter werden dadurch mehr oder weniger auch zu Konkurrenten gemacht. Zahllose weiterführende Gedanken können hieran angeknüpft werden.

* * *

Die reale Situation ist aber so zu verstehen, dass es auf dem gesamten Planeten nur eine einzige Autoindustrie gibt, die zwar aus mehreren Konzernen besteht, in ihrer Gesamtheit aber dem einen Prozent gehört. Ob da nun Tausende hier und da arbeitslos werden oder nicht, das stört die Bosse und Vorstände der Konzerne wenig. Ihre internen Machtkämpfe um Marktanteile finden immer nur innerhalb des einen Prozents statt und alle sind wahrscheinlich schon lange genug darin, um ihre wirtschaftliche Macht niemals mehr gänzlich zu verlieren und in die große Gruppe der 99% abzurutschen, ob sie nun Autos, Kernkraftwerke, Bomben oder Lebensmittel verkaufen.

Nicht alle Mitglieder der oberen Etagen, etwa eines Automobilkonzerns, gehören auch zu der genannten obersten Machtgruppe der Welt. Aber eine, nicht exakt bestimmbare, Zahl von Menschen der oberen Etagen durchaus.

Ob hier durch Verschiebungen auf dem großen Markt Verluste für einzelne der Konzerninhaber entstehen und der Weltmarkt und das Kapitalsystem, aus dem er besteht, geschwächt wird, ist diesen Leuten völlig egal, denn sie *sind* der Weltmarkt und der Geldmarkt.

Die Verschiebungen innerhalb der Riege sind für jene lediglich eine Art Spiel, das ihnen niemals den Boden unter den Füßen wegziehen wird, solange ein Geldsystem und eine Marktwirtschaft auf dem Planeten existiert.

Zu den Themen Automobilindustrie und Manipulation passt ganz wunderbar der sogenannte Dieselstreit. Und zwar nicht die Manipulation von Software durch Mitarbeiter des VW Konzerns, sondern mehr die Diskussion um die Umweltbelastung durch Diesel. Ganz sicher stellt die Verbrennung von Diesel eine Umweltverschmutzung dar und ein langfristiger Umstieg auf eine ganz andere Antriebstechnik von Automobilen ist bestimmt ein intelligenter Ansatz. Angesichts der permanenten Präsenz dieser Diskussion in den Medien und die Art, wie Diesel und Verschmutzung von den führenden Automobilclubs inszeniert wird, gelangt der europäische und besonders der deutsche Autofahrer zu der Überzeugung, von ihm hänge das Weltklima ab. Denn mit einer entsprechenden Dramatik wird dieser Streit in die Öffentlichkeit gebracht.

Wird das Thema von einer globalen Position aus betrachtet, verschwimmt aber bald die Logik dahinter. Eine Vielzahl aller bisher von europäischen Straßen verbannter älterer Dieselfahrzeuge ist nämlich keineswegs verschrottet worden, sondern fährt nach wie vor auf den Straßen dieser Welt herum. Und zwar vornehmlich in Afrika oder in osteuropäischen Breitengraden. Von Katalysatortechnik und Umweltverschmutzung im allgemeinen öffentlichen Bewusstsein sind mehrere Kontinente und Länder der Erde nämlich noch weit entfernt. Verständlich, da vielerorts ganz andere Problematiken herrschen. In der »dritten Welt« schert sich so gut wie niemand darum, wieviel Schadstoffe Kfz so ausstoßen.

Wird die Sicht auf das Ausmaß der betroffenen geographischen Flächen übertragen, wird sehr schnell klar, wie unglaublich gering die Belastung durch die Autos in recht kleinen Ländern wie Deutschland tatsächlich ist. Der Großteil der deutschen Autofahrer dürfte aber mittlerweile der Überzeugung sein, dass durch ihn bald der völlige Umweltkollaps droht. Zieht man alle Verschmutzungen der Um-Welt in die Betrachtung mit ein, wie etwa den Schadstoffausstoß aller Flugzeuge weltweit, aller Kraftwerke und eben Belastungen sämtlicher Kfz weltweit, so nimmt sich die Belastung der Welt, die von den europäischen Autos ausgeht, doch eher als »peanuts« aus. Die Dieseldiskussion, so berechtigt sie in einem gewissen Umfang ganz sicher ist, erweist sich hier dann doch als eine reine Panikmache, deren Hintergrund ein ganz anderer sein dürfte. Hier findet ein Kampf um Profite und Territorien statt, die rein wirtschaftlicher Natur sind und mit neuen Technologien zu tun haben. Und damit, wer sich daran als erster den Löwenanteil sichert und künftig am besten verdienen wird. Kurz: Es ist ein Kampf um Marktanteile, Geld und wirtschaftliche Macht, der in das Bewusstsein der hiesigen autofahrenden Masse projiziert wird und der in Wahrheit ein Machtkampf innerhalb der Riege der Mächtigen darstellt.

* * *

Es ist leicht zu beobachten, dass die meisten Menschen, wenn sie mit diesen in der heutigen Zeit eigentlich leicht zu überprüfenden Thesen konfrontiert werden, zwar zunächst ein gewisses Interesse zeigen, sich aber schnell wieder davon abwenden und sich ihren gewohnten Themen alltäglicher Ablenkung zuwenden oder sofort in die Leugnung gehen. Das Ablenken von aktuellen und wichtigen Themen ist ohnehin eine wichtige Strategie, um die Masse geistig klein zu halten und von möglichen Interventionen gegen ihre Unterdrückung abzuhalten.

Dies wurde zu Beginn ja schon angedeutet.

Es muss nur reißerisch genug aufgemacht sein, und schon kleben die meisten Menschen daran und wenden ihren Blick von der Gegenwart ab.

Alles hier Geschriebene ist ja so gut wie jedem bekannt.

Stört es jemanden?

Wieso nicht?

Wahrscheinlich ist es ebenso eine strategische Maßnahme, gezielt Verfehlungen der eigenen Reihen, der eigenen Regierungen etwa, nach einer bestimmten Zeit an die Öffentlichkeit zu bringen, damit schlichtweg niemand auf die Idee kommt genauer zu beobachten, was die Betreffenden vielleicht aktuell gerade ersinnen. Dazu könnten beispielsweise die Informationen rund um die ursprünglichen Begründungen und Rechtfertigungen rund um die Golfkriege der USA gehören, die ebenfalls schon genannt wurden. Als eine Art Bauernopfer könnte hier zum Beispiel Colin Powell, der damalige Verteidigungsminister der USA, genannt werden.

Wenn man diese Umstände über Jahre im Verborgenen halten konnte, wieso kommen die auf einmal doch ans Licht? Dahinter könnte durchaus eine Taktik stecken.

Allerdings soll auch die Möglichkeit erwähnt sein, dass sich nicht alle Journalisten der Welt dauerhaft von der Wahrheit abschotten lassen und politische Lügner irgendwann nicht umhin können, zu unangenehmen Wahrheiten, beziehungsweise ihren Lügen, der Vergangenheit zu stehen. Aber, wie ebenfalls schon festgestellt, befürchten müssen sie meist nicht viel, denn was könnte ihnen passieren?

Sie gehören ja in aller Regel zu denen, die die Gesetze aufstellen und mehr oder weniger nach Bedarf ändern können oder bestimmten Schutzmaßnahmen, die sie gegen Sanktionen schützen, automatisch unterliegen, wie beispielsweise eine diplomatische Immunität.

Das eine oder andere Opfer gibt es, wie angedeutet, aber das ist wohl ein Risiko, mit dem Betreffende leben müssen, wenn sie sich in bestimmten Kreisen bewegen und etwas auffliegt, das nicht öffentlich werden sollte. Für Verschiebungen von Machtpotential über Gesetze und deren Änderungen zugunsten von Behörden als verlängerter Arm von Regierungen und zur Einschränkung einer Einflussnahme durch Kritiker können wieder Beispiele der etwas jüngeren Vergangenheit dienen.

Demonstrativ kann hier das in Spanien seit Juli 2015 wirksame Gesetz zum »Schutz der Bürger« herhalten. Es verleiht ausführenden Behörden die Möglichkeit, wie vor allem der Polizei, ziemlich unkontrolliert und uneingeschränkt Maßnahmen gegen zivile Personen oder Gruppen durchzusetzen, so dass der Eindruck entsteht, Spanien habe sich damit einem regelrechten Polizeistaat angenähert. Ohne richterliche Kontrolle haben seitdem Aktionen stattgefunden, die diesen Eindruck bestätigen und auch ihren Weg in die Weltöffentlichkeit gefunden haben. Einige Beispiele tauchten damals schnell auch in den sozialen Medien auf, etwa das der Frau, die ein auf einem Behindertenparkplatz abgestelltes Polizeifahrzeug fotografierte und das Bild bei Facebook veröffentlichte.

Folge: Anzeige von den Polizisten, die das Auto parkten, mehrere Hundert Euro Geldstrafe gegen die Fotografin wegen schweren Verstoßes gegen ebendieses Gesetz.

Die Organisation und die Beteiligung an einer unangemeldeten spontanen Demonstration, auch wenn diese friedlich verläuft, kann mit Geldstrafen zwischen 600 und 30.000 Euro geahndet werden.

Es wird schnell offenbar, dass hier nicht nur die Demonstrationsfreiheit, sondern die ganz individuelle Freiheit Einzelner und die soziale Gerechtigkeit allgemein in einem sehr breiten Spektrum eingeengt, wenn nicht gar aufgehoben wird.

Dazu gibt es der Polizei ein Art Freibrief, zu agieren wie es beliebt.

Noch viele Beispiele ließen sich finden. Das einer kleinen Gruppe von jungen Menschen, die sich auf einem öffentlichen Platz niederließen, um ihre Pizza zu essen und die dafür mit Geldbußen von mehreren Hundert Euro belangt wurden, sind dabei noch relativ geringfügige (Quelle: AVAAZ).

Solche Gesetze schränken aber auch die Informationsfreiheit und die Möglichkeiten hierzu massiv ein und unterstützen Gedanken, wonach eben Personen in bestimmten Kreisen und Positionen nach eigenem Dünkel schalten und walten können und gesetzliche Bestimmungen als Instrument benutzen und ändern können, wie es ihnen passt.

* * *

Dass eine tatsächlich gerechte und legitime Strafverfolgung gegen ranghohe politische Verantwortliche umgesetzt wird, wie im Falle einiger früherer serbischer Leute, die für ihre Beteiligung an Kriegsverbrechen vom Den Haager Kriegsverbrechertribunal verurteilt wurden, bildet leider doch eine Ausnahme.

Auch Beeinflussung des Bewusstseins der Masse durch Ablenkung von wichtigen mit eigentlich völlig unwichtigen oder lange nicht mehr relevanten Themen ist scheinbar üblich und gehört offenbar zum Procedere der Beeinflussung. Eine reißerische Aufmachung auf der Titelseite der Bild Zeitung vor einigen Jahren steht beispielhaft für das Anziehen der Aufmerksamkeit:

»WAR HITLER SCHWUL?«

Und wenn - ist das wichtig?

Würde es etwas ändern?

Kommentar überflüssig.

Geheimdienste

Handlanger für die Schmutzarbeit in einem rechtsfreien Raum.

Während der Erstellung des Manuskripts konnten im öffentlichen TV einige Sendungen verfolgt werden, welche die These einer regelrechten Entmündigung der Volksmassen und der Vermutung von völliger Skrupellosigkeit deutlich bestätigt hat.

Eine betreffende Reportage beleuchtete ausführlich die Machenschaften und Verbandelungen von Geheimdiensten verschiedener Staaten und deren Kollaborationen untereinander, die so gut wie vollkommen unabhängig zum politischen Auftreten ihrer Regierungen erfolgten und erfolgen, teilweise gar massiv gegen das offizielle Gesicht der Staaten und Regierungen verlaufen.

Es ging zunächst um die Rekrutierung von Naziverbrechern nach Ende des Zweiten Weltkrieges durch die USA und verschiedener ihrer geheimen Organisationen.

Deutsche, denen schwerste Menschenrechtsverletzungen während des Dritten Reiches nachgewiesen worden waren, also schlichtweg Massenmörder und Förderer dieses verbrecherischen Systems, sind von den politischen USA gedeckt und für ihre Zwecke eingesetzt worden, weil sie gut deren Konzept zur Bekämpfung des Kommunismus dienlich waren.

In dem betreffenden Fernsehbericht wurden Einzelheiten aufgedeckt, wie der Aufbau von geheimen Zentren in verschiedenen mittel- und südamerikanischen Ländern, in denen quasi nach Vorbild der Nazis unter anderem chemische und biologische Kampfstoffe entwickelt und an Gefangenen »getestet« wurden.

Ebenso wurden in solchen Lagern und Zentren, von denen die bekannte *Colonia Dignidad* in Chile nur eines war, über Jahre regelrechte Folterschulen eingerichtet, um entsprechende Praktiken an Mitarbeiter der CIA zu vermitteln. Selbstverständlich an lebenden Objekten, also an dort gefangenen Menschen.

Vornehmlich hat es sich bei den Opfern um entführte Personen gehandelt, die als Kritiker oder Gegner von eher rechtsgerichteten Regimes quer durch Lateinamerika aufgefallen waren.

Bis heute existieren ja tausende Fälle von verschwundenen und nie wieder aufgetauchten Menschen zwischen Guatemala und Argentinien im Zusammenhang mit dieser Thematik.

Im Zuge der angeblichen Verhinderung einer Ausbreitung kommunistischer Strömungen arbeiteten geheime Institutionen verschiedener Länder munter zusammen und miteinander, die sich nicht nur über den Austausch von Informationen definierten, sondern auch gezielte Tötungen von Menschen beinhalteten, die politisch in irgendeiner Form im Wege standen.

Besonders beeindruckend war die Benennung der Tatsache, dass der frühere, mittlerweile verstorbene, BKA Chef Paul Dickopf, der im Anschluss an seinen Dienst innerhalb der BRD der internationalen Polizeitruppe Interpol vorstand und welcher im Verlauf der Sendung mehrmals als oberster Polizist Deutschlands bezeichnet wurde, bis zu seinem Tode ein bekennender Nazi gewesen war. Zeit seines Lebens hatte er ein Doppelleben geführt und stets im Sinne der geheimen politischen Ebene US Amerikas gehandelt, Informationen übermittelt und entsprechende Kontakte gepflegt.

Die gesamte Interaktivität sogenannter Geheimdienste vieler Länder und deren Machenschaften überhaupt, vor allem der Freibrief, zu intrigieren und zu töten wie es beliebt, ohne je eine strafrechtliche Konsequenz befürchten zu müssen, machen jeden Geheimdienst zu so etwas wie einer Regierung hinter der Regierung des jeweiligen eigenen Landes und lassen sie als ein Mörder- und Folternetzwerk dastehen, das man seiner Natur nach als eine weltumfassende faschistische Organisation bezeichnen kann. Oder eben viele, die nach Belieben zum Zwecke der Verfolgung ihrer Ziele miteinander arbeiten oder sich bekämpfen.

Diese Strukturen bestehen so seit Jahrzehnten und bis heute!

Direkt nach dieser sehr informativen Fernsehdokumentation lieferte ein anderer großer deutscher Fernsehsender gleich mehrere Themenabende mit Sendungen zur Beleuchtung der Anschläge von 9/11 und vermuteten Weltverschwörungen, ganz so, wie es oben schon formuliert wurde.

Das eigentlich Erstaunliche dieser Berichterstattung ist aber, dass sie mittlerweile ganz offen erfolgen kann.

Entsprechend der Inhalte dieses Schreibens kann man den Menschen massenhaft in diesem Land und in allen Ländern wahrhaftige Beweise dafür liefern, dass sie belogen, betrogen, um ihre Rechte gebracht werden und abscheulichste und abstrus anmutende Verdachte wie die genannten tatsächlich wahr sind, ohne dass etwas zu befürchten wäre seitens der für solche Verbrechen verantwortlichen Personen oder Institutionen.

Information an sich ist zur reinen Unterhaltung geworden.

Man sieht sich das an und schaltet dann zum Länderspiel oder dem late night Krimi.

Diese Beispiele belegen, dass Verschwörungstheorien öfter auch Praxis und nackte Wahrheit sind und zeigen ganz offen den im Titel benannten Tiefschlaf der Völker und die (Selbst-) Sicherheit der »Mind Dictators«, der Beherrscher der Welt - und der Gedanken.

Hier schleicht sich von allein die allgemeine Frage ein: Wieso können ganze Völker ganz leicht zu allen möglichen Gewalttaten gegeneinander aufgebracht werden, während die gleichen Menschen angesichts der unmittelbaren Konfrontation ihrer Unterdrückung vollkommen gleichgültig bleiben?

Das muss doch etwas mit dem Geist des Menschen und einer Beeinflussung desselben zu tun haben, oder nicht?

Um erneut auf das eine Prozent zurückzukommen:
Wie schon gesagt ist diese Gruppe von ihrer Anzahl her wohl zu groß, um ein
einheitliches und geschlossenes System zu installieren, das tatsächlich in Form
einer Weltregierung die gesamte Menschheit einheitlich kontrollieren und
lenken könnte. Mehr als wahrscheinlich ist die Annahme aber durchaus, dass
diese Utopie nicht nur in den Köpfen einiger vorhanden ist, die dieses
befürchten.

Dennoch ist es trotz ihrer globalen Machtkämpfe denjenigen, die weit oben der
real existierenden Machtpyramide ihren Platz haben, ganz bestimmt sehr
bewusst, wo sie da stehen, wozu sie gehören und welche Mittel sie zur
Verfügung haben.

Dazu gehört auch das Wissen, dass ihre Gegner innerhalb des erlauchten
Kreises sich von ihren Positionen nicht gänzlich verdrängen lassen werden,
was diese Gruppe wohl oder übel automatisch zusammen hält.

Und hier hat sich über die Jahrhunderte, eventuell gar Jahrtausende, eine
Gesinnung entwickelt, die zwangsläufig nur innerhalb dieser Gruppe
anzutreffen ist und welche bis heute und in der Zukunft weiter ausgebaut
werden wird. Diese Gesinnung besteht in der Bewusstheit dieser Menschen
darüber, eben die Machtelite dieser Welt zu sein und eine entsprechende
Haltung gegenüber den verbleibenden 99 % der Weltbevölkerung
einzunehmen, deren Ausrichtung es ist, sie zu bestimmen, wie es beliebt.

Selbstverständlich kommt hier der Gedanke des Größenwahns ins Spiel, der hier aber fatalerweise zur Realität geworden ist.

Denn es ist offenbar, dass diese Gruppe der mächtigen Menschen keineswegs sehr sozial ausgerichtet ist, basiert doch die Grundausrichtung auf Ausbeutung aller Ressourcen, die unser Planet zu bieten hat, ohne Rücksicht auf Ansprüche, Rechte oder Berechtigungen und zu Lasten aller Lebensformen, die hier leben.

Es wurde in den obigen Zeilen bewusst das Wort Menschen gewählt.

Man vergisst oft einfach in seinem eigenen Denken, wenn von Machtpotentialen, Konzernen, Banken, Regierungen oder anderen Begriffen die Rede ist, die entsprechende Institutionen bezeichnen, dass hier reale Menschen dahinter stecken.

Jeder einzelne Cent irgendeiner Bank, irgendeines Konzerns, gehört nämlich am Ende der Kette wirklich existierenden lebendigen Menschen.

Und die allermeisten von diesen wahrhaft mächtigen Menschen sehen durchaus mit einer schon angedeuteten geistigen Haltung auf den gesamten Rest der Menschheit herab.

Jeder Mensch auf dieser Welt sollte sich mittlerweile auch über den Umstand klar geworden sein, dass der Planet tatsächlich einer Überbevölkerung regelrecht entgegeneilt.

Wiederum wird das aus dem Bewusstsein der allermeisten erfolgreich verdrängt.

Zur ganz persönlichen Einstellung weniger gehört die Erkenntnis, dass Menschen als einzige Spezies auf diesem Planeten in der Lage sind, sich Kraft ihres Geistes und des dazu gehörigen Verstandes über ihre triebhaften Anteile zu erheben und sie kontrollieren zu können. Alle anderen Lebensformen müssen sich fortpflanzen, wenn ihnen ihre Hormonausschüttungen es befehlen.

Nur Menschen können sich dagegen entscheiden. Sogar haben sie den Luxus entwickelt, dem Angenehmen des Sexualtriebes frönen zu können, ohne auch die Konsequenzen, also die Geburt von weiteren Menschen, in Kauf nehmen zu müssen.

Der Umstand, durch Geisteskraft diese Entscheidungsfreiheit zu haben, hat sicherlich seinen Grund.

Denn ob jemand an einen Gott glaubt oder nicht, wer wahrhaft offen beobachtet, dem wird nicht die Erkenntnis im Verborgenen bleiben, dass der Natur eine Intelligenz innewohnt.

Nichts passiert zufällig und das ist erkennbar.

Ob diese Intelligenz als ein personifiziertes Wesen oder sie als unpersönliche, nicht greifbare Kraft beschrieben wird, ist einerlei für diesen Umstand.

Die Annahme eines intelligenten Plans, eine bestimmte Lebensform mit diesem Geist, der von dem aller anderen abweicht, auszustatten, drängt sich förmlich auf. Denn offenbar hat die weise Natur geahnt, oder sogar genau gewusst, dass diese eine Lebensform die einzige sein wird, die in einer bestimmten Zeit durch ihre massenhafte Vermehrung sich selbst und alle anderen, und einen gesamten Planeten, in eine fatale Krise treiben wird.

Der Verlust der Gewissenhaftigkeit, der die schonungslose Ausbeutung allen Lebens und aller nativen Güter und Rohstoffe als Ursache hat, sich zumindest in ihr spiegelt, bietet sicherlich schon Grund genug zur Sorge, wenn man an ein übergreifendes Bewusstsein der Natur und einer ihr innewohnenden Intelligenz glaubt. Aber auch ohne diese Umstände schafft es der Mensch doch, allein durch sein Vorhandensein und seine unüberlegte und massenhafte Vermehrung, die Welt zu zerstören.

Das zu sehen und zu wissen, was ja ganz klar der Fall ist, und dennoch in dieser Richtung weiterzumachen, dazu gehört natürlich auch eine ganze Menge Dummheit, oder wenigstens Ignoranz und Trägheit.

Doch mit dem Mittel des Verstandes könnte der Mensch dem selbst geschaffenen Übel entgegenwirken. Möglicherweise wurde dem Menschen, vielleicht nicht allein aus diesem Grund, aber bestimmt auch wegen dieser Umstände, die alle Menschen betreffen, die Entwicklung eines ganz anderen Geistes gegeben als dem der anderen Lebensformen hier.

Dabei scheint es aber auch ganz erstaunlich, dass über einen Zeitraum von mehreren Hundert Millionen Jahren ohne Menschen die Natur mit allem Leben stets ein Gleichgewicht gehalten hat. Keine andere Spezies vor dem Menschen hat durch eine beispiellose Vermehrung je andere Spezies und Rassen verdrängt.

Sicherlich sind unzählige Rassen auch wieder ausgestorben, aber die meisten haben sich dafür auch Millionen von Jahren erfolgreich gehalten, bei gleichzeitiger beispielloser Artenvielfalt über alle Epochen und Zeitalter hinweg. Sogar gibt es heute noch Arten, die schon vor den Dinosauriern, oder wenigstens mit ihnen, gelebt haben, etwa Salamander oder Haie.

Nur der Mensch hat es geschafft, innerhalb eines unglaublich kurzen Zeitraumes einen ganzen Planeten zu gefährden. Wenn man die gesamte Entwicklungsgeschichte des Menschen auf einen Zeitraum von etwa zwei Millionen Jahren datiert und das Erscheinen des heutigen intelligenten Menschen in seiner organisierten Form vor circa 100.000 Jahren ansiedelt, so ist das im Vergleich zur Weltgeschichte ein verschwindend kurzer Zeitraum. Aber - er könnte das erläuterte und sich unmittelbar ankündigende Dilemma abwenden, wenn er nur seine von ihm selbst so hochgelobte Intelligenz, vor allem seinen Verstand, sinnvoll anwenden würde.

Bedauerlicherweise ist China das einzige Land der Welt, dass dieses Problem nicht nur erkannt hat, sondern es auch ernst nimmt und mit einer wirklich praktizierten Geburtenkontrolle diesem Problem entgegenwirkt, obwohl auch hier bei genauerer Betrachtung mehr nationale Interessen der Beweggrund sind.

Es sollte sich vergegenwärtigt werden, dass die besagte Machtriege der Menschheit sich dieser Probleme mehr als bewusst ist, ob nun innerhalb dieser Gruppe Einigkeit über eine Lösung des Problems besteht oder nicht.

Wenn man sich die Skrupellosigkeit vor Augen hält, mit der etwa zehn Millionen Tiere täglich auf unsagbar grausamste Weise in den Tod geschickt werden - hierauf wird später noch detaillierter eingegangen - dann wird allein daran schon eine totale Gewissenlosigkeit deutlich.

Angesichts der beschriebenen Problematik der drohenden, eigentlich schon vorhandenen, Überbevölkerung, und wenn man in seine Überlegungen die elitäre Haltung der Oberen in der Machtpyramide mit einbezieht, wird offenbar, dass diesen Menschen nur daran gelegen sein kann, die Weltbevölkerung möglichst bald deutlich zu dezimieren.

So wie die Beherrschung der Massen und die Kontrolle ihres Bewusstseins und dazugehörige Methoden und Strategien über die Zeit zu einem Selbstläufer geworden sind, so ist die Entstehung, das Erschaffen und Aufrechterhalten und das Anzetteln von militärischen Konflikten in der Welt, denen möglichst viele Menschen zum Opfer fallen, ein ebensolcher Selbstläufer. Es kann nur recht und billig sein, so viele wie möglich dahin zu raffen. Zu diesem Konzept passt auch die Tatsache, im Sinne des Begriffes des Selbstläufers, ganz wunderbar, dass an solchen Konflikten wie Kriegen auch immer viel Geld verdient wird.

Es ist eine weitere bekannte Tatsache, dass kein Krieg je zufällig entstanden ist.

Jeder, wirklich jeder, Krieg wurde gezielt angezettelt und in die Welt gebracht. Alle Bomben, die fallen, müssen produziert und verkauft werden. Sie verkaufen sich gut. Jede Bombe die gefallen ist, muss nachgeliefert werden. Die Nachfrage ist groß und scheint unendlich zu sein.

Jeder, der Waffen herstellt und verkauft, verdient daran!

Es ist nur im Sinne jener, möglichst viele Kriege zu entfachen und/oder aufrecht zu erhalten. Daran wird immens viel Geld verdient und, wie erläutert, ist es ein begrüßenswerter Nebeneffekt, dass daran auch viele Menschen sterben. Das Töten ist eines der allerbesten und gewinnbringenden Geschäfte unserer Zeit. Mit den Tieren kann man es ja ohnehin beliebig machen, da sie uns vollkommen ausgeliefert sind und bei den Konflikten unter den Menschen muss man manchmal etwas nachhelfen, was ja offenkundig auch überhaupt kein Problem darstellt.

Es ist eine der größten Illusionen und mit Sicherheit ein Ergebnis der großen Manipulation, die ein übergreifendes Thema dieses Buches ist, zu glauben, es bestünden irgendwelche Skrupel oder moralische Barrieren bei denen, die die Machtzentralen dieser Welt innehalten, solche Konflikte zu erzeugen und sie umzusetzen. Die gesamten mehrfach benannten 99 % der Menschheit werden von dem kleinen Rest derer, die der anderen Gruppe angehören, genauso als Schlachtvieh angesehen wie die Abermillionen von Tieren, die vollkommen würde- und gnadenlos gehalten und bestialisch abgeschlachtet werden.

Sie (Leser) persönlich haben im Sinne der hier verwendeten Begriffe und Beschreibungen den absolut gleichen Status und die entsprechende Bedeutung für die Menschen, die über Sie und ihr Geschick bestimmen.

Wem dies zu absurd oder unglaubwürdig erscheint, diese erkennbaren und überprüfbaren Tatsachen als Wahrheiten ins eigene Bewusstsein und Denken zu integrieren, der hat ein grundsätzliches Problem mit dem Begriff der Wahrheit.

Die hier erörterten Umstände sind real und eine der großen Wirklichkeiten dieser Welt und der Titel des Buches ist, hieran angelehnt, ganz bewusst gewählt.

Die Masse, die in nur scheinbarer Freiheit »gehalten« wird ist das Ergebnis eines Konzepts, das dahinter steht und sich auf vielfältige Weise widerspiegelt, etwa in der Suggestion von unentwegter Beschäftigung, durch die sich das Individuum seine Lebensberechtigung erarbeiten muss. Dies ist jedenfalls die unterschwellige Botschaft an den Geist, der nicht hinterfragt und nicht hinterfragen soll.

Beschäftigungstherapie als lebenslange »Mind Control«?

Im Grunde bietet die heutige Welt alle Möglichkeiten, um alle Menschen leicht zu ernähren und in relativem Wohlstand leben zu lassen. Dass dem nicht so ist, ist das Ergebnis einer gezielten und beabsichtigten Steuerung der Geschicke in der Welt über die Monopolisten der Macht. Über die ursprünglich durch schlichte physische Unterwerfung erzeugte Abhängigkeit, die ihren Beginn mit der sprichwörtlichen Versklavung unzähliger Menschen und ganzer Völker in der Antike hatte und in der heutigen Zeit an der massiven wirtschaftlichen Abhängigkeit erkennbar ist, wurde auch die sogenannte Dritte Welt künstlich erschaffen und wird als solche weiter aufrecht erhalten.

Der gesamte Wohlstand der ersten Welt, unserer, beruht auf der Ausbeutung ärmerer Länder.

In Verschuldungen gezwungen, die vom heutigen Punkt aus gesehen auch nach mehreren künftigen Generationen nicht abgetragen sein werden, hält »man« diverse Staaten und Regierungen klein, zwingt sie, Produkte zu erzeugen, die nahezu komplett ins Ausland verkauft werden. Zu Preisen, die eine Schuldentilgung faktisch unmöglich machen und das eigene Bruttosozialprodukt an der Minimalgrenze halten. Ein kritischer Film, der insbesondere das Geldsystem betrachtet, verriet vor wenigen Jahren, dass das damals zweitärmste Land der Welt (wahrscheinlich ist es das immer noch - Burkina Faso) gleichzeitig der größte Baumwolllieferant der Erde ist.

Müsste dieses Land nicht im Geld schwimmen?

Alle müssen immer noch länger arbeiten, obwohl sie es nicht müssten, würden alle jemals erlangten Erkenntnisse und entwickelten Technologien in einem sozialen Sinne angewandt.

Daran ist das Konzept der Unterdrückung zu erkennen: Es ist nicht darauf ausgerichtet, es der Masse oder dem Individuum leichter zu machen. Im Gegenteil werden alle mit immer noch mehr Arbeiten und Aufgaben beladen, damit eine Befreiung, zumindest eine Erleichterung von den Mühsalen des Lebens nicht erfolgt.

Beladen auch mit künstlich erzeugten Sorgen und negativen Aussichten, Erwartungen und daraus resultierenden Denkkonzepten der Betroffenen, die unhinterfragt übernommen werden. Je unfreier der Mensch ist, physisch wie mental, desto besser ist er zu lenken.

Öffnete er seinen Geist, sein Bewusstsein, würde er beginnen zu hinterfragen. Und zwar auch die all die hier beschriebenen Dinge und Machtverhältnisse - wie sie entstanden, wer sie ausübt und warum.

Dies ist die Grundangst der heutigen Sklavenhalter, vielmehr der Machtverlust, der sich daraus ergeben könnte.

Da aber auch eine gewisse übergreifende Evolution des Massenbewusstseins zu beobachten ist, aus der auch eine übergreifende Attitüde erwachsen könnte, werden die »Daumenschrauben« immer noch fester angezogen. In diesem großen Feld der Macht, die alle Lebensbereiche aller Menschen betreffen kann, wird viel mit Angst gearbeitet. Aber es ist eben auch Angst, die als Motiv dahinter steckt.

Angst vor Machtverlust, Kontrollverlust und Angst, sich verantworten zu müssen.

Diese Ängste sind aber sehr tief in den Köpfen der Inhaber der kontrollierenden Zentralen vergraben, denn bewusst fühlen sie sich sehr mächtig und über die Erfolge, den Reichtum und die Kontrolle im Außen bestätigt und dadurch sehr überheblich in ihrer Haltung gegenüber dem Rest der menschlichen Rasse. Denn vordergründig ist es ihre absolute Überzeugung, sie beherrschten die Welt und alle Wesen.

Auf der materiellen Ebene stimmt das ja auch und weitgehend auch auf der psychologischen.

Die Konzepte von Macht und Beherrschung greifen ja über Suggestionen und heutzutage meist zuerst auf der psychologischen Ebene.

Physische Gewalt kann Kontrolle der Psyche natürlich erst als sekundäre Folge bewirken, wobei die Ergebnisse dieselben sind.

Aber es ist eben keine vollkommene und für alle Zeiten unantastbare Macht.

Sie könnte entgleiten und das ist die Angst der Mächtigen, die doch irgendwo in ihnen existiert. Die Praxis aller nur denkbaren Strategien, die prophylaktisch, weil bewährt, aufgewendet werden, bestätigt das ja.

In der heutigen Zeit ist Macht hauptsächlich an Geld gebunden.

Ohne Geld gäbe es in der modernen Welt keine Macht.

Hier ist die Rede von der Macht, mit der man übergreifend ganze Völker, Länder, Märkte, ... beherrschen kann. (Auch ohne Geld könnte der einzelne natürlich allein über die physische Gewalt und das Gesetz des Stärkeren andere unterdrücken.)

Auch stellt das Geld allein nichts Schlechtes dar, man kann theoretisch auch viel Gutes mit ihm ausrichten, ohne das Geldsystem an sich in Frage zu stellen.

Wie jeder weiß, wird das Geld aber sehr häufig dazu verwendet, um Kontrolle auszuüben und Abhängigkeiten herzustellen.

Schon die ersten Geldverleiher und später die Banken haben es dazu benutzt, um Gewinne zu erzielen und sich zu bereichern. Damit das Geld durch Zins und Zinseszins in größerer Zahl auch zurückkam, musste Druck in irgendeiner Form ausgeübt werden. Die Entstehung von Angst ist hier impliziert und muss nicht weiter erklärt werden. Dies ist das ursprüngliche Prinzip einer jeden Bank, ohne die sie nicht bestehen und Gewinne erzielen könnte. Die Entstehung des Geldes und des Bankwesens ist in zahlreichen Schriften detailliert erläutert und braucht nicht an dieser Stelle dargelegt werden.

Aber es ist ein Prinzip dahinter zu erkennen, das von Anfang an mit diesen Systemen verbunden und offensichtlich ihre allererste Absicht war.

Immer wieder gibt es Stimmen, Prognosen, das Geldsystem könnte und würde bald zusammenbrechen.

Eine Eurokrise und der, ja rein monetäre, Konflikt innerhalb Europas mit Griechenland spiegelte seinerzeit die dahinter stehenden und selbst erschaffenen Ängste und Abhängigkeiten ja sehr schön wider.

Eine Vision

Eine Welt ohne Geld ist vorstellbar.

Am Ende ist es ja nicht das Geld, das Menschen essen, sondern die Nahrungsmittel, die sie damit kaufen und die sie zum Leben benötigen. Da sie sich aber nicht nur ernähren und in einem fortgeschrittenen Entwicklungsstadium leben wollen, und sie sich auch sehr viele schöne und angenehme Dinge erschaffen haben, die das Leben in mannigfaltiger Weise bereichern, sollen ihnen alle nützlichen und Freude bringenden Nebenerscheinungen erhalten bleiben, auch wenn sie hier und da keinen tieferen Sinn haben, als einfach nur den, Freude zu bereiten.

Wieso können sich nur sehr wenige einzelne eine Welt denken, in der kein Geld mehr existiert, alles andere aber dennoch hergestellt und produziert würde, wie es aktuell der Fall ist?

Wenn nämlich alle Güter für jedermann umsonst zu haben wären, wären vielleicht auch alle dazu bereit, eben dafür zu arbeiten. Vielleicht wäre es einzurichten, dass jeder phasenweise für eine bestimmte Anzahl von Monaten arbeiten ginge, danach wieder einige Monate frei hätte und an seiner Stelle ein anderer den Job machte.

Um es sich bildhaft vorzustellen:

Jeder könnte an jeder Tankstelle umsonst tanken, das Auto hätte nichts gekostet und der Bäcker verteilt das Brot umsonst und so weiter.

Dafür trägt doch jeder gerne seine Arbeitskraft bei, um diese paradiesische Vorstellung aufrecht zu erhalten. Dafür hat er dann auch wieder länger frei und bekommt alles überall, ohne eine direkte Gegenleistung vor Ort.

Wenn das so wäre, hätte das auch einige bedeutsame Nebeneffekte.

Es würde eine vollkommene Gleichheit herstellen – die eigentlich sowieso existiert!

Selbst wenn einige eine Zeit lang bräuchten, um die ethische Vision dahinter klar erkennen zu können - irgendwann würden sie es sehen.

Wenige würden sich vielleicht eine ganze Handvoll Luxusautos vor's Haus stellen, aber wenn sie nach und nach bemerkten, dass JEDER das kann, und es niemanden mehr beeindrucken würde und viele Gegenstände automatisch ihre Statussymbolik verlören, wäre das Ansammeln mit einem Mal bedeutungslos. Wenn nichts mehr etwas kosten würde, alles aber weiterhin verfügbar wäre, würde es automatisch alle Menschen gleich machen.

Eigentlich und nach ethischer und manch religiöser Betrachtungsweise besitzt ohnehin kein Wesen einen höheren Wert als ein anderes. Diese Sichtweise wird aber zumeist eben nur auf die inneren, moralischen Werte und Vorstellungen, angewendet, auf gedachte Konzepte. Im Äußeren stellen ja alle Menschen, bis auf sehr wenige Ausnahmen, Unterschiede her, die darauf hinweisen sollen, dass sie mehr haben und darüber suggerieren wollen, mehr wert zu sein. Durch Besitz erlangen sie einen höheren Status als ihr Nachbar, ganze Völker werden wichtiger als andere, wenn ihre Wirtschaft erfolgreicher ist und es ihre einzelnen Bürger dadurch ebenso werden.

Aber diese Realität, die aktuell die der Welt ist, ist ebenso ein rein gedachtes Konzept. Es entsteht aus Vorgaben, aus Suggestionen und ist in sich selbst nur eine Illusion. Es kann nur entstehen, weil eine tatsächlich nicht vorhandene Ungleichheit künstlich erzeugt wird. Sie entsteht aus dem Verlust von Freiheit, mit der eigentlich jeder ursprünglich ausgestattet ist. Diese Wirklichkeit, in der so gut wie alle Menschen leben müssen, ist das Ergebnis von Macht. Der Wegfall des Geldes würde den Wegfall der Macht bedeuten und die Menschen gleich machen.

Genau das ist die Angst der Mächtigen.

Das Leben könnte schön für alle sein, aber das ist nicht gewollt.

Macht an sich hat in unserer Welt mit verschiedenen politischen Systemen und Regierungsformen zu tun, aber sie muss nicht grundsätzlich daran gebunden sein.

Es soll hier nicht darauf hinauslaufen, bestimmte (politische) Richtungen zu propagieren, sondern mehr auf die Anschauung der Werte selbst, die versucht werden zu umschreiben.

Das Prinzip der Demokratie etwa ist im Grunde sicher eine ganz gute Sache, die von der Idee her einer tatsächlichen Gleichheit schon sehr nahe kommt. Leider ist es untrennbar an das Prinzip des Kapitalismus, ans Kapital, gebunden.

Korruption ist überall vorhanden, nur manchmal gut verdeckt. Jede Regierung, die einem Staat als Führung übergeordnet ist und diesen als System lenkt, muss auch wirtschaftlich stark sein, um überhaupt bestehen zu können.

Je erfolgreicher und florierender die wirtschaftliche Kraft ist, desto größer ist die Einflussnahme auf die Märkte und die Politik selbst. Allein daran ist erkennbar, dass die Politik stets dem Geld, dem Kapital, untergeordnet ist.

Es ist an allen Systemen erkennbar, dass sie unmittelbar an Geld und Profit gebunden sind: Das Ernährungssystem, das Gesundheitssystem, das politische System, die Marktwirtschaft sowieso und auch das militärische System, das vielleicht auch als in die Politik impliziert bezeichnet werden könnte.

Auch wenn es etwas abwegig erscheint, hier der Versuch, es kurz an zwei Beispielen zu erläutern:

1. Es ist bekannt und bewiesen, wie eine Strahlentherapie oder eine Chemotherapie noch niemals eine Krebserkrankung tatsächlich geheilt hat. Eine vorübergehende Eindämmung von Symptomen wird zwar so dargestellt und allgemein als Heilung angesehen, aber diese Methoden heilen niemanden und jeder Arzt auf der Welt weiß das.

Es geht in dieser Erläuterung nicht darum, einer sogenannten Schulmedizin ihre Berechtigung abzusprechen und alternative medizinische Verfahren hervorzuheben.

Dennoch haben solche schon öfter einen viel besseren Verlauf bei genannten Erkrankungen gebracht und sind zudem sehr viel kostengünstiger.

Fälle sind bekannt, bei denen eine Vitamin C Therapie die Diagnose von Krebs nach Anwendung nicht mehr möglich machten. Hierbei wird Patienten eine sehr hohe Dosis Vitamin C intravenös verabreicht. Der Gedanke dahinter ist der, dass keine Krebszelle eine so hohe Dosis dieses Vitamins aushalten könnte. Diese Theorie hat sich in der Praxis schon bestätigt.

Erneut hier der Verweis, wegen des Umfangs auf bestimmte Themen nicht ausführlicher einzugehen.

Erfolge wurden auch schon mit vielen anderen Behandlungsmöglichkeiten erzielt.

Aber die einzigen offiziell anerkannten Methoden, Krebs zu behandeln, bestehen in der Anwendung von Chemie oder radioaktiven Strahlen. Hieran verdienen Ärzte, Pharmakonzerne, Gerätehersteller. Hier stehen Firmen, Konzerne, künstlich erschaffene Ideologien und letztlich Geld in unglaublich großen Dimensionen als treibende Kräfte dahinter, die diese Monopole freiwillig nicht aufgeben möchten.

Das Geld und der Profit sind die Kräfte, die hier etwas bewirken und konkret in vielen Einzelfällen Betroffenen, also erkrankten Menschen, eine Hoffnung über die etablierten Behandlungsmethoden vermitteln, die nicht haltbar ist.

Und zwar, weil weder eine Chemotherapie noch eine Strahlentherapie eine vollständige und dauerhafte Remission der Krebserkrankung gewährleisten kann. Dennoch erfolgt diese Suggestion aber ganz massiv von den behandelnden Ärzten. Der erkrankte Patient erhält im Gegenteil auch keine Unterstützung, wenn er von selbst andere Behandlungsverfahren vorschlägt oder als Möglichkeit einbringt. Er wird nicht selten sogar unmittelbar mit der Information konfrontiert, alternative Heilverfahren würden gar nichts oder eher viel weniger bewirken, als die vom Arzt vorgeschlagenen. Oder diese seien sogar krankheitsfördernd. Auf jeden Fall werden alternative Methoden nicht von den Krankenkassen bezahlt und allein diese Aussage vermittelt dem Patienten klipp und klar, das er ganz alleine mit seiner Erkrankung dasteht, wenn er eine vorgeschlagene und übliche Behandlung ablehnt.

Damit wird auch die Verweigerung jedweder moralischen Unterstützung offenbar, die der einzelne kranke Patient eigentlich hinter sich glaubt.

Die klare Aussage, sowohl finanziell (Kasse zahlt das nicht) als auch menschlich von seinem Arzt und den Institutionen des Gesundheitssystems schlichtweg fallengelassen zu werden, verunsichert einen betroffenen Menschen sicher enorm. Und genau das soll diese Aussage auch bewirken, obwohl das niemals offen ausgesprochen wird. Hierüber entsteht ein großer Druck auf den Einzelnen, der ja seinen eigenen Tod unmittelbar vor Augen hat und seine Ängste davor verstärken sich natürlicherweise zunächst umso mehr. Der in aller Regel eher unreflektierte Mensch, der sich Zeit seines Lebens nicht über all diese Themen informiert hat, willigt dann in den meisten Fällen resigniert ein und lässt eine der beiden favorisierten Methoden über sich ergehen.

Es wird aber verschwiegen, dass sich die wirkliche Haltung der Ärzte und im Ganzen des gesamten hiesigen Gesundheitssystems am Ende der Kette aus einer rein profitorientierten Ausrichtung ergibt. Es ist ein Kalkül und die Rede ist hier mehr von einem Geschäft und weniger von einer ethischen Grundeinstellung, die jeder üblicherweise von der Medizin und ihren Vertretern erwartet.

Dieses Dogma wird nach außen als Glaubenssatz ja auch von der sogenannten Schulmedizin und ihrer Einzelvertreter aufrecht erhalten. Kaum jemand wagt, diese Suggestion auch nur in seinem Denken in Frage zu stellen.

Daraus ergibt sich ein ungeheures psychologisches Machtpotential.

Wenn aber einzelne Zusammenhänge kritisch und genau betrachtet und hinterfragt werden, ergibt sich am Ende eben doch die Erkenntnis, dass es vornehmlich um Geld geht. Diese Wahrheit entlarvt die oben als Suggestion bezeichnete unrichtige Vorgabe seitens der Medizin am Schluss dann doch als solche. Die mittlerweile in Deutschland gesetzlich verankerte Pflicht zur Krankenversicherung spricht in diesem Kontext auch leider nicht nur für sich und die Absicherung der Patienten, sondern bestätigt nebenher auch ein finanzielles Konzept, dem alles zugrunde liegt.

An dieser Stelle noch ein kurzer Ausflug in die Wirkungsweise der favorisierten Therapiemaßnahmen bezüglich der Krankheit, die unter den Menschen die höchste Zahl an Todesopfern fordert, den Krebs.

Eine Chemotherapie zielt darauf ab, die zu Krebszellen mutierten ehemals gesunden Zellen durch Chemikalien zu töten. An sich sicher keine schlechte Idee, die vorübergehend auch die angestrebte Wirkung erzielt. Jedoch hat der gesamte Organismus mit der Zufuhr dieser ihm völlig fremden und unnatürlichen Substanzen derart zu kämpfen, dass es ihn auf allen anderen Ebenen stark belastet. Das wirkt sich wiederum in den bekannten äußerst unangenehmen und auch sehr schmerzhaften Nebenwirkungen aus.

Alle natürlichen Vorgänge und Prozesse des Körpers und somit der ganze Organismus werden dabei so stark geschwächt, dass die natürlichen Abwehrmechanismen quasi außer Kraft gesetzt werden und ihn anfällig für alle möglichen weiteren Attacken auf sein Gesamtsystem machen. Daher muss der Patient allerlei weitere Medikamente prophylaktisch nebenher zu sich nehmen, um nicht von anderen Erkrankungen befallen zu werden. Die Schwächung macht ihn langfristig auch wieder anfällig für eine erneute Ausbreitung der bereits vorhandenen Krebserkrankung, deren Ursache durch die Therapie keineswegs eliminiert wurde. Diese wird ja weitgehend ohnehin von der modernen Medizin außer Acht gelassen, soweit sie überhaupt eingegrenzt werden kann. Es ist stark anzunehmen, und in so gut wie allen Krankheitsfällen auch zutreffend, dass es zu einem Rezidiv kommen wird.

Chemotherapie wird von ihrer Wirkung her als ein Aufschub des Krankheitsverlaufs angesehen und keinesfalls als eine wirklich wirksame Methode betrachtet, um eine tatsächliche Heilung herbeizuführen, wobei an dieser Stelle aber auch nicht verschwiegen sein soll, das in vergleichsweise sehr wenigen Fällen auch nach einer Chemotherapie keine Wiedererkrankung erfolgt ist.

Dies ist weltweit wohlbekannt und es existieren weltweit Tausende von Studien, deren Zahl monatlich wächst, in denen Chemotherapie dennoch propagiert wird.

Im Grunde werden nämlich die bereits bekannten Chemikalien immer nur munter in allen möglichen Kombinationen und Dosierungen miteinander vermischt, wodurch sie patentierbar werden und damit teuer zu verkaufen sind. Keine hat bisher definitiv nachweislich eine Heilung bewirkt, es werden aber künstlich mit jedem angeblichen Erfolg lediglich Hoffnungen bei den Betroffenen geweckt, die sich schlicht nicht halten lassen.

Dennoch ist rund um dieses große Gebiet ein ganzer Industriezweig entstanden, an denen alle Forschenden und Anwender, Ärzte, gut verdienen.

Ein Bericht des ARD Fernsehmagazins *Plusminus* im April 2017 beleuchtete die Arbeit einer Ärztin aus Ulm in Deutschland, die seit einiger Zeit die Chemotherapien vieler Krebspatienten, die sie betreut, mit dem Schmerzmedikament Methadon kombiniert. Methadon ist den allermeisten hierzulande als Substitutionsmittel für opioidabhängige Menschen bekannt. Viele vornehmlich heroinabhängige »Junkies« erhalten eine tägliche Dosis über einen Arzt, damit sie kein weiteres Heroin auf dem illegalen Schwarzmarkt kaufen müssen. In hoher Dosierung erzeugt Methadon ein ähnliches Rauschgefühl wie eben Heroin. Nach regelmäßiger Gabe von Methadon in wesentlich niedrigerer Dosierung waren aber Tumore von verschiedensten Krebsarten der Patienten von besagter Ärztin nicht mehr diagnostizierbar. Diese mit Methadon kombinierte Therapie erwies sich als das reinste Wundermittel gegen Krebs. Dennoch wird dieser Effekt von zahlreichen Ärzten ignoriert oder sogar geleugnet. Sogar hat der Ruf der Ärztin seit ihrem Gang an die Öffentlichkeit deutlich gelitten. Der Grund: Methadon ist längst patentiert und kostet in der Anwendung nur wenige Euro. Niemand verdient etwas daran.

Ein Interview mit einem anderen Mediziner im Rahmen der Sendung, der den Einsatz anderer Chemotherapieverfahren propagierte, zeigte auf's Deutlichste, wie durch eine rein kommerzielle Ausrichtung wirklich wirksame Therapiemethoden aktiv unterbunden werden.

Besagter Mediziner ist seinerseits tief in die Entwicklung neuer Chemotherapien involviert und verdient nachweislich seit geraumer Zeit ziemlich viel Geld damit.

Völlig unverhohlen wurde am Beispiel dieses Fernsehberichts klar, dass es bei Chemotherapie nicht im Ansatz um die Heilung von betroffenen Patienten geht, sondern ausschließlich um Geld.

Ganz ähnlich verhält es sich mit der Radioaktivität, die bei der Strahlentherapie eingesetzt wird. Es muss nicht erklärt werden, wie ungesund Radioaktivität für lebendige Organismen ist.

In der Tat können auch Krebszellen durch radioaktive Strahlung getötet werden, doch erzeugt sie gleichermaßen automatisch neue Krebsmutationen, die nicht lange auf sich warten lassen. Die stark belastenden Nebenwirkungen sind auch hierbei für den Patienten in seinem subjektiven Empfinden regelrecht verheerend.

Die Anwendung führt ebenso keinesfalls zu einer Heilung, geschweige denn, dass eine dieser beiden Therapieformen auch nur im kleinsten Ansatz einen natürlichen Regenerationsprozess des erkrankten Körpers anregt. Aber die Geräte, die benötigt werden und alle Ausführenden der Maßnahme wollen und müssen ja auch bezahlt werden. Hier liegt wieder der eigentliche Grund verborgen, warum nur und ausschließlich diese beiden Maßnahmen zur Bekämpfung einer Krebserkrankung weltweit innerhalb des etablierten Gesundheitssystems ihren Einsatz finden.

Selbstredend wird jeder Arzt, der eine von beiden Therapien empfiehlt oder anordnet, das alles wesentlich positiver darstellen können. Doch leider sprechen alle bisher und über viele Jahrzehnte zusammengetragenen Ergebnisse zu nahezu 100 % gegen diese Therapien.

Es geht ums Verdienen und um nichts sonst.

Das mag sich der eine oder andere Arzt oder Professor, wahrscheinlich sogar die Mehrheit von ihnen, nicht unbedingt auch so eingestehen, weil dies sicher auch das gute Gefühl, für eine im Ansatz gut gedachte Sache zu arbeiten, mindert.

Doch kann sich wirklich jeder heutzutage die Bestätigung dieser kritischen Worte leicht einholen.

Dass sich trotzdem angenommene mindestens 90 % aller Krebspatienten dieser Behandlungsmethoden unterziehen, liegt ganz sicher an der schon weiter oben angedeuteten Suggestion des an der Ausführung der Behandlungen beteiligten Personenkreises, dem jeder Kassenpatient im Sinne des Wortes ausgeliefert ist. Durch die in diesem Gesamttext beleuchteten Manipulationen in allen nur erdenklichen und möglichen Lebensbereichen ist die Motivation, ein tatsächliches Verständnis zur Eigenverantwortung zu entwickeln und nach diesem bewusst zu handeln - etwa dahingehend, eigenständig nach tatsächlich wirksamen anderen Therapien zu suchen und sich vertiefende Gedanken dazu zu machen, warum diese Erkrankung überhaupt seine Manifestation im eigenen Körper erfahren hat - so gut wie ausgelöscht. Das dürfte ja auch das Ziel all dieser Beeinflussungen sein und das Beispiel der etablierten Behandlungsmethoden bei Krebserkrankungen zeigt es nur einmal mehr in aller Deutlichkeit.

2. Bekommt ein Konzern keine steuerlichen Vergünstigungen, so wie er sich das vorstellt, dann zieht er ab in ein sogenanntes Billiglohnland.

Das können seine Vertreter auch offen so aussprechen - und Entsprechendes bewirken.

Wirtschaft kann die Politik lenken, Wirtschaftskraft lenkt die Politik.

Politische Größen, und auch die kleineren, haben oft noch andere Positionen in wirtschaftlichen Bereichen inne. Ist es nicht logischer Schluss, dass politische Entscheidungen möglichst in Richtungen laufen, die den wirtschaftlichen Interessen entgegenkommen? Ist es nicht sogar vollkommen logischer Schluss, dass sich hier Interessensgebiete entgegenkommen und Finanzwelt und Politik sich unentwirrbar vermischen?

Was steht dahinter und was ermöglicht das?

Geld.

Der 2017 zum US Präsidenten gewählte Donald Trump dürfte das wohl allerbeste Beispiel überhaupt für die Verbindung wirtschaftlicher und politischer Interessen sein.

Auf die Lukrativität des Militärwesens wurde ja schon hingewiesen.

Das in die Wege geleitete und inzwischen den meisten bekannte Abkommen zwischen den Vertretern der Gesamtwirtschaft der USA und denen Europas ist ein weiterer, wahrscheinlich endgültiger Schachzug der Wirtschaft, eine Einflussnahme der Politik an sich und erst recht der Bürger der betroffenen Staaten in Hinsicht auf ihre geschäftlichen Aktivitäten, komplett auszuschalten.

Das nahezu identische wirtschaftliche Abkommen, das Vertreter der US-amerikanischen Wirtschaft bereits vor Jahren mit Mexiko durchgesetzt haben, bestätigt genau dies.

Es ermöglichte zum Beispiel eine komplette Abschaffung eines Mindestlohns.

Im Einzelnen hatte dies für viele Arbeitnehmer der Automobilindustrie beispielsweise die Folge, dass sie ihre Arbeit bei einem vormals in den USA ansässigen Produzenten kurzfristig verloren, nachdem sie schon etliche Jahre unter dem eigentlichen Lohnniveau gearbeitet hatten. Der Autohersteller zog es indes vor, und darf es nun auch mit gesetzlicher Legitimation, seine Produktion ganz nach Mexiko zu verlegen. Dort werden seither die gleichen Arbeiten von Arbeitern ausgeführt, die für ihre Arbeit pro Arbeitstag bestenfalls die Summe erhalten, die der US Arbeitnehmer vorher pro Stunde erhalten hatte!

Gegen diverse Machenschaften und Ungerechtigkeiten aller Art hat jeder auch weiterhin die Möglichkeit, rechtlich vorzugehen, also zu klagen. Doch beinhaltet ein solches Abkommen auch den Umstand, dass die Gerichte, die diese Fälle bearbeiten (werden), vollkommen privatisiert sind.

Ein Rechtsstaat verliert damit wohl endgültig auch die letzte Möglichkeit, sich über diesen Begriff zu definieren, wenn sein eigenes Rechtssystem, das im Falle der EU ja unentwegt nach Möglichkeit einheitlich und nach rechtsstaatlichen und demokratischen Regeln ständig abgeglichen und verbessert wird, schlichtweg abgeschafft wird.

Genau das wäre die Realität und diese beiden angeführten Beispiele sind nur zwei von vielen, die eine vielleicht jetzt noch vorhandene Lebensqualität, die ein demokratisch geführtes Land zu bieten hat, vernichten wird.

Es muss wohl nicht näher darauf eingegangen werden, wie sehr bereits die derzeitigen demokratisch genannten Regierungen aktuell schon nur Schein ihrer Grundlagen sind. Doch dürften die heutigen Verhältnisse nach Unterzeichnung des Abkommens durch die europäischen Regierungsvertreter im Nachhinein als geradezu paradiesisch anmuten. Zum Zeitpunkt der Manuskripterstellung war TTIP und Ähnliches zwar noch nicht besiegelt. Die Befürchtung, dass sie bis zur Veröffentlichung aber schon Realität sein wird, war aber nicht nur groß, sondern ziemlich wahrscheinlich.

Um die Vision einer Welt ohne Geld umzusetzen, bedürfte es zweifellos Pläne und geistiger Arbeit, um sie zu verwirklichen und wahrscheinlich wäre das nicht so leicht in der naiven Weise möglich, wie es hier formuliert ist.

Andererseits - wieso nicht?

Es sollte doch möglich sein, Konzepte auszuarbeiten, die das ermöglichten. Es sind doch schon unendlich viel mehr und wesentlich kompliziertere Dinge gelungen, seien es technische oder wirtschaftliche, geschweige denn politische oder militärische.

Wenn man Maschinen in den Weltraum schicken und Vernichtungswaffen herstellen kann, die ganze Völker mit einem Schlag ausradieren, warum ist dann eine friedliche Vision, eine rundum satte Weltbevölkerung, die im Einklang miteinander lebt, so undenkbar? Und eine damit verbundene Umsetzung entsprechender Maßnahmen oder die konsequente Abschaffung hinderlicher Elemente?

Man muss es zuerst natürlich auch denken wollen.

Aber man soll es noch nicht einmal denken!

Jeder erkennt ja schnell, ob es ihm schwer fällt, diese friedvolle Vision auch nur zu denken und als realistisch zu betrachten. So gut wie jeder, der danach gefragt wird, wünscht sich eine friedliche Welt.

Aber real vorstellen kann er sie sich dann doch nicht.

Warum nur …?

Welche Systeme, am Ende reale Menschen, dahinter stehen, um einen übergreifenden Frieden und Wohlstand zu verhindern, ist ja mehrfach angedeutet worden. Ihre Doppelmoral ist immer auch daran zu erkennen, dass nach außen Frieden und Verständigung angestrebt werden. Wieso gelingt es denn nie?

All die Strebungen und Verwirrungen, die sich bis zum heutigen Tag in der Welt etabliert haben und sie zu dem scheinbar unentwirrbaren Geflecht machen, das sie ist, sind aber nur möglich geworden, weil die Indoktrinierung des Geistes so massiv und schon so lange angewendet wird. Hier sollte ein erster Ansatz sein.

Im Denken des Einzelnen müsste er stattfinden, seiner wirklichen Größe und Möglichkeiten müsste er sich bewusst werden. Damit verbunden ist das Bewusstsein über die eigene, alle Bereiche des eigenen Lebens betreffende, Selbstverantwortung.

Banken und die Macht des Geldes

Es gab, um nur von der BRD zu sprechen, eine Zeit, da Frauen noch kein eigenes Bankkonto haben durften.

Das alle Institutionen der Welt und alle Bereiche menschlichen Lebens dominierende Patriarchat hat es ihnen dann irgendwann erlaubt. Im Zuge der Emanzipationsbewegung der Frauen, circa zu Beginn der 1970er Jahre unübersehbar, forderte das »schwache Geschlecht« seine Rechte in allen Lebensbereichen ein.

Mit wohl unbestreitbarem Recht.

Mittlerweile ist es zur völligen Normalität geworden, dass beide lebenden Grundpfeiler einer Partnerschaft, die eine Familie tragen, arbeiten gehen müssen, um in ihrer gewählten Lebensform, der Partnerschaft von Mann und Frau, bestehen zu können. Wunderbarerweise benötigen sie beide dazu ein Bankkonto.

(Die Pflicht, eines zu haben, ist zwar noch nicht ganz durchgesetzt (rechtlich), wird aber vermutlich bald eingeführt. Zum Teil hat dies sicher auch sein Gutes, denn es ist keine Seltenheit, dass Banken sozial schwachen Menschen die Eröffnung eines Kontos verweigern. Und zwar, weil sie nur wenig oder auch gar kein Einkommen haben und die Banken insofern nicht viel Nutzen von ihnen. Nicht gerade wenige Betroffene müssen ihre Miete und das Geld für die Energieversorgung nach Erhalt der monatlichen Sozialleistungen in bar bei den betreffenden Institutionen bezahlen. Allein der wesentliche geringere Aufwand, den die Möglichkeit von Überweisungen bieten, hebt auch die Vormachtstellung von Banken hervor.)

Aber - als die Frauen auf einmal auch arbeiten wollten, mittlerweile müssen, hat dies den Banken mit einem Schlag fast zu einer Verdoppelung von Konten verholfen, die bei ihnen geführt werden.

Für jedes Konto muss man auch Gebühren zahlen. Zwar existieren auch etliche Angebote von Banken für gebührenfreie Konten, doch sind solche Angebote stets mit der Auflage verbunden, das Konto permanent mit einem bestimmten Mindestguthaben auszustatten. Ob Gebühr oder Liquidität in einem festgelegten Bereich, die Bank hat immer den Vorteil auf ihrer Seite.

Kurioserweise hat also das freiheitliche Bestreben der Frauen einer bestimmten Institution einen deutlichen Zugewinn eingebracht.

Welch glücklicher Zufall für jene.

Ihr Monopol ist unübersehbar.

Das Grundsystem der Banken - Geld verleihen, mehr Geld zurück bekommen - wurde schon erwähnt.

Kreditvergabe ist nach wie vor eines der gewinnträchtigsten Geschäfte von Banken. Sie wird ja auch unverhohlen massiv beworben, um Menschen in Abhängigkeiten zu bringen.

Auch wer keinen Kredit aufnimmt, muss wenigstens für die Kontoführung bezahlen.

Folgten sie ausschließlich dem Prinzip der Kreditvergabe und würde dieses ausschließlich an real vorhandene Werte gebunden sein, könnte keine Bank je Pleite gehen. Dass Banken zusammenbrechen, liegt an den Spekulationen, die sie mit oft nicht real vorhandenem Geld machen - und sich manchmal verspekulieren. Was die Kredite betrifft, so ist der Schuldner fest in der Hand des Kreditgebers. Auch die Angebote der Vergabe werden ja, wie gesagt, über Reklame unübersehbar in die Öffentlichkeit getragen und den Menschen regelrecht schmackhaft gemacht.

Interessant ist es, die Verschuldung von Regierungen zu betrachten.

In den Abendnachrichten kommt es weniger interessant daher, sogar eher dröge, wenn von der Neuverschuldung die Rede ist. Enthauptungen durch Terroristen machen da mehr her.

Es ist aber eine bestehende Tatsache, dass die meisten Staaten/Regierungen der Welt verschuldet sind, um das, letztlich imaginäre, Gebilde des Staates als solches weiter bestehen zu lassen.

Die Mechanismen und Regelungen, die erfolgen, wenn Regierungen sich Geld leihen müssen, sind etwas komplexer, als wenn Sie bei ihrer Hausbank einen Kleinkredit aufnehmen, aber das Prinzip ist dasselbe.

Eine Feststellung ist ebenso simpel:

Die meisten Regierungen sind verschuldet.

Damit haben diejenigen, welche das Geld zur Verfügung stellen, Macht über sie.

Ihre Macht ist somit größer als die der Regierungen = Staaten. Damit ist die gesamte Politik fest in den Händen der Finanzwirtschaft. Es ist unnötig, das ungeheure Machtpotential zu erläutern, das sich daraus ergibt.

Erkennbar wird nun auch der Druck, der sich aus dieser Abhängigkeit ergibt, der ständig über allen Regierungen wie ein Damoklesschwert schwebt.

Es sei kurz an die Wirklichkeit erinnert, dass jeder Dollar, jeder Euro, jeder Cent, ganz am Ende der Kette realen Menschen gehört.

Dieses System, deren Abschaffung absolute Gleichheit herstellen würde, soll selbstverständlich nicht abgeschafft werden - aus Sicht derer, die viel Geld besitzen, nicht aus Sicht derer, die ständig welches benötigen. Dass alle ständig welches brauchen, dafür wird ja seit Jahrhunderten gesorgt.

Über den Kapitalismus werden wirklich alle politischen Systeme und alle einzelnen Menschen in eine einzige einheitliche Abhängigkeit gedrängt.

Das Geld verbindet alle.

Es ist die tatsächliche und einzige Macht in der Welt.

Warum müssen Preise steigen?

Noch einige Worte zu dieser Thematik, die mit Begriffen wie
Teuerungsrate oder Preissteigerung umschrieben werden:
Die Inflation in einem monetären Sinne fällt ebenso in diese Kategorie.
Zu diesen Gebieten kann hier nur aus der Sicht eines Laien geschrieben
werden. Aber da alle in diese Gebiete eingebunden sind, ob sie es wollen oder
nicht, erfolgt trotzdem etwas aus dieser Position heraus.
Die genannten Gebiete sind künstlich erschaffene Gebilde und es fällt vielen
schwer, sich ihnen anzunähern.

* * *

Die Teuerungsrate und die Inflation, sowie ihr Gegenstück, die
Deflation, spielen eng zusammen und werden manchmal für dasselbe
gehalten.
Das sind sie zwar nicht, aber es ist auch nicht möglich, die Begriffe komplett
voneinander zu trennen.
Die Teuerungsrate beschreibt die Entwicklung der Preise in einem festgelegten
Zeitraum.
Die Preise können steigen oder auch fallen und für gewöhnlich tun sie das in
einem relativ geringen Umfang. Langfristig steigen sie aber normalerweise.
Von der Teuerungsrate ist nun die Inflationsrate abhängig. Eine Inflation
bedeutet nach der üblichen vereinfachten Verwendung und des Verständnisses
des Wortes, einen Werteverfall. Geld verliert an Wert und somit an Kaufkraft.
Es ist müßig, im hiesigen Kontext tief in diese Welt einzusteigen und es besteht
die permanente Schwierigkeit, wie vorangehend schon genannt, alle
Phänomene, die mit diesen Begrifflichkeiten verbunden sind, exakt auseinander
zu dividieren.

Schon die Ermittlung der Teuerungsrate zeigt es: Sie wird vom Statistischen Bundesamt anhand eines fiktiven Warenkorbs festgestellt, in dem 750 Produkte enthalten sind, welche die durchschnittlichen Käufe der Bürger repräsentieren sollen.

Das ist zwar eine hohe Zahl, die aber logischerweise nicht alle real getätigten Käufe erfassen kann.

Zudem kann es sein, dass bei einigen Produkten die Preise steigen, während sie bei anderen fallen. Es ist also unmöglich, ein stabiles und allgemeingültiges tatsächlich bestehendes Preisniveau zu ermitteln.

Vergleiche mit anderen Währungen und dem Kaufverhalten anderer Menschen in anderen Gesellschaften verkomplizieren die Lage nochmal und macht sie im Ganzen zu einem rein spekulativen Produkt, das permanent und insgesamt die Preise und Produktwerte sowie den Wert des Geldes der verschiedenen Währungen in einem fortlaufenden Prozesse ständig neu bestimmt und gleichzeitig versucht, das alles einigermaßen in einer Balance zu halten.

Vor dieses Gesamtphänomen kann aber durchaus die Frage gesetzt werden: Wieso muss eigentlich alles regelmäßig teurer werden?

Jahr für Jahr wird eine sogenannte Teuerungsrate irgendwie festgestellt und gleichzeitig neu festgelegt.

Es ist klar, dass damit der Begriff des Profits in Verbindung steht. Ganz naiv betrachtet wäre es eigentlich nicht nötig, eine permanente Preiserhöhung so gut wie aller Waren und Dienstleistungen erfolgen zu lassen. Eine Erhöhung von Preisen hat die zwangsläufige Erhöhung von Einkommen als Folge.

Würden alle arbeitenden Menschen stets eine gleichbleibende Entlohnung erhalten, könnte sich schon bald niemand mehr überhaupt irgendetwas leisten. Steigen die Preise, müssen die Menschen mehr verdienen, um überhaupt etwas kaufen zu können.

Es sollte doch ausreichen, für alles Käufliche bestimmte Geldwerte festzulegen, die an die Verhältnisse der jeweiligen Gesellschaften und ihrer Niveaus angepasst sind.

Warum muss das Brot im nächsten Jahr mehr kosten als in diesem?

Der Bäcker muss an jedem Laib etwas verdienen, aber wenn die Verhältnisse einmal abgestimmt und festgelegt sind, sollte doch ein gleichbleibendes Niveau damit hergestellt sein.

Jeder Verkäufer würde an seinen Geschäften etwas verdienen und sein Auskommen haben.

Wer nicht verkauft, geht arbeiten und erhält sein Auskommen eben über eine nicht gewerbliche Aktivität. Sein Arbeitgeber verkauft das, was der Arbeiter produziert hat, ist damit ein Verkäufer, der eben darüber sein Auskommen erzielt.

Das sollte doch einen stabilen Markt ergeben, der sich in der Balance hält.

Wieso müssen die gleichen Dinge regelmäßig teurer werden?

Die Antwort kann nur darin liegen, dass Menschen immer mehr verdienen wollen. Da aber die Einkünfte der potentiellen Käufer steigen müssen, damit sie überhaupt kaufen können, sollte das Niveau des Gewinns genauso stets gleich bleiben.

Dieses zu erzielen ist der Gedanke eines gleichbleibenden, stabilen Preisverhältnisses. Jedenfalls scheint es so, als ob dies die Idee dahinter ist.

Würde das Beschriebene nach dieser Idee tatsächlich funktionieren, könnten eigentlich keine höheren Gewinne erreicht werden und das Streben nach noch mehr Profit würde sich selbst ad absurdum führen.

Irgendwo in der Kette müssen also stets höhere Gewinne erzielt werden, denn sonst wären die ständigen Anpassungen nicht nötig.

Es dämmert, dass Verkäufer offensichtlich regelmäßig mehr verlangen als den eigentlichen Warenwert und einen schon implizierten kalkulierten Gewinn, der ihnen ihr Auskommen sichert.

Hier ist der Punkt, an dem das System aus der Balance gerät.

Das Niveau der Löhne und Gehälter, aus der sich die reine Kaufkraft des Käufers ergibt, ist immer etwas niedriger als der Anstieg der Preise.

Daraus ergibt sich die Notwendigkeit der Verhandlungen, etwa zwischen Arbeitgebern, Arbeitnehmern und Gewerkschaften, die in hiesigen Breitengraden meistens diese Verhandlungen übernehmen. Notwendig werden sie aber erst, weil Arbeitgeber stets weniger zahlen wollen als sie müssten, damit das System in der Balance bliebe. Gleichermaßen sind sie mehr oder weniger die Verkäufer, die stets mehr für Waren verlangen als eigentlich nötig wäre, was wiederum eine gleichbleibende Waagschale verhindert.

Steigende Zinsen von Geldverleihern könnten hier auch eingebracht werden, aber das Prinzip ist im Grunde immer das gleiche.

Es ist reine Augenwischerei und nach der Überzeugung vieler schon immer ein Kampf auf verlorenem Posten gewesen, zu versuchen, Teuerungsraten und Einkünfte in einem gewissen Ausgleich zu halten; und damit eine gewisse Gerechtigkeit von Waren und ihren Werten und ihrer Erschwinglichkeit zu wahren.

Hierzu passt die Einführung des Euro.

Alle Warenwerte und Preise sollten im gleichen Verhältnis weiter bestehen.

Rein rechnerisch ist dieses Verhältnis angeblich stabil, nach Berechnungen des Statistischen Bundesamtes.

Dennoch hat sicher jeder Bürger der Eurozone Ausnahmen mit seinen eigenen Augen beobachtet. Wie etwa, dass eine Avocado im Rewe Supermarkt um die Ecke am letzten DM Tag 90 Pfennig kostete, am ersten Euro Tag im selben Supermarkt genau 90 Cent.

Eine Verdoppelung oder annähernde Verdoppelung von Preisen zumindest einzelner Waren hat definitiv stattgefunden.

Es ist wahrlich eine komplizierte Angelegenheit und eine Welt und Wissenschaft für sich, die Marktwirtschaft und die Geldbewegungen. Gleichermaßen ist es nicht einfach, sich hier einen Überblick zu verschaffen und die entsprechenden Gesetzmäßigkeiten überhaupt zu verstehen und sie richtig zu deuten. Dennoch ist der beschriebene Effekt, das gewisse Gruppierungen in der Welt diese Bereiche steuern und kontrollieren, nicht zu leugnen und leicht zu beobachten. Denn immer gehen die Bewegungen innerhalb dieser Bereiche zugunsten jener aus, die in irgendeiner Form über ganz erheblichen Reichtum verfügen.

Die Ungerechtigkeit und die Macht des Geldes und der Wirtschaft, und jener, die am meisten davon haben, ist erkennbar an den Streits, die von denen ausgefochten werden müssen, die nicht soviel davon haben. Etwa Sie oder ihr Nachbar, der manchmal für eine gerechte Entlohnung seiner Arbeitskraft streiken muss.

Der eigentliche Grund ist aber wohl die reine Gier nach immer noch mehr Profit. Der niedere Trieb der Gier ist am Ende als einziger Grund auszumachen, warum die Ungleichheit in all diesen weltumspannenden Gebieten der Märkte und Geldsysteme überhaupt existiert.

Diese Ungleichheit ist erkennbar künstlich und absichtlich erschaffen. Sie verhindert Gerechtigkeit und eine gleichmäßige Verteilung aller Güter und allen Geldes. Das globale Geldsystem kann also nicht, niemals, gerecht sein und wird die Balance immer verhindern, solange es besteht. Es könnte weiter etabliert bleiben und eine Gerechtigkeit hergestellt werden, wenn alle Beteiligten eine dauerhafte Balance anstreben würden.

Dann wären aber steigende Gewinne ausgeschlossen und alle Profite würden ein gleichbleibendes Niveau erhalten.

Wäre es so einmal hergestellt, was theoretisch durchaus im Bereich des Möglichen liegt, hätten alle genug zum leben und könnten dieses friedlich miteinander tun und sich um andere Probleme und deren Lösungen kümmern. Offenbar soll aber genau das verhindert werden und alle hier angerissenen etablierten Systeme sorgen bis zum Sankt Nimmerleinstag für eine permanente Ungleichheit und Disharmonie zwischen allen Menschen und Völkern.

Die einzige Ursache für das Aufrechterhalten dieser Ungleichheit liegt in der Macht verborgen, die sich für vergleichsweise wenige aus diesen Systemen ergibt und die sie niemals mehr aufgeben wollen.

Hieraus ergibt sich auch, dass es immer arme Länder und Völker geben muss und wird und jeder Arbeitskampf um höhere Löhne und gerechtere Bezahlungen stets den nun leicht erkennbaren Diktaten der Wirtschaft, des Geldes, hinterher hinken werden.

Das ist das Dilemma der Welt.

Diese Mechanismen der Macht bestehen nun schon seit vielen Jahrhunderten und sind sorgfältig geplant und errichtet worden. Auf ihren Erhalt und ihren Ausbau wird geachtet und es ist leicht nachvollziehbar, dass die Inhaber dieser Machtpositionen, die sich durch diese Systeme ergeben, ihre Positionen niemals freiwillig räumen werden und eine gleiche Behandlung aller Menschen und gleiche Verteilung aller Güter stets zu verhindern wissen.

Da aber schon andere sich solcher Gedanken ergeben haben und alle möglichen Pläne angestellt wurden, um diese Machtverhältnisse zu verändern, sei es für einzelne Länder und Bevölkerungsgruppen oder gar weltumfassend, ergibt sich aus dieser Erkenntnis auch eine gewisse Notwendigkeit für die Menschen in den Machtpositionen, die Umsetzung solcher Pläne zu verhindern.

Über die lange Zeitspanne seit der Einführung von Geld und eine unausgesprochene und sich einfach von selbst ergebende Verbundenheit derer, die, in welchen Etagen der Macht auch immer, weit oben sind, hat sich bis heute fast von selbst ein perfides Kontrollsystem entwickelt, das ebendiesen Machterhalt sichert, der hier zu beschreiben versucht wird. Es ist mittlerweile auch unmöglich, einzelne Stränge dieser Mechanismen ausnahmslos auseinander zu dividieren und alle Verbindungen zu benennen, selbst wenn man sie im Einzelnen herausfinden könnte, beziehungsweise wäre es wohl eine Art Lebensaufgabe.

Die vielfältigen Manipulationen des Geistes sind von alleine zu Selbstläufern geworden und über sie nachzudenken ist für die allermeisten Menschen schon zu müßig.

* * *

Die geistige und materielle Versklavung der Menschheit wird immer deutlicher, je mehr jemand sich die Mühe macht, trotzdem Gedanken hierzu anzustellen.

Verbunden mit der resignierenden Erkenntnis über die Schwierigkeit, hier noch Änderungen zu bewirken. Eine übergreifende Kontrolle über die beschriebenen Zwänge des Geldes, absichtlich erschaffene Krisen, die Erschaffung von Ängsten über Informationen und Botschaften über Medien, kristallisiert sich immer deutlicher heraus.

Der Geist der Masse ist mittlerweile dermaßen aufgeweicht und überfordert, dass es immer leichter sein wird, die Menschheit in eine beliebige Richtung zu schieben, Gesinnungen und Dünkel im Denken zu bewirken und übergreifende »Triggersysteme« hierfür zu benutzen. So, wie es schon längst die Wirklichkeit der Mehrheit ist.

Im Ganzen sind all diese Zusammenhänge nicht so leicht zu durchschauen und ebenso schwierig zu berechnen, was niemals vollständig gelingen kann. Wie schon gesagt hat die Tendenz in der Vergangenheit gezeigt, dass schlussendlich doch die Teuerung stets überwiegt.

Emanzipation ?

Warum die Frauen immer noch nicht frei sind.

Am Beispiel der Frauen dieser Welt und unserer Rasse kann die geistige Versklavung einmal mehr deutlich aufgezeigt werden.

Der weiter oben genannte Umstand, dass Frauen, wohlgemerkt in der BRD und den sogenannten modernen, fortschrittlichen Wohlstandsgesellschaften, erst ziemlich spät das Recht zur Teilnahme an politischen Wahlen und eigene Konten bei Banken zuerkannt wurde, schien für die Frauen zumindest in den zugehörigen Ländern ein Aufbruch in die Freiheit zu sein, die nun endlich erfolgen würde.

Der Zugewinn für die Banken deutet allein schon darauf hin, dass diese neue Freiheit für die Frauen wohl mehr auf ein wirtschaftliches Kalkül zurückzuführen war, anstelle einer wirklichen Änderung einer althergebrachten üblichen Gesinnung des bestimmenden Patriarchats.

Wie allgemein bekannt, verdienen Frauen in aller Regel auch heute noch weniger als Männer für die gleiche geleistete Arbeit. Frauenquoten werden nach wie vor nur langsam umgesetzt und für etliche Produkte und Dienstleistungen müssen Frauen aber dennoch mehr zahlen. Man denke nur an den Friseurbesuch. Sie dürfen aber heute durchaus auch Managerin werden oder in Kriegen mitkämpfen.

Die nach wie vor massiv stattfindende Unterdrückung der Frauen wird aber am deutlichsten an ihrer Reduzierung auf ein Sexualobjekt und der ihr zugeteilten Rolle als gebärfähiges Wesen.

Schon etwas weiter oben wurde gesagt, dass der Mensch als einziges Wesen des Planeten über seinen Geist die Macht besitzt, aus den Vorgaben der über die körpereigenen, hormonell bestimmten Triebe auszubrechen.

Kraft seines Geistes kann jeder Mensch entscheiden, keinen Nachwuchs zu zeugen, bei gleichzeitigem Frönen einer lustvollen Sexualität.

Wahrhafte Freiheit ist doch mit dieser Möglichkeit, die biologischen Mechanismen der Natur zu überwinden, gegeben.

Dazu bedarf es aber einer klaren Bewusstwerdung dieser Möglichkeit, um sie auch zu erkennen und sie zu schätzen.

Damit dies aber nicht geschieht, und zwar aus Gründen reiner Machtkalkulationen, wird den Frauen ihre Bestimmung zur Mutterschaft aus allen möglichen Richtungen regelrecht suggeriert.

Sie ist die sprichwörtliche Keimzelle der Familie als Keimzelle innerhalb der Gesellschaft in der politischen Struktur eines jeden Staates und es wird von den Frauen auf dieser Ebene erwartet, dazu beizutragen, eine gewisse Bevölkerungsdichte zu erhalten.

Die moralischen Vorgaben seitens der etablierten Religionssysteme, die eigentlich Gleiches meinen und bewirken sollen, müssen nicht näher erläutert werden.

Dazu kennen wohl die allermeisten Menschen die oft lebenslang unausgesprochenen Erwartungshaltungen, die der eigenen Herkunftsfamilie entstammen.

Die Mutter erwartet einfach den Enkel, die Familie erwartet die Erweiterung über die neuen Familiengründungen der Kinder. Viele, die meisten, dieser Kinder übernehmen unhinterfragt diese Erwartungshaltungen und übertragen sie auf sich, ohne sie je wirklich in Frage gestellt zu haben. Sie sind ja auch von einer Vielzahl anderer Menschen umgeben, die das Gleiche machen, wie es schon immer alle getan haben. Oder fast alle. Die Heranwachsenden haben die ersten Partner, die eine oder andere ist plötzlich schwanger und so weiter.

Werden einmal die Trennungs- und Scheidungsraten betrachtet, so wird schnell deutlich, wie selten eine angestrebte lebenslange Partnerschaft wirklich stattfindet. Es existiert ein subtiles, aber äußerst mächtiges Idealbild einer »Du und ich für immer«-Partnerschaft in den Köpfen fast aller Menschen. Von den oben angeführten Institutionen wird dieses Bild auch weiterhin geschürt und aufrecht erhalten.

Nur sehr wenige wagen es in jungen Jahren, wenn überhaupt im Leben, dieses Ideal auf seinen Realitätsgehalt hin zu überprüfen. Es ist nämlich äußerst unwahrscheinlich und dementsprechend selten, dass dieses Ideal seine Erfüllung im Leben zweier Menschen findet.

Wie unwahrscheinlich ist es doch, dass zwei Menschen sich ein Leben lang von ihren Meinungen und Ansichten, Sehnsüchten und Wünschen her, in eine gleiche oder zumindest sehr ähnliche Richtung bewegen. (Hier wurde absichtlich nicht das Wort »entwickeln« benutzt. Denn eine Ent-wicklung würde mitunter das Gegenteil bewirken, eine Befreiung aus all den Vorgaben und Erwartungen, mit denen ein Mensch ein Leben lang »eingewickelt« wurde.).

Bestätigend zu diesen Überlegungen steht das Paradoxon, dass in einigen Ländern, wenigstens in der BRD, das Recht auf freie Selbstbestimmung per Grundgesetz festgeschrieben ist und ja auch als Symbol einer freiheitlichen Rechtsordnung im übertragenen Sinne hochgehalten wird.

Doch wehe jenen, die davon in vollem Umfang Gebrauch machen. So manche Familienfehde ist wohl schon aus der Umsetzung der eigenen Freiheit entstanden. Besonders deutlich wird die tatsächliche Einschränkung der Frau bezüglich dieser Thematik, betrachtet man Familien, die noch weitaus mehr als die typischen westeuropäischen in althergebrachte Traditionen eingebunden sind.

Doch ist dies nur ein Teilausschnitt aus der Vielfalt, mit der die Freiheit der Frauen im Allgemeinen verhindert wird.

Selbstredend sollen auch die bisherigen Ausführungen keinesfalls verallgemeinernd sein. Natürlich möchten auch sehr viele Frauen ganz bewusst und in Einklang mit ihren männlichen Partnern ihren Kinderwunsch umsetzen und eine Familie gründen. Jedoch fassen viele Betreffende diesen Entschluss, ohne je ähnliche kritische Gedanken gehegt zu haben, wie sie hier Ausführung finden. Es ist auch bequem, nicht zu hinterfragen und sich den typischen Gefühlen ein Leben lang hinzugeben, die einen im weitesten Sinne mit einer Familiengründung verbundenen Hormoncocktail zur Grundlage haben. Verbunden mit dem gleichen Recht, sich diesem hinzugeben, wie sich ihm zu widersetzen.

* * *

Die Ausbeutung der Frau wird aber sicher nirgends deutlicher als an ihrem Schicksal, das sich über die Sexualität ergibt.

Auch in allen Ländern und Gesellschaften, in denen die Emanzipation der Frau tatsächlich (?) praktiziert wird, muss die Frau als Symbol herhalten. Aus der mehrfach beispielhaft angeführten Werbeindustrie sind leicht bis gar nicht bekleidete Frauen, oft in entsprechend anzüglichen und andeutenden Posen, überhaupt nicht wegzudenken. Es lässt sich hier leicht der Bogen zu den anfangs erörterten Überlegungen zu den Manipulationen des Unbewussten spannen. Der sexuelle Touch der Werbung spricht nun mal unmissverständlich das, vorwiegend männliche, Triebzentrum an.

Das Bild der schön anzusehenden Frau soll hier gar nicht grundsätzlich negiert werden. Es wird nur in unverschämter Form für kommerzielle Zwecke bis ins Unendliche abgewandelt und benutzt und diskriminiert. Und damit die Frau selbst.

Sind je Penisse offen in irgendwelchen Werbungen zu sehen?
Hin und wieder geschieht es, dass Männer ebenfalls freizügig abgebildet
werden. Ist ein Geschlechtsorgan zu sehen, gilt es aber sofort als anstößig.
Nackte oder halbnackte Frauen hingegen nie.

Auf einer fast unbewussten Ebene wird die Frau aber auch selbst mit genau
diesem Bild manipuliert und viele unreflektierte weibliche Geister finden es
sogar schmeichelhaft, wenn ihre körperlichen Attribute in der Werbung noch
scheinbar gehuldigt werden.

Welchen Stellenwert sie in der Industrie und auf dem Markt als Frau
tatsächlich hat, würde dem Model erst dann klar, wenn es versuchte, aus dieser
künstlichen Rolle auszusteigen und offen eine Diskriminierung feststellen
würde. Im Weiteren würde ihr sicher schnell diese noch viel offener
widerfahren. Sicherlich ist schon die eine oder andere Karriere daran
gescheitert.

Es ist einfach selbstverständlich und etabliert, dass die Frau als solche
herhalten muss und so manche Pose deutet das ja auch in einem wörtlichen
Sinne an – um irgendetwas verkauft zu bekommen.

* * *

Die größte Ausbeutung und der ultimative Beleg für eine real nicht
vorhandene Emanzipation der Frau ist aber in dem weltumfassenden
Phänomen der Prostitution zu suchen und zu finden.

Es ist kein Geheimnis mehr, dass die Zahl der Frauen, die aus freiem Entscheid
dem ältesten Gewerbe der Welt nachgehen, wahrscheinlich höchstens fünf
Prozent beträgt.

Umgekehrt bedeutet dies, dass 95 Prozent aller weiblichen Prostituierten zu
dieser Arbeit gezwungen werden.

Alle damit verbundenen Einzelheiten sind eine reale und wirklich sprichwörtliche Versklavung wie die, an die Menschen denken, wenn sie den Begriff auf die Gepflogenheiten vergangener Zeitalter anwenden oder auf Situationen in manchen Ländern der sogenannten Dritten Welt, in der eine »klassische« Versklavung ebenfalls noch Realität ist.

Der mit Prostitution verbundene Menschenhandel ist bekannt und allgegenwärtig. Brutale Gewaltverbrechen, die damit in unmittelbarem Zusammenhang stehen, sind bekannt und werden schlichtweg toleriert. Mittlerweile ist die Macht der Mafia wohl auch derart groß geworden, dass es Regierungen gar nicht mehr gelingen *kann*, gesetzliche Regelungen zur Eindämmung der Zwangsprostitution zu erlassen, und sie real über die Exekutive einzuhalten.

Hinzu kommt der Umstand, dass viele Männer, die beispielsweise in einem Beruf tätig sind, der zum Inhalt hat, auf Einhaltung gesetzlicher Vorschriften zu achten, selbst von ihrem Trieb dominiert werden und es somit gelegentlich vielleicht nicht so ernst und genau nehmen mit der Umsetzung ihrer beruflichen Vorgaben. Vielen ist es sicher recht, dass man (n) Frauen beliebig kaufen kann. Gesetzliche Bestimmungen zur Einschränkung von Prostitution, konkrete Gesetze und Maßnahmen, die sich gegen Ausführende der Zuhälterei richten, sowie eine deutliche Förderung von Rechten betroffener Prostituierter sind bekanntermaßen Mangelware oder werden schlicht nicht umgesetzt.

Ein politischer Vorstoß zu einem wirksamen Schutz von Frauen findet *tatsächlich* nicht statt oder wird geblockt.

Die Lage der quasi auf verlorenem Posten kämpfenden Aktivisten der Frauenrechtsbewegungen ist ja hinreichend bekannt. Leider verharren auch viele Frauen in entsprechenden Lagern und Parteien in einer regelrechten Starre und Untätigkeit und scheinen von vornherein ihre Lage und Reduzierung auf eine reine Rolle resigniert hinzunehmen.

Macht über Menschen und ihr Denken wird auch besonders deutlich am Einfluss von Religionen.

Mit den nachfolgenden Beschreibungen soll überhaupt nicht eine bestimmte generell in ein negatives Licht gestellt werden, dennoch ist eine bestimmte Haltung Frauen gegenüber sehr charakteristisch im Islam angelegt. Je nachdem, wie modern oder auch weniger modern eine vom Islam geprägte Gesellschaft lebt, desto drastischer wird diese Haltung aber deutlich.

Als unglaublich gemein und diskriminierend, gleichzeitig überaus bequem aus Sicht des männlichen Teils der betreffenden Gesellschaften, ist die Einstellung anzusehen, nach der sexuelle Übergriffe auf Frauen stets jene selbst zu verantworten haben. Weil sie angeblich allein durch ihre körperliche Präsenz den Sexualtrieb des Mannes anregen und provozieren. Ganz konkret kann nach dieser Darlegung schon eine nicht in einen Handschuh gehüllte Hand in Pakistan ausreichen, um eine Vergewaltigung nicht nur zu rechtfertigen, sondern sie sogar der betroffenen Frau schuldhaft zu unterstellen und sie dafür rechtskräftig mit einer Gefängnisstrafe zu verurteilen.

Wieso schaffen es Abermillionen von Männern in anderen Gesellschaften, ihren Trieb unter Kontrolle zu halten und nicht massenhaft Sexualstraftaten zu begehen, obwohl sie gerade besonders zahlreich von teilweise aufreizend und leicht bekleideten Frauen im Alltag umgeben sind?

Dieses Beispiel soll nicht die Religion diskriminieren, stellt aber ein weiteres Beispiel dar, wie institutionelle Macht aus Bequemlichkeit zur reinen Triebbefriedigung missbraucht wird. Aber dergleichen, etwa Ehrenmorde und andere Gewalttaten an Frauen, ist ja nicht nur innerhalb des Islam anzutreffen.

Es ist unnötig, dieses Themengebiet ausführlicher zu beschreiben, weil alle Informationen dazu hinreichend bekannt sind.

Alle hier erfolgten Andeutungen sind aber eindeutiger Beleg dafür, dass die Emanzipation der Frau bis zum heutigen Tage aussteht.

Die Gesamtheit der Lage zu diesem Thema bestätigt auch hier das übergreifende Thema alles Geschriebenen in dem Sinne, dass Freiheit in allen möglichen Bereichen so gut wie aller Menschen ein eher unerwünschtes Phänomen ist, dessen Umsetzung gezielt und absichtsvoll verhindert und unterbunden wird.

Information - Desinformation - Nichtinformation

Falsche Informationen werden gezielt in den Alltag gestreut, ebenso wie manche erst gar nicht oder nur zu einem Teil geliefert werden.

Es wird dadurch immer schwieriger, überhaupt etwas zu beurteilen. Und das, obwohl wir im totalen Informationszeitalter leben. Die Mittel liefern eben auch alle Möglichkeiten hierzu. Obendrein ist es, wie bei fast allem, mit einem Geschäft, also wieder mit Geld verbunden.

Woher kommen all die Informationen?

Über das Geschehen in der Welt informieren an erster Stelle die Journalisten dieser Welt. Unter ihnen gibt es seriös und gewissenhaft einem Berufsethos folgende, genauso wie solche, denen es mehr um reißerisch aufgemachte Berichterstattungen geht, wie die Paparazzi. Die Informationen verkaufen die Reporter an eine Vielzahl von Stellen, die alle Informationen sammeln. Der freie Journalist, der nicht in einem vertraglichen Arbeitsverhältnis mit, beispielsweise einer Zeitung, steht, muss aber auch sein Geld verdienen. Er verkauft seine Informationen an eine der Sammelstellen. In jedem Land gibt es Nachrichtenagenturen. DPA in Deutschland, Reuters in England und so fort und es gibt ziemlich viele in ziemlich vielen Ländern.

Ein Aspekt der Nachrichtenagenturen, nicht zu verwechseln mit Nachrichtendiensten wie dem deutschen BND, der ja ein Geheimdienst ist, ist es, dass es sich hierbei um mehr oder weniger, eher mehr, privatisierte und damit um wirtschaftliche Unternehmen handelt. Sie zahlen den Journalisten Geld für die Informationen und verkaufen sie weiter an die Medien, über die sie dann weltweite Verbreitung finden.

Alle Zeitungen, Nachrichtensender et cetera, kaufen also diese Informationen. Denn es ist unmöglich, dass jedes Blättchen in allen Ländern und an allen Orten der Welt eigene Berichterstatter hat.

Somit erhalten sie alle ihren Stoff, den sie täglich an die Weltöffentlichkeit verteilen, von diesen Informationssammelstellen. Darin besteht auch der Grund, warum alle Zeitungen und Sender täglich über die gleichen Themen berichten.

Alle verpacken sie etwas anders und haben ihre eigenen Konzepte, über die sich ihr Image und der eigene Stil ergibt. Aber wie jedermann täglich feststellen kann, berichtet die Frankfurter Allgemeine über dieselben Ereignisse wie die Bild Zeitung. Das betrifft alle Informationslieferanten auf der ganzen Welt. Es ergibt sich hieraus die Möglichkeit einer gezielten Sondierung.

Denn die Nachrichtenagenturen können im Großen und Ganzen entscheiden, welche Informationen sie herausgeben und welche nicht und von dieser Möglichkeit machen sie auch Gebrauch. Es spielt sicher eine Rolle, welche sich besser verkaufen als andere, beziehungsweise, dass dem so ist. Sicherlich wäre es auch unmöglich, wirklich alle Meldungen in der Welt zu verbreiten.

Allein dadurch ergeben sich aber schon sehr viele Möglichkeiten der Verzerrung reiner Information an sich. Das Gesamtbild des täglichen Weltgeschehens, das sich aus der Fülle des Informationspotentials zusammensetzt, kann also schon unmöglich vollständig sein. Dieser Eindruck entsteht aber automatisch dem Konsumenten der Informationen, dem Leser, Fernsehzuschauer und Internet User. Zudem vermitteln die Medien selbst auch gerne diesen Eindruck, vollständig und besser als andere zu informieren. Es besteht auch hier ein unverkennbarer Konkurrenzkampf.

Daraus leitet sich ab, wie schwer eine tatsächliche Beurteilung überhaupt erfolgen kann.

Schon wenn zwei verschiedene Menschen völlig unterschiedlicher politischer Attitüde (z. B.) über ein und dasselbe politische Ereignis interviewt werden, kann sich das völlig unterschiedlich anhören.

Beruft sich ein Blatt vornehmlich auf einen der beiden, ein anderes auf den zweiten, weiß der Leser, der beide liest, mitunter nicht wirklich, was der tatsächliche rein sachliche Informationsgehalt des Ereignisses ist.

Die Kernaussage dieser Umstände ist aber wieder, dass es ein Geschäft ist, die Sache mit den Informationen.

Allein der Aspekt des Privatwirtschaftlichen, der schon bei den Nachrichtenagenturen vertreten sein kann, lässt Absichten vermuten, dass hier die öffentliche Meinung gelenkt wird.

An dieser Stelle kann rein spekulativ vermutet werden, dass etwa einer der 1% - Konzernbosse Anteile an Nachrichtendiensten besitzt, gleichzeitig aber auch mehrere Zeitungen oder Fernsehsendern vorsteht.

Vielleicht will er nicht nur Informationen, sondern auch Waren verkaufen.

Der Phantasie sind hier wenig Grenzen gesetzt, ebenso wie den sich ergebenden Möglichkeiten für den fiktiven Konzernchef, die öffentliche Meinung, genauso wie bestimmte Märkte, zu beeinflussen. Vitamin B spielt sicher dazu eine Rolle. Das tut es überall und je größer die Mittel und gehobener die Positionen sind, desto mehr Möglichkeiten ergeben sich.

Es ist ja eine unverkennbare Tatsache, dass alle Menschen mittlerweile in einer solchen manipulierten Welt leben. Wird die Startseite eines der größeren Web-Mail Anbieter aufgerufen, sind meistens drei Hauptmeldungen als bebilderte Headlines zu sehen, die durch Anklicken weitere Informationen liefern. Bei diesen Meldungen handelt es sich manchmal um Enthauptungen von entführten Geiseln im mittleren Osten, eine Meldung aus der Fußball Bundesliga oder auch der Formel 1 und irgendeine Belanglosigkeit aus dem politischen oder auch privaten Leben des nordkoreanischen Diktators.

An diesem Tage der Manuskripterstellung lieferte der Aufruf eines typischen Web Accounts auf der Startseite diese Meldungen: »11jährige durfte nach Vergewaltigung nicht abtreiben und bringt Kind zur Welt« - »Fünf Frauen wegen Hexerei zu Tode geprügelt« - »IS enthauptet erstmals Frauen« - »Wie schlimm wird's diesmal? HSV muss gegen FC Bayern ran« ...

Alle werden in der gleichen Aufmachung präsentiert und erhalten für den Betrachter damit die gleiche Wichtigkeit. Auffällig ist auch, dass bei unterschiedlichen Web Portalen trotzdem die gleichen Inhalte solcher Meldungen auftauchen.

Woran das wohl liegt, steht ein paar Zeilen weiter oben.

Es wird daran aber deutlich, dass Informationen einen reinen Unterhaltungswert haben und anscheinend auch nicht mehr haben sollen. Die geistige Abstumpfung des Betrachters durch Gewöhnung ist ein zusätzlich entstehendes Resultat solcher Berichterstattung.

Ein anderer Nebeneffekt der heutigen Informationsfülle ist es, dass beim Konsumenten über seine »Omni-Informiertheit« zunächst ein Gefühl von Wichtigkeit und einer gewissen Mitkontrolle entsteht. Es ist sicher ein weiteres Mittel im Sinne eines Selbstläufers, unterschwellig diese Illusion beim Leser entstehen zu lassen. Jedoch kann der Betrachter am Bildschirm oder hinter der Zeitung von dort aus recht wenig Einfluss nehmen auf das, worüber er gerade liest.

Daraus ergibt sich auch eine allgemeine Frage nach dem Sinn der Informationsfülle überhaupt, in der noch dazu wichtige Themen mit absolutem Nonsens vermischt sind, die den Einzelnen zwangsläufig nur überfordern kann und eine eher resignative Haltung entstehen lässt - oder ihn zu einem völlig oberflächlichen Konsumenten dieser Informationen werden lässt, worin neben dem Geschäft mit den Informationen an sich auch ihr weiterer Sinn bestehen dürfte. Business as usual ...

Von Mensch und Tier – Ernährung und Suggestion

Ernährung, Suggestion und Verzerrung von Wahrheiten.

Obwohl nachfolgende Gedanken zu diesem großen Thema mit einander gegenüber gestellten Betrachtungen zu vegetarischer und veganer oder einer Lebensweise, die Tierprodukte beinhaltet beginnen, sollen sie durchaus nicht als Verurteilung einer der genannten Richtungen verstanden und somit ebenso nicht als eingleisiges Plädoyer für eine andere missverstanden sein.

* * *

Vornehmlich geht es auch hier um Manipulationen und Suggestionen, die besonders in dem Bereich rund um die Ernährung sehr zahlreich anzutreffen sind.
Zu der Taktik der Ausblendung bestimmter Tatsachen, Bilder und Informationen zählt auch die ausschließliche Verbindung von vegetarischer und veganer Lebensweise mit dem Begriff Gesundheit in der Öffentlichkeit. Die ethische Grundeinstellung der meisten Veganer bleibt so gut wie unsichtbar. Nachdem sich diese Themen mittlerweile nicht mehr aus der Öffentlichkeit fernhalten lassen, weil Veganismus seit einigen Jahren regelrecht boomt, werden sie aber über die eingespielten subtilen Mechanismen der Sondierung der Themen sorgfältig von den Beweggründen abgetrennt, die der hauptsächliche Grund für Veganer sind, so zu leben. Sie beruhen in erster Linie und bei der deutlichen Mehrheit auf Mitgefühl und einem sich ergebenden Gewissensproblem.

Es entsteht, wenn jemand beginnt, das Unrecht und das Leid zu fokussieren und sich zu vergegenwärtigen, wie er als Konsument dieses Leid aufrecht erhält und fördert, indem er weiter Tierprodukte kauft und verwendet. Die sich ergebende Konsequenz betrifft zunächst das eigene Gewissen und das ist der entscheidende Faktor.

Dass diese Lebensweise zu den gesündesten gehört, ist für die Betreffenden ein angenehmer und bestätigender Nebeneffekt.

Allein anhand des Fernhaltens von Bildmaterial ist (sinngemäß) ersichtlich, wie der Aspekt des Leids in der öffentlichen Diskussionen so gering wie möglich gehalten wird, um ihn eben nicht zu sehr ins Bewusstsein der Menschen dringen zu lassen.

Daraus ist wiederum eine Art Nebenschauplatz entstanden, der fast ausschließlich die Frage nach gesund oder ungesund in den Vordergrund stellt und das Leid ausblendet - mit dem einzigen Zweck, die entstehenden inneren Konflikte, wenn jeder sich individuell mit diesen Dingen konfrontieren würde, zu unterbinden.

Die Befürchtung eines Umsatzeinbruches kann hierfür nur der Grund sein. Gesund oder nicht wird ja in unzähligen Foren und Blogs, Fernsehdiskussionen und Beispielen zum Für und Wider mannigfaltig zelebriert. Lässt sich die Thematisierung von Leid nicht verhindern, erfolgt aber schnell der Versuch einer Rationalisierung.

Aktionen Einzelner oder kleiner Gruppen zu Themen wie Tierrechte, wie etwa Proteste vor Schlachthöfen oder Befreiungen von Tieren aus Versuchslabors, kommen in der allgemeinen öffentlichen Berichterstattung nur am Rande vor und sind ausführlich nur in entsprechenden, meist virtuellen, Foren zu finden, nach denen gezielt gesucht werden muss.

Die sich engagierenden Menschen werden schnell in die radikale Ecke geschoben - wobei der Aktionismus teilweise aber auch radikal ist - und als mehr oder weniger kriminell stigmatisiert.

Können Fleischesser dem Leid nicht ausweichen, entsteht schnell eine aggressive Haltung.

Sie möchten es offenbar nicht sehen, wissen oder wahrhaben, wie sehr sie durch ihren unhinterfragten Konsum Grausamkeiten unterstützen.

Auf die zugrunde liegenden psychischen Prozesse, auf der diese Reaktionen beruhen, muss nicht mehr weiter eingegangen werden.

Dennoch erfolgt an dieser Stelle die absichtsvolle und unbedingte Anregung, diese Auseinandersetzung, die nur in jedem einzelnen und freiwillig geschehen kann, doch anzustoßen.

Die Konfrontation mit sehr kritischen und unangenehmen Dingen, und die eigene mögliche und eigentlich unübersehbare Beteiligung daran, kann auch eine Erweiterung der Freiheit des eigenen Denkens und Empfindens bewirken.

Die Absicht hinter diesen Worten zielt nicht unmittelbar darauf ab, den ausgelieferten Lebewesen mehr Freiheit, Würde und eine gerechtere Behandlung einzubringen. Diese würden sich nämlich von selbst ergeben, wenn viel mehr Menschen, die im Verlauf oft als »die Masse« benannt wird, genau hinsähen und konsequent reagierten.

Eine Abschaffung der Massentierhaltung und Massentötungen ist heute sicher eine Utopie. Dennoch muss irgendwann eine Bewegung beginnen und auch wachsen, um etwas auszurichten.

Wieso also länger schweigen und wegsehen?

Im Grunde sind die ersten Steine für ein Fundament aus Verantwortungsbewusstsein, friedvoller Ausrichtung und entsprechendem Verhalten schon sehr früh gelegt worden. Denn offenbar hat es schon immer einzelne gegeben, die eine solche Haltung propagiert haben.

Schon die Archäologie hat durch Funde bewiesen, dass es bereits vor Hunderttausenden von Jahren oder sogar längeren Zeiträumen große Menschengruppen, oder Vorläufer des heutigen Menschen, gab, die sich über lange Zeiträume oder gar ausschließlich vegetarisch ernährten. Auch die Geschichtsschreibung belegt durch Zitate eine kritische Haltung damaliger Zeitgenossen gegenüber der Versklavung der Tierwelt und dem Töten zu Nahrungszwecken.

Bezeichnenderweise sind es bis in die heutige Zeit hinein oftmals überdurchschnittlich intelligente und geistig begabte Menschen gewesen, die einen entsprechenden Standpunkt einnahmen, etwa da Vinci oder Einstein und Planck in der heutigen Zeit. Es ist belegt, dass der Mensch und sogar seine Vorfahren, die noch nicht als wirkliche Menschen bezeichnet werden, niemals ausschließlich oder vornehmlich Fleischesser waren. Allein die Beschaffenheit ihre Gebisse beweisen eine hauptsächlich pflanzliche Kost. Ebenso ist das Verdauungssystem des Menschen bis heute nicht auf Fleisch ausgerichtet. Alle typischen Fleischfresser unter den Tieren haben einen wesentlich kürzeren Darm, verdauen ihre Nahrung ziemlich schnell und scheiden die Reste ebenso rasch aus. Der menschliche Darm, ungefähr dreimal länger, ist auf so eine Kost überhaupt nicht ausgerichtet. Besonders schwer verdauliche Kost, wie vor allem Fleisch, bleibt viel zu lange im Körper und das Verdauungssystem hat hier schwer zu kämpfen.

Der außerordentlich hohe Anteil von Zucker in allen möglichen Lebensmitteln der heutigen Zeit verlangsamt den gesamten Verdauungsprozess nochmal. Es scheint mehr als naheliegend, eine Verbindung zu Erkrankungen wie Darmkrebs oder Krebs allgemein herzustellen.

Betrachtet man Gebisse von Raubtieren, dann sieht man einen typischen Fleischfresser. Die beiden spitzen Eckzähne, die auch das menschliche Gebiss aufweist, belegen keinesfalls ein verkümmertes Raubtiergebiss.

Typische Fleischfresser haben ausschließlich solche Zähne und sie schon immer gehabt.

Wie alle wissen, muss jedwedes Fleisch vor dem Verzehr auch gewürzt werden, damit es überhaupt schmeckt. Selbst der überzeugteste (menschliche) Karnivor isst zudem kein rohes Fleisch. Ausnahmen bilden vielleicht Parmaschinken, Tartar und Carpaccio. Erster wird aber nur in hauchdünnen Scheibchen als Vorspeise serviert, sowie auch der Verzehr der anderen beiden Produkte nur in sehr geringen Mengen üblich ist. Außerdem landen sie nicht auf dem Teller, wie unmittelbar aus dem Tierleib geschnitten.

Das entscheidende Element, auch im wörtlichen Sinne, ist aber wohl das Feuer, ohne das bei der Zubereitung von Fleisch gar nichts geht. Die Beherrschung desselben ist dem Menschen in seiner Entwicklungsgeschichte aber erst spät gelungen. Die Vorstellung fällt doch sehr schwer, dass die frühen Menschen Tiere erschlagen und ihr rohes Fleisch ohne Braten, Kochen und Würzen, einfach so aus dem Kadaver herausgerissen oder geschnitten und dann verzehrt haben.

Stellen Sie es sich vor, es wird sofort Übelkeit über Sie kommen.

Die Lebewesen, für die das typisch ist, haben offensichtlich eine vollkommen andere Geschmackswahrnehmung, die mit ihrem Esstrieb zusammenhängt.

Dies wird auch vor Hunderttausenden Jahren nicht anders gewesen sein.

Die allermeisten Affenarten, aus deren einer sich der Mensch ja entwickelt haben soll, leben zudem eher vegetarisch und fressen Fleisch nur in Ausnahmefällen, so sie es tun. Außerdem bleibt die Frage offen, welcher Affenart der Mensch denn entwachsen ist. Auch die moderne Forschung belegt die angenommene Evolution vom Affen zum Menschen bis heute nicht.

Wahrscheinlich ist der Mensch schon immer ein Unikum gewesen.

Sehr wahrscheinlich ist er auch erst auf den Fleischgeschmack gekommen, nachdem er die Gewalt über das Feuer erlangt hatte.

Die bekannte These des Sammlers und vor allem des Jägers, die gerne angeführt wird, dürfte zum größten Teil schon immer eine Phrase gewesen sein. Ferner ist es für Menschen sehr ungesund, oft und viel Fleisch zu essen. Die Propagierung des Gegenteils und das übliche Essverhalten beruht auf einer erfundenen Ideologie und hat seine Wurzel im Bestreben, den Absatz von Lebensmittelprodukten aus Fleisch zu sichern und zu fördern.

Was steht dahinter?

Profit, wirtschaftliche Interessen, …, Geld.

Was immer sich Menschen/Lebewesen über die Nahrungsaufnahme ihren Körpern zuführen, es wird in ihnen zersetzt und in kleinere und kleinste Bestandteile zerlegt und über alle möglichen Vorgänge innerhalb des Organismus an Stellen gebracht, wo sie einigermaßen gut oder weniger gut verwertet werden. Was der Körper nicht so gut gebrauchen kann, scheidet er leider nicht komplett und zum größten Teil aus, sondern legt es irgendwo ab. Fettbildung und Verschlackung sind Stichworte, die auch jeder kennt und vielen Menschen ist ihre eher ungünstige Ernährung ja auch deutlich anzusehen.

Rein körperlich sind Menschen also auch in einem absolut wörtlichen Sinne das, was sie essen.

Fleischesser bestehen aus den Leichen, die sie verzehren.

Die für viele sicher unangenehme Formulierung sei gestattet; tote Tierkörper sind nun einmal genauso Kadaver, oder (Tier-) Leichen wie tote menschliche Körper und es ist unerheblich, wie lange sie das schon sind oder ob es nur einzelne Teile sind, die von ihnen verzehrt werden.

Übrigens beginnt der Vorgang der Verwesung unmittelbar nach dem letzten Atemzug, also sofort mit Eintritt des Todes. Für nicht wenige eine nicht so schöne Vorstellung.

Es ist ganz erstaunlich, dass die Entstehung von Erkrankungen, besonders von ziemlich bösen wie Krebs, nur sehr nebensächlich oder sogar gar nicht mit der Ernährung seitens der Medizin in Verbindung gebracht wird.

Dabei ist nichts offensichtlicher als dieser ganz einfache Zusammenhang.

Paradoxerweise, erlaubt man sich diese ganz einfach zu begreifende Erkenntnis, besteht die Verpflegung von Patienten in den Gesundheitszentren nicht nur zu einem Großteil aus Fleisch, sondern ist als typisches Essen aus der Großküche nicht unbedingt als kulinarisch wertvoll anzusehen, wie wahrscheinlich jeder Koch bestätigen kann.

Sollte hier nicht einer der ersten Ansätze bestehen, hätte man die Genesung als Hauptziel vor Augen? Sind Stoffwechselprozesse, die sich unmittelbar über das Essen ergeben, Umsetzung von Nahrung in eigenes organisches Gewebe und Zusammenhänge zur Ernährung, nicht unübersehbar?

* * *

Dass eine Beeinflussung der Menschen über wie auch immer geartete Instrumente erfolgt, sei es verdeckt oder geradezu erschreckend offen und leicht erkennbar, steht außer Frage und das war auch schon bekannt.

Wegen des unglaublich großen Ausmaßes beabsichtigter direkter Beeinflussung, ebenso wie passiver Methoden wie nur teilweiser Information oder kompletter Fehlinformation oder gänzlichen Verschweigens mancher Tatsachen und was sie tatsächlich erzielen sollen und erzielen, sollen diese Dinge hier vergegenwärtigt sein, denn offenbar rufen sich das die wenigsten in ihr Gedächtnis. Wohl hauptsächlich, weil es unbequem ist und genau deshalb können Manipulationen immer mehr und effektiver und auch offener geschehen, da man sich offenbar darauf verlassen kann, dass Menschen die gewonnene Erkenntnis über eine übergeordnete Führung ihres Geistes sowieso erfolgreich aus ihrem bewussten Denken verdrängen und sich fügen.

Hier nun die Überleitung zu einem weiter oben genannten Thema und zu Beginn beispielhaft die Verbindung mit Mitteln der Suggestion.

Da Menschen vornehmlich visuelle Wesen sind und das Sehen für sie die weitaus wichtigste Sinnesfunktion darstellt, mit der sie sich durch die Welt bewegen, kann über die optische Darstellung eine besonders gute Einflussnahme geschehen.

Bilder sind eines der mächtigsten Mittel, mit denen Menschen beeindruckt werden können. Die perfektionierten Möglichkeiten technischer Medien, gerade was optische Darstellung betrifft, wirkt hier sicher einigen Vorhaben entgegen.

Zielsicher können aber auch innere Überzeugungen im Denken über vieles erzeugt und gelenkt werden, das jemand *nicht* sieht.

Es wurde schon wörtlich angemerkt, dass Töten Bestandteil von vielen Vorgängen innerhalb der menschlichen Gesellschaft ist, mit denen sich überaus umfangreiche Geschäfte und finanzielle Gewinne erzielen lassen.

Der Umstand, zum mächtigsten Wesen auf dem Planeten geworden zu sein, allein durch physische Gewalt, die mit der nur Menschen zu eigenen rationalen Fähigkeiten kombiniert wird, kommt vielen wirtschaftlichen Interessen sehr entgegen.

Vorab sei in diesem Zwischensatz erneut explizit erwähnt, dass es keine Absicht des Buches ist, seine Leser zu Vegetariern oder Veganern »umzuerziehen«. Die Thematik des Umgangs des Menschen mit der Tierwelt wird hier aus rein informativen Gründen in den Vordergrund gestellt und ist nicht mit moralischen Absichten verbunden.

Seit Menschengedenken ist es üblich, Tiere zu töten, um sie zu essen.

Dies wird von den Verteidigern der Fleisch-»Kultur« auch gerne als eines der vordersten Argumente erhoben, wenn es um Kritik an dem hohen Fleischverzehr, die Massentierhaltung und alle sonstigen Nebenerscheinungen der Fleischproduktion in der heutigen Zeit geht.

Gerne weisen Fleischesser darauf hin, dass Menschen aller Zeiten getötet und Fleisch gegessen hätten, denn sonst hätte sich die Menschheit ja gar nicht entwickeln und behaupten können und so weiter.

Fleisch essen sei etwas Normales und vor allem sei es gesund, man benötige das zum Leben. Erst die heutige menschliche Gesellschaft kann es auch über eines ihrer wichtigsten Gebilde, die Naturwissenschaft, belegen, dass dem nicht unbedingt so ist.

* * *

Über Jahrzehnte gesunde und sogar für Erkrankungen aller Art deutlich weniger anfällige Vegetarier und Veganer sind lebende Beweise, welche die Fleischkultur und die Argumente ihrer Anhänger widerlegen.

Untersuchungen und Studien von biologischen Prozessen, die mit der Ernährung verbunden sind, bestätigen ebenfalls, wie mehr ungesund als gesund der Verzehr von Fleisch tatsächlich ist.

Die riesige Lobby der Fleischbefürworter ist selbstverständlich auch in allen Bereichen und Disziplinen der Naturwissenschaften weit in der Überzahl, woraus sich ergibt, dass Belege für umso gesündere Ernährung, je weniger Fleisch sie enthält, schlicht selten auch entsprechend bekannt und propagiert werden. Hier kommen wieder unmittelbar Vorgaben der Industrie zum Tragen. Tiere zu töten und sie in Einzelteilen zu verkaufen, ist eines der größten Geschäfte in der Gegenwart überhaupt. War es für vorzeitliche Menschen eine vielleicht tatsächlich bestehende Notwendigkeit, Tiere zu jagen und zu töten, so ist Tiere töten heutzutage zu einem normalen Beruf geworden.

Viele Menschen haben schon ein Tier getötet, die Mehrheit nicht. Gemeint sind mehr die Säugetiere und größeren Fische, die zur Nahrungsmittelproduktion getötet werden und nicht die Insekten auf der Windschutzscheibe.

Die Wahrscheinlichkeit, zur Gruppe derer zu gehören, die selbst schon geschlachtet haben, ist aber gar nicht so gering, angesichts der Mehrheit der Fleischesser. Es kann erahnt werden, dass der Autor nicht zu dieser Gruppe zählt und die Aussage ist eine Wiederholung, wonach keine Art von Umerziehung beabsichtigt ist.

Aber es steht zweifelsfrei schon eine Absicht hinter dem Schreiben, Bewusstsein in mehrerlei Hinsicht zu schärfen, nicht nur auf die schon behandelten Themen.

Wer ein Haustier hält, wie etwa einen Hund oder eine Katze (Das Beispiel ist an diesen Tieren festgemacht, da die meisten mit ihnen wesentlich vertrauter sind, als mit anderen) und ein enges und vertrautes Verhältnis aufgebaut hat, das seiner Natur nach zwangsläufig auch ein emotionales ist, der wird festgestellt haben, dass sein Haustier ein sehr emotionales Wesen ist. Da dem Tier angeblich der vom Menschen hochgelobte Verstand fehlt, ist jedes Tier an sich sogar fast ausschließlich ein emotionales Wesen.

Die Fähigkeit, Gefühle zu haben, macht jedes lebendige Wesen als solches eigentlich erst aus.

Wären Menschen doch nichts als funktionale Androiden, fehlte ihnen das Vermögen zu fühlen. Leider haben sich die Menschen aktuell sehr weit von diesem Vermögen entfernt und gelernt, viele Gefühle weitgehend abzudrängen, sie zu verleugnen, zumindest ihre Wichtigkeit subjektiv herabzumindern. Oft wird es geradezu als Schwäche ausgelegt, Gefühl zu zeigen.

Schon die immer noch in der Erziehung von Kindern verankerte Phrase des Indianers, der keinen Schmerz kennt oder dass Jungen nicht weinen, weist den modernen Menschen schon gewissermaßen in eine Richtung, sich von seinen Gefühlsanteilen zu distanzieren.

Die Gefühlswelt bildet mit all ihren verschiedenen Emotionen und Stimmungen, unterschiedlichen Ausprägungen und möglichen Überschneidungen ein derart großes Spektrum, das fast einem eigenen Universum gleichkommt und sich bis heute kaum in seiner kompletten Bandbreite differenzieren lässt.

Dies trifft umso mehr auf die Gefühlswelt von Tieren zu. Es ist aber klar zu erkennen, wieviel mehr das emotionale Erleben für sie wichtig ist, als für den Menschen. Bleibt ihnen doch nichts anderes übrig, als sich ausschließlich hierüber zu identifizieren – ob sie dies nun bewusst tun oder instinktiv, weil ihnen nichts anderes übrigbleibt, ist hierbei einerlei.

Im Gegensatz zu den Menschen, die als Alternative eben jenen Verstand zur Verfügung haben, auf den sie sozusagen ausweichen können, wovon sie aber in einem völlig ungesunden Übermaß Gebrauch machen.

Da das Hauptinstrument der Tiere vielmehr das Gefühl ist, so wie es für des Menschen Identifikation die Ratio geworden ist, desto intensiver dürften alle ihre damit verbundenen Wahrnehmungen sein. Dies trifft selbstverständlich auch und besonders auf ihr Vermögen zu, Schmerz zu empfinden.

Wer also je das zweifelhafte Vergnügen gehabt hat, einem sogenannten »höher entwickelten« Tier, etwa einem Säugetier, sein Leben zu nehmen, dem hätte auffallen können, wie intensiv sein Leidempfinden dabei ist. Es ist dem des Menschen nämlich völlig identisch.

Wem dies nicht oder noch nicht aufgefallen ist, weil er vielleicht noch nie ein Tier töten musste oder weil er diese gezielte Beobachtung automatisch verdrängt hat, so kann er diese Feststellung aber nachholen.

Dazu muss er selbst noch nicht einmal ein Tier töten, die moderne Welt bietet ihm die Möglichkeit, sich das tausendfach im Internet anzusehen - so er es will. Solche Bilder, etwa Schlachthausszenen, sind manchmal auch im TV zu sehen, wenn es mal wieder um die Diskussion geht, ob Nutztiere auch artgerecht gehalten und »human« und so schmerzlos wie möglich getötet werden. Hinter solchen Formulierungen verbergen sich der mit ihnen verbundene Zynismus und die Doppelmoral äußerst schlecht. Wörtlich lautet die hier nicht wörtlich formulierte Botschaft: Wir müssen ja töten, aber es soll nicht weh tun, denn eigentlich haben wir euch ja lieb.

Auf psychologischer Ebene betrachtet findet hier ganz deutlich der Versuch statt, das eigene Gewissen rein zu halten.

Die Voraussetzung dafür kann aber nur sein, dass ein Schuldgefühl dahinter bereits existiert. Es braucht wahrscheinlich nicht erneut herausgehoben werden, wie wenig »der Mensch« imstande und dazu bereit ist, sich schon den Tatsachen, die sein eigenes Seelenleben unmittelbar betreffen, anzusehen und offen damit umzugehen?! Es ist ganz erstaunlich, welche Mittel Menschen anwenden, um sich quasi selbst auszutricksen, nur um ihr künstlich erzeugtes Moralverständnis in einer einigermaßen gesunden, besser: erträglichen (für ihn und sein subjektives Selbsterleben) Balance zu halten.

Man kann man es schon als einen gewissen Fortschritt auslegen, dass diese Versuche immerhin geschehen. Denn in vielen anderen Kulturen und Gesellschaften der Welt sind ein Mitgefühl für Tiere und alle Gedankenansätze in dieser Richtung völlig unbekannt. Es wird hier hauptsächlich aus der Sicht eines Mitteleuropäers gelesen, der in einer einigermaßen kultivierten und hochzivilisierten Gesellschaft lebt. In diese ist zumindest schon die Erkenntnis bis in eine öffentliche Diskussion gelangt, dass der immense Fleischverzehr und die damit verbundene massive »Produktion« dieses »Nahrungsmittels« auch mit ganz massivem Leid im Zusammenhang steht.

Zumindest machen sich die Menschen hier im Ansatz Gedanken darüber. Damit das aber nur ein rudimentärer Ansatz bleibt, dafür tragen die Betreiber der Fleischindustrie Sorge.

Hierfür setzen sie die üblichen Mittel ein, die sich via Reklame und Mediennutzung auch in anderen Bereichen bewähren. Aktuell ist ein gewisser Trend zu vegetarischer und veganer Ernährung, die eigentlich viel mehr ist, als eine Art, sich zu ernähren, unübersehbar. Dagegen gilt es aus Sicht der (Fleisch-) Produzenten Gegenpole zu setzen. Die bestehen bislang weiterhin aus den üblichen Werbeslogans, dass Fleisch gesund und ein Stück .... - Die meisten können den Satz wahrscheinlich selbst vollenden, weil sie ihn aus Ihrer Kindheit und dem Werbefernsehen kennen?!

Je früher der Mensch etwas lernt, desto tiefer sitzt es - irgendwo in seinem Geist.

* * *

Um aber wieder sachlicher vorzugehen: Eine Strategie der Monopolisten, und nicht nur der Ernährungsindustrie, besteht auch darin, bestimmte Bilder nicht zu zeigen.

Es sei sich vergegenwärtigt, dass ein Lkw mit Tieren, der ab und zu auf der Autobahn ins eigene Blickfeld gerät, so gut wie alles ist, was von der Kette des lebendigen Tieres bis hin zum Kotelett an das Auge des Verbrauchers gelangt. Das jahrelange massenhafte Dahinsiechen und der vollkommen würde- und mitleidlose Umgang mit den Tieren, die einen Großteil des täglichen »Brotes« der meisten Menschen darstellen, das, was Massentierhaltung wirklich ist, das sieht sein Auge nämlich nie. Geschweige denn das massenhafte Abschlachten. Die Bilder in besagten Fernsehreportagen und Diskussionen sind nämlich nicht nur sorgfältig ausgesucht, sondern noch sorgfältiger dosiert.

Ein Zuviel davon könnte nämlich eine ganz andere Qualität im Denken des potentiellen Konsumenten bewirken und er soll nicht umdenken.

Eine kritische Betrachtungsweise und eine vollkommen selbstverantwortliche Einstellung sich selbst und seinem eigenen Leben gegenüber ist auch an anderen Stellen überhaupt nicht gewünscht. Bezüglich des Tötens und Kaufens und Essens von Tieren würde ein Umdenken womöglich auch ein anderes Konsumverhalten mit sich bringen.

Zumindest was die Nahrungsmittelindustrie, besonders die Fleischindustrie, betrifft, ist die Einflussnahme auf den Konsumenten ausschließlich darauf ausgerichtet, den Konsum mindestens in seinem derzeitigen Ausmaß zu halten. Das geschieht vor allem durch die Vermeidung, das Töten, wie es wirklich stattfindet, zu so gut wie 100% aus dem öffentlichen Auge, aus Ihrem, auszublenden oder es gar nicht erst dahin gelangen zu lassen.

Den Menschen, die das Töten veranlassen ist nämlich bewusst, dass der unglaubliche Schrecken, der sich dem Betrachter erschließt, bei der Mehrheit eine mehr als nur kritische Haltung, vielmehr pures Entsetzen und eine Abwendung vom Fleisch essen oder gar eine Hinwendung zum Vegetarismus bewirken würde.

Verbot als Mittel der Vermeidung

Irgendwann im ersten Jahrzehnt des dritten Jahrtausends der aktuellen Zeitrechnung gab es eine Aktion eines Künstlers in einem Hauptbahnhof einer Ruhrgebietsstadt.

Er hatte einige große, an den Wänden angebrachte, Glaskästen, in denen sonst Werbung hängt, als Ausstellungsfläche gemietet. In den Schaukästen brachte er einige großformatige Fotografien an, die Schlachthausszenen zeigten, den unmittelbaren Todesmoment der Tiere. Nach sehr wenigen Tagen wurde ihm die Aktion von örtlichen Behörden untersagt und abgebrochen.

Die Begründung war eher undurchsichtig, zielte aber darauf, dass diese Bilder zu grausam seien, als dass sie dem öffentlichen Auge zugemutet werden könnten. Seine Argumentation, was der Mensch esse, sollte er auch betrachten können und dürfen, wurde im Laufe der Diskussion um das Für und Wider rund um die Aktion zunehmend schwammiger von außen dargestellt. Einige Tage lang wurde auch in den lokalen Printmedien berichtet und am Ende sorgte das Ordnungsamt für den endgültigen Abbruch der Aktion und die Entfernung der Bilder.

Daran änderte auch die Freiheit der Kunst nichts, auf die er sich ohne Erfolg berief und deren wirkliche Existenz selbstredend zu Recht von ihm angezweifelt wurde.

Bemerkenswert auch, dass keine wirklich handfeste Argumentation seitens irgendeiner Stelle geliefert und der Beschluss einfach so durchgesetzt wurde. Diese Begebenheit unterstreicht die Aussagen dieses Textes sehr gut und stellt besonders deutlich die Feigheit heraus. Vollkommen wehrlose Tiere ein kurzes Leben lang wie Dreck zu behandeln und ohne jedes Mitgefühl umzubringen verdeutlicht ohnehin die Doppelmoral unserer Gesellschaft.

Die Auswirkungen dessen, was jeder Fleischesser mit jedem Kauf auch nur der kleinsten Scheibe Wurst in Auftrag gibt und bezahlt und dann noch nicht einmal anzusehen bereit ist, kann wohl nur noch mit dem Wort Feigheit benannt werden. Hervorzuheben ist hier aber noch, wie dem Konsumenten die Entscheidung von Behörden abgenommen wurde, bevor er sie selbst treffen konnte.

* * *

Dem Autor ist jemand bekannt, der beruflich bei einem TV Sender arbeitet und öfter Filme über Nutztierhaltung und Schlachtmethoden entschärfen musste, wie er es selbst bezeichnet, damit der Sender es überhaupt im öffentlichen Fernsehen zeigen konnte.
Diese Formulierung allein spricht schon für sich. »Da wird einem ganz anders«, so seine persönliche Aussage. Die Schneidearbeiten der Filme waren für ihn auch der Grund, fortan vegan zu leben.

Menschen müssen in der Tat schon sehr massiv innere Werte, Anteile ihres Gewissens, abdrängen, die sie im Rahmen ihrer Erziehung und Sozialisation vermittelt bekamen.

Das trifft zumindest auf die europäischen und nordamerikanischen Breitengrade zu. Denn das nackte Grauen von Schlachthöfen kollidiert äußerst unsanft mit diesen verinnerlichten Werten.

Es ist demnach davon auszugehen, dass alle Menschen, die in Schlachtbetrieben oder riesigen Zucht- und Tierhaltungsanlagen arbeiten, diese Werte, damit korrespondierende und sich durch natürliche innerpsychische Prozesse automatisch einstellende Gefühle und Gedanken von Schuld, Verantwortung und Mitgefühl, in drastischer und für sie selbst sehr ungesunder Weise niederhalten. Das müssen sie auch tun, um ihre »Arbeit« überhaupt verrichten zu können. Es kann als gesichert gelten, dass es sich bei solchen Arbeitern um regelrechte psychische Wracks handelt, und dass in dieser Gruppe ein hohes Maß an Suchtmittelgebrauch durch Alkohol oder Medikamente besteht. Der geschieht dann nach Feierabend, auf der Arbeit muss ja jeder seinen Job machen und dabei wach und konzentriert sein - und sich nichts anmerken lassen. Vielleicht sind manche Menschen gefühlsmäßig aber auch schon zu Lebzeiten so tot wie die Tierleichen an den Ketten und auf den Fließbändern der Schlachtanlagen? Dieser Gedanke schleicht sich ein, wenn eine nähere Betrachtung solchen Geschehens erfolgt.

Praktikum im Schlachthof

Daher sollen nachfolgend ein paar Zitate aus dem Bericht eines Schlachthofpraktikums von Christiane M. Haupt eingefügt sein.

Dieser Bericht einer damals angehenden Veterinärin ist den meisten, die sich im Tierschutz und für Tierrechte einsetzen und vor allem in der »Veggie-Szene«, bekannt.

Da er aber sehr »lebens«-nah ist und überaus deutlich und beispielhaft die erwähnten Gegensätze im Erleben von Menschen von ein- und derselben Sache zeigt, vor allem aber das Töten selbst und das damit verbundene Leiden in aller Klarheit schildert - und viele Leser ihn vielleicht auch noch nicht kennen, hier die Auszüge:

»»Von dem Schwein möchte ich erzählen, das nicht mehr laufen konnte, mit gegrätschten Hinterbeinen dasaß. Das sie solange traten und schlugen, bis sie es in die Tötungsbox hineingeprügelt hatten.

* * *

Bald ist das Messer stumpf.

»Geben Sie her - ich schleif' Ihnen das mal!« Der nette Opa, in Wahrheit ein altgedienter Fleischbeschauer, zwinkert mir zu. Nachdem er das geschärfte Messer zurückgebracht hat, schwätzt er ein bisschen herum, erzählt mir einen Witz und geht wieder an die Arbeit.

Er nimmt mich auch künftig ein bisschen unter seine Fittiche und zeigt mir manchen kleinen Trick, der die Fließbandarbeit erleichtert. »Gell? Ihnen gefällt das hier alles nicht. Sehe ich doch. Aber da muss man nun mal durch.« Langsam werde ich zu einem kleinen Rädchen in dieser ungeheuren Automatik des Todes.

Am zweiten oder dritten Tag erfasse ich zum ersten Mal bewusst, dass ausgeblutete, abgeflammte und zersägte Schweine noch zucken und mit dem Schwänzchen wackeln.

»Sie - sie zucken noch ...«, sage ich, obwohl ich ja weiß, dass es nur die Nerven sind. Der vorübergehende Veterinär grinst: »Verflixt, da hat einer 'nen Fehler gemacht - das ist noch nicht richtig tot!«

* * *

Ich möchte von den Rinderschlachttagen erzählen, von den sanften braunen Augen, die so voller Panik sind.

Von den Fluchtversuchen, von all den Schlägen und Flüchen, bis das unselige Tier endlich im eisernen Pferch zum Bolzenschuss bereit steht, mit Panoramablick auf die Halle, wo die Artgenossen gehäutet und zerstückelt werden - dann der tödliche Schuss, im nächsten Moment schon die Kette am Hinterfuß, die das ausschlagende, sich windende Tier in die Höhe zieht, während unten bereits der Kopf abgesäbelt wird. Und immer noch, kopflos, Ströme von Blut ausspeiend, bäumt der Leib sich auf, treten die Beine um sich …

* * *

Erzählen von dem grässlich-schmatzenden Geräusch, wenn eine Winde die Haut vom Körper reißt, von der automatisierten Rollbewegung der Finger, mit der die Abdecker die Augäpfel - die verdrehten, rotgeäderten, hervorquellenden - aus den Augenhöhlen klauben und in ein Loch im Boden werfen, in dem der »Abfall« verschwindet.

Erzählen möchte ich, dass immer wieder inmitten dieses schleimigen, blutigen Berges ein trächtiger Uterus zu finden ist, dass ich kleine, schon ganz fertig aussehende Kälbchen in allen Größen gesehen habe, zart und nackt und mit geschlossenen Augen in ihren schützenden Fruchtblasen. Das kleinste so winzig wie ein neugeborenes Kätzchen und doch eine richtige Miniatur-Kuh, das größte weich behaart, braunweiß und mit langen seidigen Wimpern, nur wenige Wochen vor der Geburt.

* * *

Auch für die erbärmlich magere Kuh, die morgens um sieben krampfhaft zuckend im eisigen, zugigen Gang liegt kurz vor der Tötungsbox, gibt es niemanden, der sich ihrer erbarmt in Form eines schnellen Schusses.
Erst müssen die übrigen Schlachttiere abgefertigt werden. Als ich mittags gehe, liegt sie immer noch und zuckt. Ich habe das Halfter, das unbarmherzig scharf in ihr Fleisch schnitt, gelockert und ihre Stirn gestreichelt. Sie blickt mich an mit ihren riesiggroßen Augen - und ich erlebe, dass Kühe weinen können.

* * *

Ich folge den am Haken baumelnden, ausblutenden Kadavern in die Hölle. So habe ich den nächsten Raum genannt.
Er ist hoch und schwarz, voll von Ruß, Gestank und Feuer. Nach einigen bluttriefenden Kurven erreicht die Schweinereihe eine Art riesigen Ofen. Hier wird entborstet. Von oben fallen die Tiere in einen Auffangtrichter und gleiten in das Innere der Maschine. Man kann hineinsehen. Feuer flammt auf, und mehrere Sekunden lang werden die Körper herumgeschüttelt und scheinen einen grotesken Springtanz aufzuführen.

Dann klatschen sie auf der anderen Seite auf einen großen Tisch, werden sofort von zwei Grobschlächtern ergriffen, die noch verbliebene Borsten herunterkratzen, die Augäpfel herausreißen und die Hornschuhe von den Klauen trennen. Einen Moment nur dauert dies alles, hier wird im Akkord gearbeitet.

Haken durch die Sehnen der Hinterläufe, schon hängen die toten Tiere wieder und gleiten nun zu einem stählernen Rahmen, der wie ein Flammenwerfer konzipiert ist: Ein bellendes Geräusch, und der Tierkörper wird von einem Dutzend Stichflammen eingehüllt und einige Sekunden lang abgeflammt. Das Fließband setzt sich wieder in Bewegung, führt in die nächste Halle, - jene, wo ich schon drei Wochen lang gestanden habe. Die Organe werden entnommen und auf dem oberen Fließband bearbeitet: Zunge durchtasten, Mandeln und Speiseröhre abtrennen und fortwerfen, Lymphknoten anschneiden, Lunge zum Abfall, Luftröhre und Herz öffnen, Trichinenprobe entnehmen, Gallenblase entfernen und Leber auf Wurmknoten untersuchen. Alle übrigen Organe wie Magen, Darm und Geschlechtsapparat landen im Abfall.

* * *

Am unteren Fließband wird der Restkörper gebrauchsfertig gemacht: zerteilt, Gelenke angeschnitten, After, Nieren und Flomen entfernt, Gehirn und Rückenmark abgesaugt et cetera, dann Stempel auf Schulter, Nacken, Lende, Bauch und Keule aufgebracht, gewogen und in die Kühlhalle befördert.

Wie oft mein Blick in all diesen Tagen zur Uhr schweift, die im Pausenraum hängt, vermag ich nicht zu sagen.

Ganz gewiss geht keine Uhr auf der ganzen Welt langsamer als diese. Jeden Vormittag ist zur Halbzeit eine Pause erlaubt, aufatmend eile ich in den Waschraum, reinige mich notdürftig von Blut und Fleischfetzen; mir ist, als ob diese Besudelung und der Geruch für immer an mir haften. Jeden, denke ich, jeden, der Fleisch isst, sollte man hier durchschicken, jeder müsste es sehen, von Anfang bis Ende. Am Abend, im Fernsehen, berichtet »Aktenzeichen XY ungelöst« von dem Verbrechen an einem jungen Mädchen, das ermordet und zerstückelt wurde, und vom namenlosen Entsetzen und Abscheu der Bevölkerung auf diese Gräueltat. »So etwas ähnliches habe ich diese Woche 3.700 Mal mitangesehen«, sage ich. Verständnislose Blicke treffen mich. ««

Soweit Frau Haupt.

Fass ohne Boden – Die menschliche Psyche und das Triebhafte

Es bleibt aber auch festzustellen, dass es viele Menschen gibt, die zu der Ausführung der unglaublichsten Schrecken am Tier und auch am Menschen fähig sind, ohne mit der Wimper zu zucken.

Es sei hier an die millionenfach praktizierten Tierversuche im Namen der Wissenschaft gedacht, welche die perversesten Ausgeburten, zu der die Phantasie imstande ist, leicht übertreffen können.

Aber auch Kriegsverbrechen, Folter in und außerhalb von Kriegsgeschehen und so fort sind gemeint. Die Abgründe in der höchsten Form der Schöpfung scheinen gegen unendlich zu tendieren. Es ist wirklich müßig zu ergründen, wie das möglich sein kann, aber sicherlich haben diese Fähigkeiten mit der unbekannten Welt der so genannten niederen Triebe im Menschen zu tun, die nach unten hin scheinbar bodenlos sind.

* * *

Dies wird als eine Richtung betrachtet, in die der Geist gehen kann.

Einer der Gründe, warum sich alle niederen und gewalttätigen Strebungen so umfangreich ausbreiten, ist sicher der Umstand, dass es leicht ist, sich ihnen hinzugeben.

Die Entstehung von Disziplinen wie der Philosophie, aus denen alles Tugendhafte, Moral und Ethik, die so bezeichneten höheren geistigen Werte, resultieren, sind nämlich das Ergebnis von geistiger Anstrengung und Arbeit, und damit die andere Richtung, in die sich der menschliche Geist zu bewegen in der Lage ist.

Die Menschheitsgeschichte zeigt, dass einige Tausend Jahre nötig waren, um sie sich zu erarbeiten. Einfach ausgedrückt:

Das Böse ist immer leicht zu haben, das Gute erfordert Anstrengung.

Unberücksichtigt bleibt hier, dass die Begriffe von Gut und Böse ebenso aus Überlegungen, Gedanken, Folgerungen und Auslegungen entstanden.

Darüber sind schon Werke und Bände geschrieben worden, Ende offen, und können hier keine ausführliche Vertiefung erfahren. Die Bestätigung einer höheren Instanz haben sie nie erfahren und gehören damit zu den Denkprodukten. Dennoch würden die meisten wahrscheinlich zustimmen, dass alle Menschen selbst eine Instanz in sich tragen, die ihnen allein über ihre Gefühle zeigen, was Recht und was Unrecht ist.

* * *

Aufrichtigerweise muss die beschränkende Erkenntnis Erwähnung erfahren, dass das angedeutete Gerechtigkeitsempfinden das Produkt von Lernprozessen, Erziehungsmaßnahmen und Vorgängen individueller Sozialisierungen ist.

Und dass diese ganz unterschiedlich sein können, wie die Gepflogenheiten verschiedener Kulturen rund um den Erdball und diese Themen offen zeigen. Daher orientiert sich dieses Empfinden einer Gerechtigkeit an ganz verschiedenen Werten, die nicht als Gott gegeben oder angeboren bezeichnet werden können. Trotzdem kann sich aber jedes Individuum selbst den Beweis erbringen, wie lohnenswert es ist, in einer tugendhaften Orientierung zu leben, Nachsicht, Verständnis, Mitgefühl zu entwickeln, nach einem friedvollen und harmonischen Miteinander in allen Lebensbereichen zu streben: Es fühlt sich einfach gut an.

Jeder möchte akzeptiert werden, angenommen sein, Hilfe, Unterstützung und Gnade erfahren, die Erfahrung machen, Konflikte gewaltfrei zu lösen und dies zu lernen. Anstelle von Ausgrenzung, Strafe, Brutalität und Kontrolle durch Gewalt, Indoktrinierung und so weiter.

Der offiziellen Ausrichtung derer, die Gewalt in allen möglichen Formen zur Durchsetzung von Interessen und Lösung von Konflikten aller Art propagieren, wird paradoxerweise dennoch häufig das Attribut des Friedvollen beigefügt. Wenigstens soll am Ende angeblich ein Ergebnis stehen, das Frieden und Gewaltlosigkeit beinhaltet.

Beispielhaft ist die so und in ähnlicher Form gelegentlich verwendete Formulierung der *Befriedung von Regionen durch militärische Operationen*. Es braucht nicht genannt zu werden, welche Kreise sich so ausdrücken.

* * *

Um mit diesen Erläuterungen aber nicht ins Unendliche abzudriften, wieder der Bogen zurück zum Fleisch und seinen Konsumenten.

In großen Teilen der Welt, dazu in den Wohlstandsgesellschaften, verfügt aber eine größere Zahl von Menschen durchaus über die angerissenen verinnerlichten höheren Werte. Die meisten haben im Laufe ihres Lebens festgestellt, dass sie oft nicht so gelebt werden, wie es ihnen gelehrt wurde. Beim Betrachten brutaler und schonungsloser Tötungen ohne jedes Erbarmen, wie es unseren Tieren millionenfach und täglich widerfährt, werden diese vermittelten Werte aber unmittelbar berührt und auf der Ebene der Gefühle würde sich bei der Mehrheit das untrügliche Gefühl und die Erkenntnis einstellen, dass hier etwas nicht stimmen kann. Nämlich in Bezug zu den Werten, nach denen ihre Gesellschaft angeblich lebt und die sie munter weitervermittelt, neben vielen anderen täglich praktizierten Wahrheiten, die diesen Werten im krassen Widerspruch gegenüberstehen.

Nicht wenige sind der Überzeugung, Empfinden von Unrecht, sich daraus ergebende Prozesse von Überlegungen und eine, zumindest in einem gewissen Maß, Befreiung und Öffnung des eigenen Bewusstseins, daraus wiederum sich ergebende Entscheidungen und Handlungen - im Falle dieses Beispiels wahrscheinlich gegen Fleischkonsum - wären das Ergebnis, wenn allen Menschen permanent und offen das massenhafte Töten der Tiere wie es wirklich ist, gezeigt würde. Genau dies und eine ebenso massenhafte und regelrechte Traumatisierung sehr vieler Menschen wäre die Folge und das wissen die Großfabrikanten und Konzernchefs sehr genau.

Folgerichtig lautet der Slogan der Kampagne Paul McCartney's für eine vegetarische Lebensweise auch:

»If slaughterhouses had glass walls, everyone would be vegetarian.«

In diesem Sinne ist ein Inhalt des in diesem Buches gelegentlich genannten Appells der, das Bewusstsein gegenüber diesen Wahrheiten nicht länger zu verschließen. Es kann sehr lohnenswert sein, die Mechanismen, die den Geist stumpf halten, zu durchbrechen und seinen Geist auszuweiten.

Wenn jemand sich mit den Manipulationen konfrontiert, von denen hier immer wieder die Rede ist, wird er dadurch die eigene innere Evolution voran treiben. Wahrscheinlich besteht einer der Hauptgründe des Lebens darin, einen inneren Fortschritt zu machen, sich zu entwickeln und vor allem geistig voranzuschreiten.

Wer sich mit den Grausamkeiten der Schlachthöfe auseinandersetzt und sich das auch ansieht, sollte dann auch versuchen, die aufkommenden Gefühle nicht zu verdrängen, so wie er es wahrscheinlich schon das ganze Leben lang macht. Er möge sich bewusst machen, dass er das nur ansieht und sogar die Wahl hat, es nicht sehen zu müssen. Und er sollte innerlich zu seiner Entscheidung stehen, es jetzt zu sehen und sehen zu wollen.

Wieso haben gelernte Botschaften wie »Du sollst nicht töten« nur Gültigkeit für Menschen? Ob die eine oder andere dieser Botschaften religiösen Ursprungs ist, ob sie tatsächlich von Gott gesendet wurde oder doch nur einem menschlichen Geist entsprungen ist, spielt keine Rolle für den Inhalt der Botschaft.

Man weiß doch einfach, dass eine solche Botschaft einen hohen Grad an Wahrhaftigkeit besitzt, oder etwa nicht?

Quäle nie ein Tier zum Scherz ... Aber um es zu essen darf man es?

Wieso werden moralische Lehren und Werte auf Tiere nicht angewendet? Christliche, soziale Qualitäten wie Nächstenliebe und Barmherzigkeit, Schwächeren zu helfen und sie zu schützen, sollten doch gerade auf Tiere besonders angewendet werden, denn sie sind den Menschen in allen Bereichen unterlegen. Vor allem Tiere sind doch diejenigen, auf die solche tugendhaften Weisheiten zuallererst angewendet werden müssten. Es ist auch ganz leicht, aber noch nicht einmal das schafft der Mensch zu erkennen und danach zu leben.

Wieso schlagen Menschen gerade auf das Wehrloseste mit der brutalsten Härte ein, zu der sie imstande sind?

Ist das nicht völlig pervers und höchst widersprüchlich zu all den moralischen Botschaften, die gleichzeitig hochgehalten werden?

Wer sein Herz wirklich öffnet, sei es aus einer religiösen Überzeugung heraus oder weil er einfach seiner inneren Stimme folgt, stellt fest, dass er alle diese Werte über den Haufen wirft, wenn er Unterschiede macht. Und er bestätigt mit seiner Selektion zwischen Wertigkeiten verschiedener Lebensformen, dass er nicht in der Lage ist, in dem Ausleben seiner angeblichen Überzeugungen konsequent zu sein. Irgendwo tief in ihm, zumindest in jedem Menschen, der eine entsprechende Sozialisation erfahren hat, wie sie in den europäischen Gefilden üblich ist, entsteht aus diesem Widerspruch ein Konflikt.

Ein begrenztes Engagement in Richtung Tierschutz oder einem Befürworten von wenigstens besseren Transportbedingungen von Tieren zu Zuchtbetrieben oder Schlachthöfen stellt nur einen jämmerlichen Versuch dar, diesen Konflikt zumindest abzumildern. In Wahrheit gelingt dies nie, denn jeder weiß um diesen Selbstbetrug, ob er ihn sich offen eingesteht oder ihn weiter in sich dümpeln lässt.

Es gibt eine Ebene in jedem Menschen, die das ganz genau erfasst.

Dass dieser Konflikt nach Möglichkeit nie offen betrachtet wird, ist das Ansinnen eines rein profitorientierten Kalküls ohne jedes Gefühl, welches ihn in allen Bereichen des alltäglichen Lebens in Form von Werbephrasen oder vorgegaukelter Verharmlosung begleitet:

Das lustige Clownsgesicht auf den Wurstscheiben, fröhlich lachende und umherspringende Kühe und Schweine über Metzgereien oder Verkaufswagen, ...

Diese Ausrichtung begegnet Menschen auch im Umgang mit den meisten ihrer Mitmenschen, den Nachbarn, im Verein und auf der Arbeit.

Es würde vielen Menschen auch sehr schwer fallen, schon hier die Hemmschwelle zu überschreiten, sich zum Beispiel auf einmal als Vegetarier zu outen. Was denken dann die anderen ...

Je mehr jemand eine innere Wandlung, in welche Richtung auch immer, vollzieht, die sich zwangsläufig in einem veränderten Verhalten äußert, desto mehr kann sich auch sein Umfeld ändern und je größer sollte seine Bereitschaft sein, das zu akzeptieren. Denn die Mitmenschen tragen mehr oder weniger gefestigte innere Bilder und »Entwürfe« über die anderen Menschen in sich. Man beobachte nur die eigenen automatischen und unreflektierten Gedankengänge einmal etwas bewusster. Diese Bilder möchten viele nicht mehr ändern.

Wenn jemand sich verändert, muss sein Gegenüber sein inneres Bild von ihm ändern.

Ist der eine dazu nicht bereit, wundert der andere sich vielleicht darüber, dass man ihm auf einmal ablehnend begegnet, anstatt ihn in seinem neuen Standpunkt zuzustimmen.

Daran ist die geringe Bereitschaft und eine gewisse Starre im Denken erkennbar.

Wenn jemand zu einer wirklichen Überzeugung gelangt ist, in Bezug auf neue Inhalte in seinem Leben, geänderte Ansichten zu bestimmten Themen zu haben et cetera, wird es sicher gelingen, alle Reaktionen darauf von außen zu kompensieren - und Veränderungen auch im Umfeld zu akzeptieren. Es kann aber etwas Mut und Courage erfordern. Man schaue immer genau, wie wichtig etwas für sich selbst ist, ob es ein Verzicht auf Fleisch und Tierprodukte ist, der aus reinem Mitgefühl geschieht, das ihm von nun an einfach wichtig ist - oder irgendetwas anderes in seinem Leben.

Und man stehe dann gefälligst dazu!

Natürlich kann aber auch niemand verlangen oder voraussetzen, dass jeder irgendeiner spirituellen oder religiösen Richtung oder Botschaft folgt, die etwa Barmherzigkeit, Mitgefühl und Töten als Sünde predigt.

* * *

Aber wenn schon andere fühlende Lebewesen zur Nahrungsquelle degradiert werden, können sie dann nicht wenigstens so schonend wie möglich behandelt werden?

Dass diese möglichst schonende Behandlung Bestandteil und wenigstens das Minimalziel innerhalb der Massentierhaltung und fleischverarbeitender Betriebe ist, das ist eine glatte Lüge!

Es ist lediglich eine Suggestion, eine Sichtweise, die mit Absicht künstlich erzeugt wird und nicht wirklich existiert. Sie soll das Gewissen des Konsumenten beruhigen, damit er weiter kauft.

Absolut beispielhaft für diese wirklich verlogene Irreführung war ein großes Plakat im Eingangsbereich eines großen Supermarktes.

Darauf stand in Riesenlettern der Satz: »Weil jeder Schritt für mehr Tierwohl ein guter Schritt ist.«

Ohne jede weitere Erläuterung, aufgestellt von der »Initiative Tierwohl«.

Die Suggestion dahinter ist, dem Kunden weiszumachen, dass er etwas für das Wohl von Tieren beitragen würde, wenn er Fleisch in diesem Markt kauft.

Eine noch deutlichere Bekenntnis, für wie blöd der kaufende Mensch gehalten wird, ist kaum noch möglich, von der Dreistigkeit ganz zu schweigen, so ein Plakat aufzustellen.

Eine kritische E-Mail an die Initiative erhielt keine Antwort.

In diese Kategorie fällt auch das »Biofleisch«.

Es mag sein, dass Tiere von Biohöfen tatsächlich weniger Medikamente verabreicht bekommen und gesünderes Futter zu fressen erhalten als andere Tiere. Das macht das Fleisch für den Menschen etwas weniger schädlich.

Dennoch werden Biotiere fast immer genauso grausam gehalten wie andere aus Massentierhaltung und sterben tun sie keineswegs zufriedener. Bio in Bezug auf Fleischproduktion ist ebenso eine reine Lüge, wie Untersuchungen und Studien bereits belegt haben.

Aber die Macht, wenn es ums Verkaufen geht, liegt nun mal nicht in den Händen kritischer Betrachter. Gelegentlich ist in der Propaganda- und Werbemaschinerie größerer Biomarktketten auch der Begriff des »Flexitariers« untergebracht. Der Begriff bezeichnet einen Konsumenten, der jetzt nicht mehr so viel oder nur noch manchmal Fleisch isst. Oder jemanden, der manchmal kein Fleisch mehr isst.

Auch hier läuft die Suggestion wieder über die Schiene der gesunden Ernährung - um auch dem Fleischesser vegetarische Produkte zu verkaufen. Es ist also wieder eine rein kommerzielle Sache, die noch nicht einmal etwas mit dem Ansinnen zu tun hat, den Käufer zu einer gesünderen Ernährung zu bewegen. Dies ist lediglich vorgetäuscht. Themen wie Leid und Ethik bleiben unberührt.

* * *

Der Mensch betrachtet sich üblicherweise als höchstes Wesen in dieser Welt, sogar im Universum.

Er führt als Begründung dafür zahlreiche Leistungen an, die er auszuführen in der Lage ist, meist technische, oder auch sein logisches Denken, und dass im Vergleich Tiere dazu nicht in der Lage seien.

In den Vergleich bringt er automatisch eine Wertung hinein - höher, niedriger - und übersieht dabei, wie diese Wertung allein seinem Denken entspringt.

Diese künstliche Wertung bewirkt, dass die meisten Menschen auf die grausamen Dinge, die manche Menschen anderen Menschen antun, sehr ergriffen und emotional reagieren.

Während die gleichen oder noch viel schlimmeren Grausamkeiten, die Menschen Tieren antun, sie völlig unberührt lassen.

Diese Wertungen und unterschiedlichen Reaktionen beruhen auf Glaubenssätzen, die durch Lernvorgänge erzeugt und über gewohnheitsmäßiges Wiederholen im Laufe des Lebens tief verinnerlicht werden. Die Analyse dieser Muster und ihre Entstehung entlarvt sie aber als künstlich, weil willkürlich, erschaffen und sagt daher nichts über eine eventuelle wirkliche Berechtigung aus. (Um etwas zu rechtfertigen benötigt man einen Maßstab, an dem man etwas messen kann. In diesem Falle bleibt nur die Ethik/Morallehre.)

Die wertende Sichtweise wird niemals von außen durch eine angenommene schöpferische Instanz bestätigt und bleibt lediglich eine Annahme.

Da manche Menschen die Gleichwertigkeit der Grausamkeiten durchaus erkennen können, und damit die fehlende Berechtigung auf einer ethisch-moralischen Ebene, werden den Menschen Informationen und vor allem Bilder der angeblich gerechtfertigten Grausamkeiten an Tieren so gut wie möglich vorenthalten, so wie es schon erläutert wurde.

Die Details dieser Grausamkeiten, auch optisch sichtbar, würden bei den meisten nämlich den Zusammenbruch des beschriebenen künstlichen Glaubenssystems bewirken.

Das soll nicht geschehen.

Betrachtet man die Welt und ihre Geschehnisse, und die Reaktionen der Menschen, auf eine unvoreingenommene Weise, die möglichst frei von den unüberprüft übernommenen Glaubenssätzen ist, so werden die üblichen etablierten Reaktionen schnell nicht mehr nachvollziehbar.

Zieht man die Sichtweisen und Botschaften der bestehenden moralischen und auch religiösen Lehren vergleichend heran, so werden die darin enthaltenen Widersprüche absurd deutlich:

Wie könnte eine allmächtige Schöpferkraft zahlreiche Wesen erschaffen, die alle zu gleicher Wahrnehmung von Schmerz und Liebe fähig sind, aber nur eine Art dieser zahlreichen Wesen selbst lieben und sie allen anderen vorziehen?

Und ihnen gestatten, alle anderen Wesen auszubeuten und sie zu misshandeln?

Dies widerspricht doch auf's Deutlichste allen Attributen des Begriffes der Liebe und enttarnt die Schöpferkraft selbst als gespalten, widersprüchlich und sadistisch.

Wieso sollte ein bewusster Schöpfer die Vielzahl der Wesen mit gleicher Fähigkeit, Leid, Schmerz und Traurigkeit zu empfinden ausstatten, um sie nur einem einzigen Wesen auszuliefern?

Unter solchen Aspekten betrachtet hebt sich die Gleichwertigkeit allen Leidens schnell klar hervor. Das Leid selbst ist nämlich das Gleiche und es macht, offen und ehrlich betrachtet, nicht den geringsten Unterschied aus, ob es sich dabei um Gräuel des IS in Syrien handelt, oder um Handlungen im Schlachthof ihrer Stadt.

* * *

Wahre Ethik schließt niemanden aus ihrer Lehre aus, erst recht nicht die schwächeren und unterlegenen Wesen.

Gerade im behutsamen und schützenden Umgang mit ihnen begründet sich die ethische Morallehre ja erst. Es wird schnell klar, wie Frau Haupt den Mord und die Zerstückelung eines Menschen, über den im TV berichtet wurde, mit ihrer Arbeit im Schlachthof gleichsetzt. Ebenso, die verständnislosen Reaktionen ihres Umfeldes auf diesen Vergleich, der nur und ausschließlich der Wertung entstammt, die aus künstlich erzeugten und fraglos übernommenen Denkmustern resultiert, für die es keinerlei Rechtfertigung gibt.

Und die Verblendung in Glauben und Denken, denen die große Mehrheit aller Menschen unterliegt - welche wiederum künstlich erschaffen und aufrecht erhalten wurde und wird. Eine Welt, die aus künstlichen, unnatürlichen und destruktiven Überzeugungen besteht, erzeugt von wenigen, um die Mehrheit in physischer, mentaler und emotionaler Versklavung zu halten.

Dies zu erkennen ist eigentlich eine leichte Übung des Geistes und seines Denkens.

Die Verblendung aufrecht zu erhalten, scheint erschreckenderweise noch leichter.

In seinem Buch »Das Geheimnis der Heilung« berichtet *Joachim Faulstich* über einen Therapeuten einer kleinen Klinik, der außerordentliche therapeutische Erfolge mit Menschen erzielt, die an den Folgen schwerer Erkrankungen und damit verbundenen Traumatisierungen und gesundheitlichen Einschränkungen leiden.

Im Buch beschrieben am Beispiel eines hochbegabten Musikers, der eigentlich von Seiten der Medizin aufgegeben wurde.

Beeindruckend wirkt die Schilderung des tiefen Einfühlungsvermögens des Therapeuten, seiner Geduld und extremer Sensibilität angesichts der feinsten und kleinsten Empfindungen seines Patienten und dessen Fortschritte im Heilungsprozess, die sich nur sehr langsam und allmählich vollzogen, für alle Außenstehenden für lange Zeit so gut wie nicht erkennbar.

Der Leser gewinnt den Eindruck eines höchst sensitiven und vor allem gleichsam höchst achtsamen Menschen, einer außergewöhnlich begabten und sensiblen Persönlichkeit.

Der Autor beschreibt sogleich darauf kleinere Schwierigkeiten, mit besagtem Therapeuten einen Termin für ein Interview zu finden.

Dieser schildert, an einem bestimmten Tag keine Zeit zu haben, weil er da schon einen anderen wichtigen Termin habe. Da müsse er nämlich seine zwei Schweine schlachten.

Der Widerspruch vorangehend beschriebener Wertungen, die genau betrachtet nichts als illusorisch und eingebildet sind, aus der der Mensch seine in keinster Weise gerechtfertigte Überheblichkeit gegenüber der Natur/der Schöpfung/… ableitet, wird an diesem Beispiel in geradezu grotesker Weise deutlich.

Solange die Gleichwertigkeit aller Wesen nicht erkannt und anerkannt wird, ist der Mensch im inneren Ungleichgewicht (im Äußeren unübersehbar ohnehin, seit Geschichte aufgezeichnet wird) und somit auch nicht ganz bei sich selbst. Gewaltlosigkeit als eine der höchsten Tugenden muss verwirklicht, zumindest in höchstem zu erreichendem Maße versucht werden. Ohne diese grundsätzliche Ausrichtung wird es niemals wirklichen Frieden in dieser Welt geben.

Der innere Friede muss dem äußeren vorangehen.

Traditionen

Jeder, der einen E-Mail Account bei einem öffentlichen Anbieter hat, wird die Mails kennen, die meistens als Spam eingeordnet werden, es manchmal aber in den normalen Posteingang schaffen und zum Unterzeichnen vom Petitionen aufrufen.

Eigentlich eine ziemlich tolle Sache, mit der Einzelpersonen viele Menschen in der ganzen Welt erreichen können und sogar, wenn sie wirklich genug Menschen überzeugen, die auch ihre Petition unterschreiben, etwas bewirken können. Wahrscheinlich wird nicht wirklich so viel durch diese Petitionen erwirkt, aber man wird über dies Aufrufe auf einige Sachen aufmerksam, die man sonst nie erfahren hätte. Häufig handelt es sich aber auch um sehr erschreckende Dinge.

Gegen Ende 2015 machte eine Dame aus den USA auf ein Volksfest in einer bestimmten mexikanischen Stadt oder Region aufmerksam, die mit einer grausamen Sitte verbunden ist.

Einen ähnlichen, fast identischen, Brauch, der ein Überbleibsel aus mittelalterlicher Zeit darstellt, zelebriert man zu Karneval in einer bestimmte Stadt im Ruhrgebiet:

Bei dem »Gänsereiten« wird einer toten Gans der Hals mit Schmierseife eingerieben, bevor sie dann an einem Seil mit dem Kopf nach unten aufgehängt wird. Anschließend reiten ein paar Handvoll Reiter im Kreis darunter her und versuchen nacheinander, der Gans den Kopf abzureißen. Wer es schließlich schafft, ist der neue Gänsereiterkönig. Seit einigen Jahren protestieren regelmäßig Tierschützer gegen diesen Brauch, um auf die nach ihrer Ansicht damit verbundene Perversion und natürlich auf die vorherige Tötung des Tieres aufmerksam zu machen, das nur für diese Sitte ihr Leben lassen muss.

Beim Gänsereiten stoßen sie dabei auf nur wenige offene Ohren und hin und wieder gibt es kleinere Tumulte mit den größtenteils ziemlich angetrunkenen Karnevalisten. Das Gemunkel, in früheren Zeiten hätte man das noch mit lebendigen Tieren gemacht, wird bei besagtem Fest in Mexiko in heutiger Zeit zur Realität. Nicht nur eines, sondern jede Menge Tiere und nicht nur Gänse, sondern auch Leguane und wahrscheinlich alle, die den vornehmlich jugendlichen und kindlichen Peinigern anheim fallen, müssen hier übelste Folterungen über sich ergehen lassen. Angeblich werden vor der Fiesta möglichst viele Tiere gefangen und gestopft, anschließend wird ihnen bei lebendigem Leib der Kopf abgerissen oder sie von rivalisierenden Kindergruppen in noch mehr Teile zerrissen.

- Tatsächlich hat eine Online Petition im Jahr 2016 erwirkt, dass dieses Fest zumindest in diesem Jahr ausgesetzt oder sogar ganz abgeschafft wurde. Ein kleiner Lichtblick für die Tiere der Region, Tierschützer und mitfühlende Menschen. Es ist anzunehmen, dass die Menschen der betreffenden Orte, an denen das Spektakel über die Jahre Normalität war, sich wahrscheinlich noch in ihrer persönlichen Freiheit beschnitten sehen und wenig Einsicht zeigen -

- Ähnliches dürfte für die Anhänger des Gänsereitens gelten, das, oh Wunder, aber zur Freude tierliebender Menschen, inzwischen ebenfalls nicht mehr stattfindet.

Auch in Südkorea gibt es ein Fest mit ganz ähnlichem Brauch. Dort soll es ebenso ganz normal sein, Tiere beliebig zu quälen. Im Vorfeld werden hierfür zum Beispiel Hundewelpen zusammen mit Metallspießen verkauft, mit denen sie zu Tode gequält werden können. Ferner gehören Hundefarmen, in denen die Tiere unter unsagbar grausamen Bedingungen bis zu ihrer Schlachtung harren müssen weiterhin zum Alltag in Südkorea.

Genauso wie es dort sicher immer noch üblich ist, Affen in manchen Restaurants direkt am Tisch den Schädel zu zertrümmern, um unmittelbar darauf ihr Hirn auszulöffeln und zu verspeisen, wie schon 1993 der österreichische Philosoph und Tierrechtler Helmut Kaplan zu berichten wusste. In China ist es ja nicht nur üblich, überhaupt eigentlich alles zu töten und zu essen, was an lebendigem Tier herumläuft, und eben auch Hunde. Zu den üblichen Bräuchen gehört es dabei, die Hunde vor der Tötung möglichst lange zu misshandeln und ihnen viele Schmerzen zu bereiten, damit der Organismus viel Adrenalin freisetzt und das Fleisch dadurch angeblich schmackhafter werden lässt. In jüngerer Vergangenheit wurde ein ebenso in China beheimatete Festival bekannt, bei dem unzählige Tiere, vor allem Hunde, auf's Unsäglichste gequält und abgeschlachtet werden.

Auch hierzu wurden mehrere Online Petitionen gestartet, um dieses ´Event´ künftig zu unterbinden.

Solche, für Menschen hiesiger Breitengrade schlicht schockierende, Gepflogenheiten sind offenbar in sehr weiten Teilen der Welt ganz normaler Alltag.

In der nahen Vergangenheit ist es im nahen Osten sehr gebräuchlich geworden, Menschen lebendig zu verbrennen oder sie zu enthaupten.

Auch kommt es in den großen Elendsvierteln afrikanischer Großstädte gelegentlich vor, dass jemand als böser Zauberer oder Hexe lebend verbrannt wird, sowie es in indischen Provinzen zu Steinigungen kommen kann.

Große Teile der arabischen Welt kennen mit homosexuellen Menschen kein Pardon und wer als »ertappter« und verurteilter Schwuler am Ende nur von einem Hochhausdach gestürzt wird, ist dort noch relativ glimpflich davon gekommen.

Fasst man die Informationen über diese primitiven und sadistischen Gebräuche zusammen, muss man unumwunden zugeben, dass sich die Menschheit geistig immer noch mitten im Stadium wildester Barbarei befindet!

Aller Fortschritt, der ja üblicherweise an technischen Entwicklungen festgemacht wird, kann über eines nicht hinweg täuschen: Seit dem berüchtigten düsteren Mittelalter, wahrscheinlich noch seit einer viel früheren Epoche, hat sich die Menschheit als Masse keinen Zentimeter bewegt! Was ihre tatsächlichen Antriebe und inneren Motivationen betrifft, so befindet sie sich immer noch in derselben Position wie zur Blütezeit der Inquisition (die offiziell von kirchlicher Seite übrigens keineswegs beendet ist) oder eben noch weit davor. Die Gnadenlosigkeit wird in Mitteleuropa und Nordamerika an den Schlachthöfen sichtbar und der Versuch, sie weitgehend unsichtbar zu halten, dient vornehmlich kommerziellen Zwecken und der Aufstellung falscher Glaubenssätze, wie solchen, dass seit den düsteren Epochen Riesenschritte auf kulturellen und zivilisatorischen Wegen zurückgelegt worden seien.

Die Vermutung, die Grausamkeiten der Massenschlachtungen der Öffentlichkeit unverdeckt zugänglich zu machen würde einen Erdrutsch auf der Gewissensebene sehr vieler Menschen auslösen, wäre folglich als ein erster wirklicher Ausbruch aus der geistigen Finsternis eines vergangen geglaubten Zeitalters bedeuten. Denn wie die Beispiele oben zeigen, ist dieses noch äußerst lebendig und es scheint eine ziemlich einseitige Illusion zu sein, man hätte solch dunkle Zeiten hinter sich gelassen. Im Gegenteil erfahren inquisitorische Gepflogenheiten in diesen Tagen eine regelrechte Renaissance an Mensch und Tier.

Man sollte selbstverständlich sehr unvoreingenommen und selbstkritisch sein, um die hier aufgestellten Behauptungen zu sehen und auch sehen zu wollen. Dann allerdings können sie nicht mehr verleugnet werden.

Aus Leidensgenossen wurden Feinde

Während der Schreibarbeiten ist das Thema und die zunehmende Problematik rund um die Tausenden von Bootsflüchtlingen aktuell, die nach Europa strömen.

Um diese Wagnisse auf sich zu nehmen, müssen die betroffenen Menschen in ihren Herkunftsländern ziemlich großen Nöten ausgesetzt sein. In einer Momentaufnahme werden Fragmente von Interviews mit einigen von ihnen herausgegriffen. Darin berichteten sie über die Situation während der Überfahrt auf den Schiffen. Als sie teilweise über Wochen mit vielen anderen auf engstem Raum ihre Zeit verbringen mussten, entstand aus diesen Umständen heraus eine weitere Notlage, die sich aus den nachvollziehbaren Mängeln an Bord ergaben. Vor allem die Knappheit der Lebensmittel sorgte für eine Eigendynamik, die zunehmend die übergreifende Lage, die eigentlich alle vereinte, in den Hintergrund drängte.

Es zeigte sich schnell, dass die wenigen Nahrungsmittel mehr und mehr ungleich verteilt wurden und vornehmlich bei denen landeten, die körperlich stärker waren oder über die meisten Angehörigen oder Freunde innerhalb der Gesamtgruppe auf dem Boot verfügten, die sich dadurch mehr zu Verbündeten und Gegnern als zu Leidensgenossen wandelten.

Die Solidarität schwand und schnell regierte das Gesetzt des Stärkeren, vergessen war die kollektive Not durch Verfolgung, wegen der alle gemeinsam geflohen waren.

Diese Entwicklung ist eindeutig auf die wiederum an mehreren Stellen schon beleuchteten innerpsychischen Strebungen zurückzuführen, aus denen sich Motivationen und Verhalten ergeben.

Aus diesem Grund ist dieses Beispiel direkt an jene der Tiermisshandlungen angefügt und richtet erneut die Betrachtung auf eine eher psychische Ebene.

Kultivierter Geist unerwünscht - Warum Ethik bewusst verhindert wird.

Das verbindende Element der Beispiele sind wieder die niederen Triebe, die einfachsten Strebungen im Menschen, die schnell in kritischen Situationen, und nicht nur in solchen, die Oberhand gewinnen.

Bei den Flüchtlingen setzen sie sich aus einer Notlage heraus durch.

Bei den Tiermisshandlungen sind sie zum Teil eng an den Esstrieb gebunden; in einem weiten Sinn haben sie hier also ebenfalls mit dem physischen Überleben zu tun. Allerdings geben Menschen ihnen bekanntermaßen auch ohne jede Not nach, denn Tiere werden anscheinend auch aus einem Bedürfnis nach Freude heraus gequält und getötet.

Es ist für den einigermaßen kultivierten und gebildeten Menschen schwer verständlich, wie so etwas Freude bereiten kann, aber offensichtlich ist es so. Ursächlich zugrunde liegen kann im letzten Fall, psychologisch betrachtet, Frustration, also innerer Konflikt auf einer sehr tiefen Ebene. Das Verhalten ist somit möglicherweise als Kompensation zu werten.

Festzuhalten bleibt, dass der Mensch allgemein von sehr rudimentären Strebungen seiner Gefühlsebene angetrieben wird, die fast alle seiner Handlungen zuerst bestimmen und die sich innerlich, vollkommen unbewusst, stets als erste melden.

Ohne tief in die Psychologie als Wissenschaft eintauchen zu wollen bleibt aber die Erkenntnis, dass der größte Teil aller Menschen fast ausschließlich in diesem Bereich seines Selbsterlebens »zu Hause« ist und jedwede Vorgänge im Zusammenhang mit einem wie auch immer gearteten Prozess von Identifikation hierüber stattfinden.

Daher erfolgt der Ansatz der Manipulation, die Beherrschung des Bewusstseins und damit des Menschen selbst, so wie sie in allen Bereichen des Lebens fast aller Menschen übergreifend geschieht, der »rote Faden« des Buches, auf genau dieser Ebene.

Da schätzungsweise weit mehr als 75 % der Menschen diesen inneren Bereich nie verlässt, die Qualität ihres Bewusstseins also Zeit ihres Lebens von diesem Bereich gesteuert wird, sind ihnen Bereiche gehobener Ethik völlig fremd.

Die Dominanz der einfachen Triebe unterdrückt wohl das Bestreben, sich zu höheren inneren, geistig-seelischen, Bereichen hin zu entwickeln.

Denn hierzu gehört eine gewisse Arbeit an sich selbst, ist Anstrengung erforderlich, die damit verbunden ist. Und noch vorher das Nachdenken und Ansinnen darüber, sowie der Wunsch oder die Frage, ob denn überhaupt Höheres da ist, wohin man innerhalb seiner selbst gelangen könnte.

Es ist ein simpler Mechanismus, dass äußere Not verhindert, solche »wertvolleren« Strebungen aufkommen zu lassen.

Dieser Mechanismus, der sogar in einer Analogie zu einer mathematischen Gleichung untergebracht werden könnte, bedient sich die Machtriege des Planeten, um die Masse lenkbar zu halten und sie zu steuern wie es geschieht.

Dass dies mittlerweile fast von allein (Selbstläufer) passiert, wird an dieser Stelle nicht erneut genauer erklärt, was wohl auch nicht mehr nötig sein dürfte.

* * *

Simpel ausgedrückt: Solange nur die Not groß genug gehalten wird und die Ängste in ausreichendem Maß gesät und erneuert werden, wird der Großteil der Menschheit auch keine geistige Evolution machen.

Diese ist aber als Grundvoraussetzung anzusehen, aus der heraus eine Änderung im Sinne einer Verbesserung von Lebensumständen im Außen überhaupt erfolgen könnte.

Einzelne werden sich immer wieder aus ihrem geistigen Gefängnis befreien und ihre »Aha-Effekte« haben.

Doch kollektiv, als sprunghafte Erweiterung des Geistes und des Bewusstseins, wird es niemals stattfinden.

Dieser Sprung könnte sicher erfolgen und innerhalb eines relativ kurzen Zeitraums eine kritische Masse mit wachem Geist entstehen lassen, die alle mitreißt und fortan eine neue, höhere Qualität etablieren und die Menschheit tatsächlich in eine neue, vor allem geistig, freie, Ära führen würde.

Dieser bislang theoretischen Möglichkeit sind sich manche der Halter wirklich übergreifender Machtpositionen im weltlichen Gefüge sicherlich bewusst.

Und genau deshalb suchen sie es mit allen Mitteln zu verhindern.

Unter anderem vermutlich auch, weil es ihnen selbst wohl zu müßig ist, die Ebene der niederen Triebe zu verlassen.

Man könnte spekulieren: Sie sehen zwar auch für sich selbst die Möglichkeit des »geistigen Lichts«, aber die Annehmlichkeiten, die ihnen der Einsatz von Gewalt (in allen möglichen Formen) und der Verbreitung von Stumpfsinn und Dummheit in der Welt eingebracht hat, sind viel zu verlockend und lassen sie die Anstrengung vermeiden, die auch sie aus dem geistigen Verließ führen würde.

Vermutlich befinden sich eben auch die allermeisten des »einen Prozents« nach wie vor auf der reinen Triebebene und gehören zu jenen, die es hierüber zu Macht und Wohlstand gebracht haben, ohne je erkannt zu haben - gleich den Massen - dass noch andere Bereiche überhaupt existieren.

Vergegenwärtigt sein sollte es auch, dass auch Höchstleistungen des Geistes auf der rein rationalen Ebene nicht zu verwechseln sind mit den Bereichen, die hier als »höhere« bezeichnet werden.

Diese schließen nämlich die Kultivierung weiterer Aspekte mit ein, die einer höheren Moral entsprechen und vielmehr auf der Gefühlsebene angesiedelt sind, denn Ratio und Emo befinden sich nach wie vor in einem dramatischen Ungleichgewicht.

Wie eingangs angerissen, stellt die Gefühlswelt ein wesentlich breiteres Spektrum dar, aus dem der Mensch innerhalb seines Konglomerats des geistig-seelischen Gefüges vielmehr besteht. Sozialethik und Verständnis, Mitgefühl, Toleranz, Gnade und ähnliche Begriffe sind gleichermaßen solche, die aus einer umschriebenen geistigen Evolution resultieren würden und müssten, um den Planeten und seine menschliche Gesellschaft auf eine freie und tatsächlich friedliche Ebene zu führen.

Ein Schlüsselelement stellt Bildung dar.

Es ist wahrscheinlich ein ganz absichtsvoller Bestandteil des »Herrscherkonzepts«, sie weiterhin umfassend zu verhindern.

Schaden kann es zudem nicht, sich die Erkenntnis ins eigene Bewusstsein zu rufen, und darüber zu staunen, dass die für eine wirklich bessere und freiere Welt erforderlichen höheren Werte ja längst erdacht wurden und bereits seit Jahrtausenden (!) existieren.

Sie werden lediglich nicht umgesetzt.

Die Philosophie stellt sich daher als ein weiteres wichtiges Schlüsselelement heraus, welches die geistigen Errungenschaften und die praktische Umsetzung wirklich ermöglichen könnte und kann.

Dafür existiert sie ja eigentlich.

Es wird nun etwas plausibler, warum Not und Elend die Welt fest in den Händen halten und dass dies ganz und gar nicht zufällig geschieht.

Wie schon umschrieben, würde die hier im Sinne eines Erkennens von Möglichem (und Notwendigem) vorgestellte Vision die Menschheit in eine Gleichheit führen, vielleicht auch ohne Abschaffung des Geldes als Hauptmittel der Macht.

Aber genau dahin sollen die Menschen sich nicht bewegen, und zwar noch nicht einmal als gedankliches Kalkül, und auch nur der kleinste Vorstoß in diese Richtung wird praktisch und absichtlich mit allen Mitteln verhindert und blockiert!

* * *

Nochmal zurück zum Tierleid:

Wieso dürfen Menschen alle nur erdenklichen Grausamkeiten an Tieren ausleben, die das menschliche Hirn ersonnen hat, mit ebenso oft wirren Begründungen, die ja nicht selten sogar auch noch religiöser Natur sind, etwa das Schächten oder seine islamische Variante? Es ist auch verwunderlich, dass der Mensch für all die Schmerzen, die er anderen zufügt, immer eine Begründung braucht. Wenn schon skrupellos und ohne jede Gnade, dann können doch die moralischen Begründungen und Rechtfertigungen auch ganz wegfallen. Auch hieran ist wieder zu erkennen, dass da etwas nicht stimmig sein kann hinter all den Auslegungen.

Grundlagen der Ethik in der Antike und ihre Verzerrung in der frühen Moderne

Zum besseren Verständnis und um eine weitere Perspektive anzuführen, nachfolgend die Beleuchtung einer Tatsache, die sehr vielen nicht wirklich bewusst ist.

Sie betrifft das große Feld der Naturwissenschaften.

Ihre Wurzeln liegen in der Antike und bereits Aristoteles verfügte zu seiner Zeit, einige Jahrhunderte vor dem Jahre 0 der aktuellen Zeitrechnung, bereits über mehr als nur philosophische Ansätze, welche die Grundsteine der Naturwissenschaften bildeten. Über die Jahrhunderte kristallisierten sich einzelne spezielle Gebiete und Disziplinen immer mehr heraus, doch verstanden alle, die sich als Wissenschaftler ansahen oder aus heutiger Sicht so betrachtet werden, alles immer auch auf irgendeine Weise mit der Gesamtheit der Schöpfung verbunden und maßen ihr und damit allen Dingen und Wesen eine »Beseeltheit« zu. Ob diese nun von einem zwar nicht erkannten aber klar benannten Überwesen (Gott) gegeben war oder nicht, es stand außer Frage, dass alles was lebt auch eine Seele hat, wobei der Begriff Seele bis heute so unscharf definiert und verwendet wird wie damals schon.

Allein diese Betrachtung verleiht aber allen Lebewesen automatisch eine Art von spirituellem Ursprung und damit zumindest eine gedachte Würde oder Berechtigung. Leider wurden zu allen Zeiten trotz dieser Anschauung Tiere geschlachtet und gegessen, aber immerhin wurde ihnen oft eine gewisse Wertschätzung entgegengebracht.

Zeremonien wie etwa einen Teil der Jagdbeute als Opfer darzubringen spiegeln jedenfalls ansatzweise diese geistige Ausrichtung wider und belegen die Existenz eines Gewissens und einen gewissen Respekt vor dem Opfer.

Diese Beschreibungen sind hier aus Platzgründen selbstverständlich wieder nur sehr einfach angeführt.

In dieser einfachen Weise könnte man sagen, dass den Wissenschaften stets auch ein Glaube innewohnte.

Ungefähr mit dem Erscheinen von René Descartes wurde hier aber eine deutliche Trennung eingeführt.

Der Glaube wurde vom Forschen abgetrennt und zum ersten Mal offen gefragt, ob es denn überhaupt etwas gäbe, woran es zu glauben gälte. Die Spaltung im Denken und die damit verbundene Trennung im Geiste, die vielleicht als eine der bedeutendsten säkularen Strebungen innerhalb der Wissenschaft bezeichnet werden könnte, besteht bis heute.

Seit dieser Reformation der (Natur-) Wissenschaften wurde das Tier als lebendiges Wesen nicht mehr als ein Geschöpf Gottes angesehen, sondern als eine Erscheinung in einer nun mehr und mehr »entgeistlichten« Welt, die jetzt, wie die Natur als Gesamtheit, als ein vollkommen mechanisches Gebilde betrachtet wurde. Entsprechend bildete sich der Begriff des Mechanistischen Weltbildes heraus. Unter seinen Anhängern entstand dann weiter die Streitfrage, ob es denn überhaupt so etwas wie einen Gott geben könnte. Von denen, die innerhalb des neuen Lagers diese weitere Frage mit einem Ja beantworteten war aber klar, dass nur der Mensch als Hauptwerk dieses Schöpfers eine Seele habe und alles andere von Gott nur zu seinem Zweck und Nutzen erschaffen wurde. Eine Einstellung, die vielleicht unter einer Bezeichnung wie philosophischer Dualismus eingeordnet werden könnte.

Ob also mechanistischer Purist oder Dualist, nach ihren Ansichten haben alle lebendigen Körper eine ausschließlich mechanische Funktion und damit keinen tieferen oder in einem engen oder weiten Sinne metaphysischen Hintergrund, also keinen Wert oder Bedeutung.

Ausnahme eben der Mensch, dem gar Descartes eine Seele zuschrieb, wodurch er ihm als einzigem Lebewesen eine Form von Wertigkeit zuerkannte. Neben den Widersprüchlichkeiten in den Werken und philosophischen Vorstellungen, die auch zu seiner Zeit schon so (widersprüchlich) aufgefasst wurden, war Descartes dennoch ein religiöser, gläubiger Mensch.

Wegen seiner mechanistischen Grundausrichtung war er aber auch ein Anhänger der Vivisektion.

Hierbei wird das lebendige Wesen in aller Regel ohne Betäubung seziert.

In der heutigen Zeit findet zumindest teilweise eine Lokalanästhesie statt, nicht unbedingt also eine Vollnarkose und mittlerweile macht man offiziell so etwas nur noch an Tieren. Vivisektion gibt es aber durchaus immer noch und das Kapitel der Tierversuche ist für sich allein genommen schon ein wahrhaftiges Horrorszenario, so wie es für den Umgang des Menschen mit dem Tier im Allgemeinen meistens auch der Fall ist.

Es gilt hier im Besonderen zu beachten, dass sich dieser mechanistische Geist, das entsprechende Denken, alle Lebewesen außer den Menschen als wert-, würde- und seelenlos zu betrachten, durchaus als Grundausrichtung im Sinne eines echten Paradigmas bis heute in allen naturwissenschaftlichen Disziplinen standardmäßig hält!

Hier ist der Grund dafür zu suchen, den alle, die sich als normale und fühlende Menschen ansehen, nicht nachvollziehen können, eben wie man lebendigen fühlenden Wesen ohne jede Gefühlsregung die abscheulichsten Grausamkeiten antun kann.

Während die fast kommentarlose Akzeptanz dieser Dinge bei der Mehrheit, also die Gleichgültigkeit des Durchschnittsbürgers, mehr aus seiner Oberflächlichkeit herrührt, die zu großen Teilen gezielt über alle möglichen Mittel und Wege herbeigeführt wird (siehe bisheriger Gesamttext), so entspringt sie beim Naturwissenschaftler üblicherweise einer tiefsitzenden Überzeugung!

Dies sollte unbedingt vergegenwärtigt sein.

In aller Regel misst jeder, der sich als Naturwissenschaftler bezeichnet und eine übliche Hochschullaufbahn absolviert hat, dem Leben, außer dem menschlichen, keinerlei tieferen Wert zu. Da die allermeisten anderen Menschen das aber in der Regel gar nicht verstehen könnten, würden sie mit allen Tatsachen und Wahrheiten dieser Welt ganz offen konfrontiert, müssen nicht nur Schlachthäuser gut abgeschirmt werden, sondern ebenso und besonders die Labore, in denen Tierversuche erfolgen, in gut abgeschotteten Anlagen untergebracht sein.

Denn den durchschnittlichen Menschen würde es schlicht in den Wahnsinn oder lebenslange in tiefste Depressionen führen, wäre ihm all das offenbar, was täglich (!) und millionenfach (!) in eben solchen Hochburgen und Zentren der modernen Wissenschaft so geschieht. Sehr bezeichnend ist sicher auch die umgekehrte Fragestellung, wie massiv gestört die seelischen Landschaften der Menschen wohl sein müssen, die solche wichtigen wissenschaftlichen Arbeiten, die ja angeblich nur zum Wohle aller geschehen, praktisch durchzuführen in der Lage sind.

Es konnte auch bis heute nicht plausibel erklärt werden, wofür die Forschungen im Bereich Tierversuch nun tatsächlich einen erkennbaren Nutzen für Mensch und Gesellschaft erbracht haben oder erbringen.

Erschreckend auch, dass gerade die Menschen der verschiedensten naturwissenschaftlichen Fakultäten jene sind, an deren Vorgaben sich üblicherweise das Denken der gesamten Menschheit orientiert.

Es sei angemerkt, dass keine gesicherte Erkenntnis seitens des Autors darüber besteht, ob die historischen Trennungen innerhalb des wissenschaftlichen Denkens korrekt bezeichnet wurden. Allein der Begriff des Dualismus wird derart vielfältig verwendet, dass es nicht ganz leicht ist, den Überblick zu wahren, so wie es auch für die gesamte Philosophie gilt, versucht der Laie, sich der Lehre in ihrer Tiefe anzunähern.

Um eines besseren Verständnisses Willen sollte sich aber jeder die in diesem Absatz erörterten Kernpunkte vergegenwärtigen, um manches im Umgang von Mensch mit Tier besser verstehen zu können - nicht unbedingt, es zu akzeptieren oder gar zu rechtfertigen.

Ferner sind selbstverständlich nicht alle (Natur-) Wissenschaftler grausame Sadisten. Allein die Existenz der Organisation »Ärzte gegen Tierversuche« spricht im Sinne ihrer Bezeichnung für sich.

Es ist bei diesen Themen außerdem schwierig, beim Schreiben glaubhaft den Eindruck einer Moralisierung zu vermeiden. Die höheren Werte, die sich der menschliche Geist so lange erarbeitet hat und die er so hochhält, wollen und müssen aber auch irgendwann tatsächlich gelebt werden.

Dies muss überhaupt nichts mit einer Selbstkasteiung zu tun haben und Menschen können und müssen auch alle keine Heiligen sein. Erneut auch die Betonung, dass keine Intention besteht, eine Panikmache zu betreiben, Ängste zu schüren oder eine potentielle Leserschaft zu bevormunden. Sondern genau im Gegenteil, ein größeres Verantwortungsbewusstsein zu bewirken und die Bereitschaft, alle Dinge des Lebens und der Welt nach Möglichkeit so zu betrachten wie sie wirklich sind - gleichsam, dies bei Zweifel durch eigene Initiative herauszufinden.

Ausbeutung als Grundprinzip

Die Strategien und Mechanismen der Beeinflussung sind immer sehr ähnlich. Es sollten sich auch ruhig Informationen über Foltermethoden und sogenannte Kriegsverbrechen verschafft werden.

Enthauptungen, Massenvergewaltigungen, zersprengte und verbrannte Körper und Menschen, die so etwas überlebt haben, kommen in der öffentlichen Berichterstattung in Bildern nicht vor.

Wieso wird das niemals so gezeigt, wie es wirklich ist?

Heute kann man sich Bilder und Informationen drüber verschaffen, aber man findet sie nicht in der Tagesschau.

Hinter dieser Ausblendung von Wahrheiten steht Methode. Viele Menschen auf der Welt sind permanent damit beschäftigt, Gewaltdarstellungen aller Art aus dem Internet herauszufiltern und zu löschen. Das ist sicher zum Teil sinnvoll, wenn es etwa sogenannte »snuff« Filme betrifft. Im Rahmen einer wirklichen Informationsvermittlung, was etwa Bilder über Kriegsverbrechen oder auch Geschehnisse »normaler« Kriegsführung angeht, so könnten Bilder sicherlich ein Umdenken vieler Menschen und wesentlich vehementere Proteste gegen Kriege an sich bewirken. Wieso auch das nicht erwünscht ist, muss sicher nicht erneut erläutert sein.

Es kann lohnen, gewisse Vorgaben wenigstens für sich selbst zu durchbrechen und sich davon zu befreien so gut es geht und soweit wie möglich nach dem tatsächlichen Wahrheitsgehalt vieler Informationen, etwa in Form von bildhafter Darstellung im Internet, zu suchen. Es gibt leider keine Garantie dafür, dass alles in der Welt nur wunderbar ist. Man wird es aber trotzdem überleben, sich damit zu konfrontieren.

Der Wohlstand der Wohlstandsgesellschaft beruht fast ausschließlich auf Ausbeutung.

Er betrifft alle materiellen Ressourcen wie auch alle lebendigen. Es ist eine Suggestion, dass schwächere Lebensformen keine Lebensrechte hätten und die Stärkeren mit ihnen tun könnten was sie wollten, nur weil sie ihnen physisch überlegen sind.

Die Urheber dieser suggestiven Täuschung profitieren von ihr, was ihr alleiniger Sinn und Zweck ist.

Dies ist aber die Ideologie, die das Fundament unserer Zivilisation darstellt! Es beruht auf leicht erkennbaren Ungerechtigkeiten und entspricht Strebungen, die Neandertalern zugeschrieben werden. Die Wahrheit ist, dass fast alle Menschen nach wie vor genau diesen Strebungen unterliegen, wie ja schon erklärt wurde.

Fast alle Errungenschaften der Moderne basieren darauf - sie sind nur schön verpackt und es existieren massive Beeinflussungen, die verhindern, dieses zu erkennen.

* * *

Eine genauere Betrachtung der Umwelt, dieser Welt, zeigt auch, dass die gesamte Flora und Fauna von ihren Fähigkeiten her weit unterschätzt wird und sie weitgehend unerkannt sind.

Schon vorab wurde formuliert, dass sich die gesamte Natur über Zeiträume von mehreren Hundert Millionen Jahren vollkommen selbständig gehalten und erhalten hat. Alle anderen Lebensformen außer der menschlichen hatten eine unvorstellbar lange Zeitspanne mehr zur Verfügung, um sich ihrem Lebensraum anzupassen und man gelangt schnell zu der Überzeugung, dass sie diese Anpassung bis zur Perfektion umgesetzt haben.

Der Mensch erkennt dieses nur nicht, weil er in seiner grenzenlosen Überheblichkeit, die er allein aus seiner Stärke ableitet, glaubt, er könne alle Bedingungen und Gesetzmäßigkeiten des Planeten und seiner Natur nun nach seinem Willen regulieren und neu aufstellen. Dabei verlangt er unausgesprochen, alles hätte sich diesen Bedingungen anzupassen. Es ist deutlich zu sehen, dass dieses Konzept überhaupt nicht funktioniert und lediglich pure Zerstörung hervorruft.

Die Überheblichkeit geht mit einer derartig ausgeprägten Verblendung einher, die den Menschen scheinbar vollkommen verschlossen für diese eigentlich leicht zu erkennenden Umstände macht.

Es ist ebenso leicht zu beobachten, wie alle Tiere ein quasi identisches Sozialverhalten zu Menschen führen. Alle Gefühle sind in ihnen ebenso vorhanden.

Leider verleugnen die meisten Menschen diese Tatsache, weil das Eingestehen mit ihrem künstlichen und unrealistischen Selbstbild kollidieren würde, das sie aufgestellt haben und welches sie von klein auf eingetrichtert bekommen (Auch hier taucht erneut ein Widerspruch auf, der zu noch mehr Konfusion führt: Alle Menschen gehören angeblich einerseits zur Krone der Schöpfung, andererseits sind sie alle nur ganz klein, können, dürfen und sollen sich nicht gleichwertig fühlen zu den Erfolgs- und Machtmenschen, die ihnen das weismachen.).

Es ist unverständlich, das Recht einer grenzenlosen Vorherrschaft allein daraus abzuleiten, dass eine Spezies eine übergreifende Technisierung zur scheinbaren Erleichterung ihres Lebens erschaffen hat. Für alle anderen, und eigentlich auch für die Menschen, hat die Notwendigkeit dafür niemals bestanden, deshalb haben die natürlichen Vorgänge ihrer evolutionären Entwicklung ihnen keine solchen Fähigkeiten angedeihen lassen. Alle Tierarten verfügen über komplexe Kommunikationssysteme, mit denen sie sich gegenseitig alle für ihr Leben und Überleben wichtige Informationen vermitteln können.

Es kann gar nicht anders sein.

Menschen verstehen ihre Sprachen nur nicht und schließen daraus, sämtliche Tierlaute, und andere Kommunikationswege, erfolgten aus einem rein rudimentären Bedürfnis des Ausdrucks niederster Triebeigenschaften. Die Evolution des gesamten Planeten belegt das Gegenteil. Viele Tiere können lernen, der Sprache des Menschen zu folgen und sind in der Lage, sich ihr anzupassen. Umgekehrt geht das nicht so gut. Wer ist hier intelligenter?

* * *

2016 erschien ein Buch des, nach eigener Angabe, passionierten Försters *Peter Wohlleben* mit dem Titel »Das Seelenleben der Tiere«. In diesem offenbart er, wie sich ihm nach jahrelangen Beobachtungen in Wald und Flur erschloss, dass auch die Tiere des Waldes offenbar Gefühle haben und ein Sozialverhalten aufweisen, das dem des Menschen ähnele oder sogar gleichkomme. Sie wären zu Trauer fähig, würden ihre Jungen tatsächlich lieben und so fort. Diese Aussagen erscheinen geradezu grotesk – sind diese Eigenschaften und Fähigkeiten der Tiere doch ganz leicht zu erkennen. Die etablierte Denkweise, das Leben der Tiere ausschließlich in einer Art eines mechanischen Funktionierens und zufälligen Reagierens einzuordnen, tritt hier wieder klar hervor. Und eine gewisse Überheblichkeit, die der angenommenen Überlegenheit entspringt, welche der eigenen Lebensform beigemessen wird. Geradezu sensationell aufgemacht kommen die Erkenntnisse Wohllebens daher. Manch ein Zeitgenosse wird sich hier fragen, mit welchem Blick Herr Wohlleben bisher durch diese Welt gegangen ist. Fast unverschämt erscheint es, diese »sensationellen« Erkenntnisse als Buch zu vermarkten. Wiederum erschreckend, wie diese Sensation, die sie für die meisten Menschen wohl ist, das geistige Niveau der Mehrheit spiegelt.

Unterschätzte Lebensformen

In einem anderen Buch ist über den folgenden Versuch zu lesen:
Wird in einen Termitenhügel eine Metallplatte von oben senkrecht
eingetrieben, die den Hügel komplett in zwei Teile teilt und bewirkt, dass die
Bewohner der beiden Hälften des Baus nun keinerlei physischen Kontakt mehr
zueinander haben, dann bauen die Termiten beider Teile den Hügel trotzdem
weiter aus. Nach dem Entfernen der Platte Tage oder Wochen später zeigt sich,
dass dennoch alle Gänge beider Seiten, beide Hälften des geteilten Baus,
perfekt aneinander passen. Dies belegt eine Kommunikation der Tiere
untereinander, die bisher unentdeckt ist.
Sie kann nicht über stimmliche Laute stattfinden, sondern muss einer
vermuteten Telepathie nahe kommen oder identisch zu ihr sein. Wer sich das
Labyrinth eines solchen Insektenbaus vergegenwärtigt, dem wird schnell klar,
welche detaillierten Informationen diese Tierchen austauschen müssen.
Und das auf einem wohl rein geistigen Wege. Diese Feststellung alleine
beweist auch das Vorhandensein eines Geistes selbst in so kleinen Tieren wie
diesen Insekten.
Dazu eine ganz erstaunliche Intelligenz, die nur die Grundlage bilden kann.
Ferner beweist so ein Versuchsergebnis eine Übermittlung von Informationen,
die offenbar außerhalb physischer Sinnesorgane geschieht und damit die von
der Naturwissenschaft ausgeschlossene Möglichkeit dessen, was unter der
Bezeichnung Telepathie als Phantasieprodukt belächelt wird.
Kritiker könnten diese Leistung mit der Möglichkeit einer genetischen
Programmierung als Erklärung kontern.

Eine Kommunikation auf nicht entdecktem Wege bei diesen Tieren ist aber viel naheliegender, als wenn der gesamte Plan, oder auch nur Teilabschnitte für den Bau, für den einzelne Tiere zuständig sind, schon als Anlage vorgeburtlich in diesen Lebewesen vorhanden ist. Eine im Sinne des Begriffes übersinnliche Verständigung wird abermals durch den Umstand wahrscheinlich, dass das gesamte Volk eines Termitenbaus auf der Stelle jegliche Aktivität einstellt, wenn die Königin aus dem Bau entfernt und getötet wird.

Nur die wenigsten der vielen Tausend Tiere befinden sich unmittelbar mit ihrer Königin in einer so engen räumlichen Nähe, die eine direkte Kommunikation über Laute zuließe. Die Information erreicht aber in einem äußerst kurzen Zeitraum alle Tiere. Ist dies nicht ein eindrucksvoller Beweis für eine unbekannte und überlegene Intelligenz, über die Menschen nur staunen können? Sie findet aber nur Anwendung im Bereich innerhalb des Termitenuniversums - denn nur da wird sie für jene benötigt.

In solchen Teilaspekten spiegelt sich wohl die wirkliche Intelligenz der Natur.

* * *

Eine neuere Erkenntnis moderner wissenschaftlicher Forschung betrifft die Kommunikation von Pflanzen.

Viele Versuche und Beobachtungen liefern seit Dekaden den Beweis, dass Pflanzen auf Einflüsse reagieren.

Das bezieht sich nicht nur auf Entzug oder Einschränkung der wenigen Elemente, die so gut wie alle Pflanzen zum Leben benötigen, wie Wasser, Licht und den Boden, in dem sie wachsen. Es ist eindrücklich festgestellt worden, wie das Wachstum von Pflanzen auch durch Musik oder reine Sympathie oder Ablehnung ihnen gegenüber beeinflusst werden kann. Ähnlich reagieren ja auch Tiere, etwa Milchkühe, und liefern mehr Milch, wenn sie schöne Musik zu hören bekommen.

Der Stressfaktor ist bei den Tieren besser nachvollziehbar.

Trotzdem ist es eigentlich unverständlich, warum dies bei Pflanzen anders sein sollte.

Immerhin wird ihnen der Status des lebendigen Wesens auch von den Menschen zuerkannt.

Nur vernachlässigt der Mensch im Allgemeinen darüber hinausgehende Fähigkeiten pflanzlicher Wesen. Sie werden diesen »niederen« Lebensformen nicht zugetraut. Pflanzen sind an ihre Umgebung gebunden und können weder Ortswechsel noch andere Bewegungen über eine Willenskraft vollziehen, woraus sich ergibt, dass ein Wille, seinerseits Zeichen eines innewohnenden Geistes, den Pflanzen fehlt.

Dennoch wachsen Pflanzen besser, bilden mehr Triebe aus, blühen vielfältiger, wenn sie in einer Umgebung von Menschen leben, die sie mögen und wertschätzen, sich an ihnen erfreuen, und so fort. Pflanzen gedeihen weniger gut, wenn sie lediglich notwendigerweise gegossen werden und in Räumen von Menschen stehen, denen sie vollkommen egal sind. Allein die Zeitverzögerung, die stark abweichend vom üblichen Erleben des Menschen ist, wird wahrscheinlich mit eine der Ursachen sein, warum Menschen Pflanzen weniger Wichtigkeit entgegenbringen und solche Erkenntnisse übergehen. Das offensichtliche Reagieren von Pflanzen auf äußere Einflüsse zeigt aber, dass sie eine individuelle Wahrnehmung besitzen, die sich durchaus auf eine Art von seelischer und emotionaler Struktur auswirkt.

Denn anders lässt sich das Phänomen nicht erklären. Letzte Überlegungen und wohl auch angestellte Versuche, oder zumindest Beobachtungen durch Messungen, haben den eigentlich naheliegenden Gedanken bestätigt, wonach sehr viele Pflanzen über ihr Wurzelwerk über große Distanzen verbunden sind. Über dieses Netzwerk kommunizieren sie miteinander und tauschen Informationen aus.

Sogar kann man die Überlegung anstellen, sie als einen einheitlichen Bioorganismus anzusehen, dessen äußere Erscheinungsformen, die wir als Pflanzen begreifen, eben nur solche sind und nicht das gesamte Wesen ihrer Natur. Am Beispiel der Pilze kann es am besten vorgestellt werden. Die Pilze, die aus dem Boden wachsen, sind ja lediglich die Fruchtkörper des eigentlichen Pilzes. Er existiert als sogenanntes Myzel unter der Erde und bildet teilweise über große Distanzen und viele Quadratkilometer das eigentliche Lebewesen. Um die weitgehend unbekannte und ignorierte Intelligenz aus dem Tier- und Pflanzenreich weiter zu belegen, ließen sich noch viele Beispiele anführen. Der Orientierungssinn der Zugvögel etwa oder der wundersame Orientierungssinn gerade geborener Aale, die exakt gleiche Wege über den halben Erdball zurücklegen, um sich an Orten zu paaren, an denen sich schon die vorangegangene Generation gepaart hat. Um dann genau an den Ort ihrer Geburt zurückzuschwimmen und dort den eigenen Laich abzulegen. Woher kennen sie die Wege und die exakten Orte?

* * *

In einem Buch von *J.B. Alexander*, der während seiner militärischen Karriere eine bedeutende Stelle bei der U.S. Army innerhalb des »Intelligence and Security Command« innehatte und sich dort mit vielerlei sogenannter Psi-Phänomenen auseinandersetzte, erwähnt der Autor die Entdeckung der Kommunikation von Pflanzen untereinander und Experimente diesbezüglich.

Sein Kollege *Cleve Backster* soll dabei gar eine Methode entwickelt haben, mit der eine Pflanze an einen modernen Lügendetektor angeschlossen werden kann. Mithilfe von Elektroden gelang es angeblich, Stressreaktionen eines Philodendron zu messen.

Interessant ist daran, dass es sich bei den Schilderungen um wissenschaftliche Arbeiten einer Abteilung handelte, die damit beauftragt war, neue und bislang unbekannte und unübliche Kommunikationstechniken zu entwickeln, die bei militärischen Einsätzen dienlich werden könnten. Diese Arbeit erfolgte ab den späten 1990er Jahren bis in das angebrochene dritte Jahrtausend der aktuellen Zeitrechnung hinein.

Diese Erkenntnisse muten allerdings völlig unbedeutend an, stellt man sie vergleichend neben die Arbeiten des *Dschagadis Tschandra Bose*, eines indischen Gelehrten, der unter anderem als Professor für Physik tätig war und zwischen 1894 und 1900 bahnbrechende Erkenntnisse über die Anwendung elektromagnetischer Wellen erstellte.

Besonders beeindruckend waren aber seine späteren Entwicklungen von Geräten, die eine zehnmillionenfache (!) Vergrößerung von Objekten erlaubt. Die Bedeutung der Beobachtungen, die er mit dem von ihm erfundenen sogenannten Crescographen anstellte, stellen eigentlich alle Entdeckungen über biologische Vorgänge innerhalb lebendiger Wesen bis heute in den Schatten. In *Paramahansa Yoganandas* berühmter »Autobiographie eines Yogi« widmet dieser seiner Begegnung mit dem Wissenschaftler ein eigenes Kapitel und gibt darin die Inhalte ihres Dialogs wieder. Darin heißt es von Herrn Bose selbst beispielsweise: »Die Anzeigetabellen meines Crescographen können selbst den größten Skeptiker davon überzeugen, dass die Pflanzen ein empfindsames Nervensystem und ein wandlungsfähiges Gefühlsleben haben. Liebe, Hass, Freude, Furcht, Lust, Schmerz, Erregbarkeit, Erstarrung und zahllose andere Reaktionen auf bestimmte Anreize gibt es bei den Pflanzen ebenso wie bei den Tieren.«

In dem Buch werden weitere Versuche an Pflanzen beschrieben sowie deren exakte und differenzierbare Reaktionen, die genau beobachtet und aufgezeichnet werden können.

Er erwähnt den mithilfe seiner Geräte graphischen Nachweis des in Bäumen und Pflanzen innewohnenden Kreislaufs ihrer Säfte, die dem Blutdruck in Tierkörpern entspricht: »Das Aufsteigen des Saftes lässt sich nämlich nicht durch eine der üblichen mechanischen Ursachen wie zum Beispiel Kapillarität erklären. Mit Hilfe des Crescographen ist nun bewiesen worden, dass es sich bei dieser Erscheinung um die Tätigkeit lebender röhrenförmiger Zellen handelt, die den Baum in Längsrichtung durchziehen und die Funktion eines Herzens ausüben, indem sie peristaltische Wellen aussenden. Je schärfer unser Wahrnehmungsvermögen wird, umso deutlicher erkennen wir, dass es nur einen Plan gibt, der allen Lebensformen zugrunde liegt.«

Es folgen noch weitere Ausführungen von Beobachtungen an toten Materialien wie Metallen, in denen anscheinend ebenfalls Prozesse ablaufen, die man in ihnen absolut nicht vermuten würde.

Eine längere Fußnote in diesem Buchkapitel gibt zudem die Information über die unumstrittene Tatsache, dass aus uralten hinduistischen Texten das Wissen um die atomare Struktur aller Dinge zweifelsfrei hervorgeht.

1934 bestätigte ein Artikel in der Zeitschrift *East-West* die Existenz wissenschaftlicher Abhandlungen in dem als *Waischeschika* bekannten philosophischen Werk der alten Hindukultur. Hierin wird neben anderen Themen das Wissen um magnetische Kräfte, thermische Gesetze und die Wirkung von Wärme auf molekulare Strukturen, kinetische Energie, die Relativität von Zeit und Raum und das Gesetz der Schwerkraft bestätigt. Das Besondere an diesen Informationen ist ihr Alter: Die Schriften, denen sie entstammen sind nämlich etwa 2800 Jahre alt!

Erstaunlich ist die offenbare Ignoranz und Unkenntnis dieses Wissens, das oben genannte wissenschaftliche Versuche in dieser Richtung in militärischen Kreisen der USA in der heutigen Zeit als geradezu tölpelhaft erscheinen lässt.

Im Grunde trifft dies auf die gesamte moderne Forschung zu.

Der ethische Aspekt, das Anerkennen der tatsächlichen Empfindungen anderer Lebensformen und der Beweis, dass diese wirklich in allen Wesen vorhanden sind, wie offenbar schon zu Beginn des 20. Jahrhunderts bewiesen wurde, ist der Wissenschaft unserer Tage vollkommen abhanden gekommen.

Bezeichnend hierzu ist die genau entgegengesetzte tugendhafte Grundeinstellung des Physikers und Botanikers Bose, der nach mehrjährigen Exkursen in die westliche Welt nach seiner Rückkehr nach Indien offen die Gier und das Streben nach Geld und Gewinn beklagte, welche ihm als gewissenhaften Menschen und Wissenschaftler zutiefst widerstrebte und nach seinem Empfinden jeder wissenschaftlichen Arbeit ihre Würde und Berechtigung raubt.

Die Erde lebt

Das Wissen, welches sich in ihrer Gesamtheit allein aus der Physik und der Mathematik ergibt, hat die unweigerliche Gewissheit zur Folge, dass Menschen ihren Planeten niemals dauerhaft verlassen können.

Jedenfalls nicht, um einen anderen Planeten zu besiedeln oder irgendwohin auszuweichen. Die Gesetze, die sich an den Verhältnissen von Raum, Zeit und Masse ablesen lassen, zeigen es.

Dieses ungelernte Wissen ist in allen anderen Lebensformen schon immer vorhanden.

Entsprechend hat die Natur niemals die Bestrebungen aufgewandt, ihren Geschöpfen Fähigkeiten zu verleihen, um Autos oder Raketen zu bauen, sondern sie sich perfekt an ihr Lebensumfeld anpassen lassen. Da der Mensch aber scheinbar auch ein Produkt der Natur ist, besteht hier ein großer Widerspruch in dieser Aussage. Doch ist es ja absolut ungeklärt, inwieweit der heutige Mensch tatsächlich das Ergebnis natürlicher Prozesse der Natur ist. Ohne nun in Bereiche mancher esoterischer Anschauungen oder gar der Sience Fiction abzudriften, darf das ungelöste Rätsel des bekannten *missing link* ruhig ausgesprochen werden.

Es soll hier vermieden werden, sich allzu sehr in Spekulationen zu ergehen, dennoch hat es wahrscheinlich keine natürliche Ursache, dass zeitgleich zum Neandertaler schlagartig eine wesentlich intelligentere (?) Menschenform vorhanden war, die sich unmöglich aus den bis dahin bestehenden entwickelt haben kann. Dies ist unbestritten und eine Antwort ist bislang nicht gefunden. Wohin die angeblich alles überragende Intelligenz des Homo Sapiens geführt hat, wird hier ja zu großen Teilen erläutert.

Zum Abschluss dieses Absatzes sei noch die Tatsache angeführt, dass niemals je irgendetwas diesen Planeten verlassen hat.

Alles, was in all den Millionen Jahren gelebt hat, gewachsen ist, gefressen und ausgeschieden wurde, gestorben und verwest ist oder sich in Form von leblosen Elementen über physikalische Prozesse manifestiert hat, ist stets hier geblieben. Davon ausgenommen ist natürlich der Müll, den unsere Zeitgenossen im Weltraum gelassen haben. Aber alles andere ist noch da und daraus bestehen Menschen und ihr gesamtes unmittelbares Umfeld, die Erde.

Bei dieser Betrachtungsweise erscheint eine andere, doch eher esoterische, den Planeten selbst als ein lebendiges Wesen zu sehen, gar nicht mehr so abgehoben wie es zunächst scheint, nicht wahr?

Wo soll es hingehen?

Nach all der Kritik ist es selbstverständlich angebracht, hiernach zu fragen.

Wie schon mehrmals zu lesen war, soll es nicht um reine Verurteilung und Aufzählung diverser Beispiele gehen, die hier in der Kritik stehen.

Das eigene Bewusstsein soll angeregt werden, aufmerksamer zu sein, größere Bereitschaft, um verantwortlicher zu leben, aktiver und kritischer zu sein.

Da jeder durch seinen ganz eigenen »Realitätstunnel« blickt, ist es wohl unmöglich, eine Ideologie vorzustellen, die unisono auf jeden anwendbar ist. Daher kann nur versucht werden, den Geist anderer mit ganz eigenen Ansichten und Glaubenssätzen vertraut zu machen, die ihrerseits natürlich auf Prozessen des Denkens eines einzelnen und noch davor auf Beeinflussungen seines Geistes beruhen, die, psychologisch betrachtet, aus übernommenen Anschauungen und Ideen und Ideologien entstanden sind. Zu einem größeren Teil haben aber auch eine offene und kritische Beobachtung der Welt, Selbstbeobachtung und eigene Erfahrungen eine aktuelle Grundausrichtung bestätigt oder unterstützt. Ohne zu sehr in schwer zu überprüfende und teilweise mit Vorurteilen behaftete Gebiete abzudriften, sind nachfolgend Beispiele angeführt, bei denen viele schnell eine ablehnende Haltung einnehmen, zum Beispiel, weil manches davon erneut mit Themen verknüpft ist, die bei vielen Menschen Ängste wecken und, erneut, Mechanismen wie Verdrängung und Vermeidung erzeugen.

Eine zweifellos übergeordnete Frage lautet: Hat das Leben überhaupt einen Sinn?

Aus einer rein logischen und rationalen Perspektive heraus ist diese Frage nur sehr schwer, wenn überhaupt, zu beantworten.

Vorab ist ja einige Male erläutert worden, dass unsere analytische Ebene des Geistes nur den allergeringsten Anteil von ihm ausmacht. Trotzdem hat es sich etabliert, alles ausschließlich über diese Ebene zu bewerten. Somit kann der gesamte Umfang jedweden Aspekts, der mit dieser Frage verbunden ist, schon höchstens nur im Ansatz erfasst werden.

Der nüchtern beobachtende Verstand kann und muss aber als Hilfsmittel und Hauptinstrument herangezogen werden, um sich möglichen Antworten auf die Frage überhaupt anzunähern, denn ohne den Verstand sind Menschen in dieser Welt ebenso vollkommen aufgeschmissen.

Um einen Teilaspekt vorwegzunehmen:

Wenn Leben einen tieferen und übergreifenden Sinn hat, dann muss es jedes Leben betreffen und nicht nur das menschliche.

Die Hauptfrage ist gleichermaßen mit einem weiteren Entweder - Oder verknüpft, nämlich damit, ob es nach diesem Leben weitergeht oder nicht.

Überhaupt würde nur das Weiterleben eines nicht vergänglichen Anteils des Wesens in irgendeiner Form dem Dasein überhaupt einen Sinn verleihen.

Dies ist und bleibt die Kernfrage der Menschheit.

Ein untrennbar daran gebundenes Wunschdenken soll aber bei der Suche nach Antworten und Spekulationen so weit wie möglich ausgeklammert werden.

Weiter: Wenn es nach dem Tode weitergeht, erleben die Wesen das bewusst? An diese Fragen sind sicherlich genauso viele Hoffnungen wie Ängste gebunden.

Wenn jemand stirbt, Tier oder Mensch, so verbleibt ein lebloser Körper. Er bleibt hier und löst sich auf.

Aber etwas muss ihn ja verlassen haben.

Ganz ohne Zweifel ist dieses Etwas die mysteriöseste, flüchtigste und gleichzeitig mächtigste Kraft überhaupt - die Lebenskraft selbst.

Ihre Natur ist unerklärt und unerkannt, Menschen aller Zeiten rätselten über sie und allein aus dieser Frage heraus haben sich wohl alle Religionen entwickelt.

Sie muss aber irgendwo geblieben oder hingegangen sein, diese Kraft.

Die angeblichen Nihilisten unter uns würden sagen, sie hat sich in Nichts aufgelöst oder ist in ein solches eingegangen. Die Naturwissenschaft hat aber bewiesen, dass es ein absolutes Nichts nicht gibt und nicht geben kann.

Daher bleibt nur die Möglichkeit eines unentdeckten Raumes, in den sich der seelische/geistige/energetische Anteil, der sich vom Physischen löst, begibt.

Ganz unvoreingenommen betrachtet steht außer Frage, dass die wissenschaftlichen Möglichkeiten begrenzt sind und nicht alles mit den zur Verfügung stehenden Mitteln erklärt und entdeckt werden kann.

Man bedenke hier die Begrenztheit der sensorischen Wahrnehmungen von Menschen.

Allein verschiedene Tierarten verfügen über sinnliche Wahrnehmungen von Bereichen, die der Mensch nur mit technischen Mitteln messen kann.

Außerdem besteht kein Anlass zu der Annahme, es könnten auch mit den tollsten Geräten alle überhaupt existierenden Bereiche, oder auch Dimensionen, erfasst werden. Ferner ist es auch nicht zu leugnen, dass eigentlich alles, was jemals entdeckt wurde, vorher mehr oder weniger als Gedanke oder Idee schon vorhanden war. Eine Theorie bildet sich im Denken heraus und dann wird danach solange geforscht, bis ihr inhaltlicher Gegenstand entdeckt oder seine mutmaßliche Existenz widerlegt wird. Das ist der übliche Weg.

Vielleicht könnte ja ein Jenseits auch technisch noch entdeckt werden?

Es soll aber mehr darauf hinaus, das das rein geistige Etwas, das den Körper beim Sterben verlässt, das entscheidende Element ist, dass das Lebewesen ausmacht.

Denn ohne dieses ist der Körper vollkommen nutzlos und nicht mehr zu gebrauchen, weil die »Steuerung« fortgegangen ist.

Alles, über das Menschen sich identifizieren, und auch der Vorgang des Versuchs der Identifikation, beruht auf Denken. Das Denken gehört zum Geist und ist etwas Geistiges. Es lässt sich nicht in die Hand nehmen, erfühlen und von außen betrachten.

Eine innere Betrachtung ist möglich, es ist gleichzeitig auch die Betrachtung selbst, die geschieht, aber sie bleibt innen und geistig. Solange Menschen leben, ist dieses Geistige in ihnen und wenn sie sterben, entweicht es irgendwie aus dem Körper.

Dieses Geistige ist anscheinend das, was sie selbst sind.

Es ist dieses Selbst, das sie sind, das sie ausmacht.

Die Schlussfolgerung kann nur sein, dass Menschen geistige Wesen sind. Ihre ursprüngliche Natur ist geistig.

Während des Lebens begreifen Menschen sich aber hauptsächlich über ihre Körperlichkeit.

Doch wenn man der Sache näher auf den Grund geht, haben sie ihn nur, den Körper, sie sind nicht er.

Die meisten Menschen kennen den Satz über die Seele, die den Körper vorübergehend bewohnt. Anscheinend ist es genau so.

Wie weiter oben formuliert, ist der entscheidende Schnittpunkt der Erhalt und das weitere Existieren des Bewusstseins. Nebenher erneut die Wiederholung des Rätsels um das Bewusstsein an sich. Naturwissenschaftler und vor allem Mediziner, die meisten, geben es nicht gerne zu, dass es nicht erklärbar ist, und es gibt allerlei Ansätze, seine Entstehung zu begründen.

Dennoch existiert überhaupt keine wirkliche Begründung darüber, was Bewusstsein eigentlich ist und unvoreingenommene Neurologen, Hirnforscher und andere Geisteswissenschaftler bestätigen, dass es nicht gelungen ist, dieses Phänomen zu erklären.

Trotzdem ist es da, wie die Selbstwahrnehmung jedem beweist.

Von der Naturwissenschaft werden leider auch sehr viele real existierende Phänomene nicht beachtet, verleugnet und verdrängt, nur weil sie über sie selbst nicht erklärt werden können. Das ist sehr schade und bedeutet eine selbst getroffene Einschränkung, die eine Grenze setzt, welche die Wissenschaft sich selbst nicht erlaubt zu überschreiten.

Das große Gebiet außerkörperlicher Erlebnisse zahlreicher Menschen belegt eindeutig die Möglichkeit des Erhalts des Bewusstseins ohne Bindung an den Körper.

Hierzu gehören auch Nahtoderlebnisse, aber solche Erfahrungen müssen nicht zwangsläufig mit einem kurzen Todeszustand, oder beinahe eingetretenem Todeszustand einhergehen. Das *Wie*, das Zustandekommen des Phänomens an sich, kann der Wissenschaftler nicht erklären und deshalb leugnet und ignoriert er das Phänomen, das aber ganz klar vorhanden ist. Ist das nicht eher naiv oder gar überheblich?

Es scheint also, dass die vorübergehende körperliche Existenz nicht den eigentlichen Sinn der Existenz an sich darstellt.

Besteht ein geistiges Bewusstsein weiter, kann das verkörperte Dasein nur eine temporäre Erfahrung sein oder dazu dienen, welche zu machen.

Man sollte das also nicht überbewerten, obwohl es, das derzeitige Leben, zweifellos eine ungeheure Wichtigkeit für Menschen besitzt, denn es ist alles, was sie erst einmal haben und kennen.

Das übergeordnete rein Geistige muss aber zwangsläufig eine größere Wichtigkeit darstellen.

Diese Erkenntnis stellt sich zwar nicht automatisch und von allein während des irdischen Lebens ein, sie kann aber erarbeitet werden. Die Anstrengung, die dazu nötig ist, erfordert allerlei Willenskraft und die Verwirklichung diverser Tugenden, ebenso eine Abkehr vom Weltlichen, Äußeren, jedenfalls langfristig.

Die Wichtigkeit für diese Suche ist auch nicht in jedem vorhanden, jedoch haben wahrhaft danach Suchende und Praktizierende aller Zeiten sich selbst, und auch der Welt, den Beleg erbracht, dass es sich nicht anders verhalten kann, als dass ihre eigene jetzige Existenz in Form der unerklärbaren Essenz, die sie belebt, sie überdauert.

Zahlreiche Lehren sind aus entsprechenden Erkenntnissen und Erfahrungen entstanden.

Viele Menschen glauben an einen tieferen Sinn des Daseins, der darin besteht, das eigentliche Selbst zu entdecken, zu erforschen, es zu kultivieren und über zahllose Prozesse einer geistigen Evolution zu verwirklichen.

Wenn nun eine das Irdische und Körperliche überdauernde Natur angenommen wird - wie könnte ihr Weg verlaufen und worin begründet sich diese fortdauernde Existenz?

Das eigentlich geistige Wesen gelangt über den Vorgang der Geburt in den physischen Körper, vielleicht auch bereits davor, bis es diesen wieder verlässt. Während des irdischen Lebens hat es zahllose Erfahrungen gesammelt, Lernprozesse durchlaufen und Erkenntnisse gewonnen, im besten Fall die eigene Evolution eher vorangetrieben als sich rückläufig entwickelt.

Es sieht danach aus, dass die Prozesse in ihrer Gesamtheit auch weniger fördernd verlaufen, Aufgaben nicht erkannt und bewältigt werden können und kein oder nur wenig Fortschritt erzielt werden kann. Unabhängig davon gelangt jeder an den Punkt, an dem er seinen Körper wieder verlassen muss.

Ein übergeordneter Geist besteht nach diesen Anschauungen also weiter, er muss in einen anderen Raum gehen.

Der Gedanke der Reinkarnation kristallisiert sich als mehr und mehr wahrscheinlich heraus, je tiefer man sich mit diesen Themen befasst.

Eine sich zwangsläufig ergebende Frage ist die nach der Natur des Kreislaufs von einem rein geistigen Zustand erneut in einen mit einer körperlichen Komponente hinein, wieder aus diesem hinaus, ...

Wie alle wissen und leicht feststellen können, stehen alle Menschen auf einem unterschiedlichen individuellen Entwicklungsstand. Manche können wegen ihrer begrenzten intellektuellen Fähigkeiten vieles nicht begreifen, was für andere selbstverständlich ist.

Daneben gibt es welche, die zu genialen Leistungen imstande sind und deren Verständnis sie mit nur wenigen teilen können. Es ist offensichtlich, dass, je größer die Entwicklung der geistigen Qualitäten vorangeschritten ist, die Zahl derer immer geringer wird, die über entsprechende Fähigkeiten verfügen. Die geistige Evolution kann erneut im Bild einer Pyramide eingebracht werden.

Es folgert sich leicht, eine Überwindung des Körperlichen als zwangsläufige Folge und eine Art »Zwischenziel« anzunehmen, hat das Geistige einmal einen kritischen Punkt erreicht.

Besteht das Wesen dann ausschließlich in geistiger Form weiter?

Die Möglichkeiten einer Entwicklung und Entfaltung von Fähigkeiten, die auf Lernprozessen beruhen, scheinen unendlich. Es ist aber erkennbar, dass der Prozess des Voranschreitens selbst als Ziel oder treibende Kraft hinter allem steht, woraus sich erneut Sinnhaftigkeit ableiten lässt.

Dieses Gebiet und alle eingebundenen Möglichkeiten von Wegen, die der Mensch geistig und auch in seinem physischen/materiellen Dasein beschreiten kann, ist zu groß, als dass es analytisch erfasst und begriffen werden kann. Zwangsläufig gelangt man an einen Punkt, an dem das Vertrauen ins Spiel kommt, dass hier einer gegebenen Struktur gefolgt wird und diese von einem Sinn erfüllt ist und sie übergreifend nur dem eigenen Wohl dienen kann.

Scheinbar ist eine weitere Schnittstelle des übergeordneten Weges das Erkennen dieser Struktur, eines übergeordneten Prinzips, dem man sich ab diesem Punkt nur vertrauensvoll hingeben und seinen Weg weitergehen kann, ohne ihn vorab schon abschließend erkannt und durchdacht zu haben.

Denn wie gesagt ist der eigene Geist, vielmehr: - sein Verstand - irgendwann überfordert, um die Gesamtheit zu erfassen und zu verstehen.

Das Erlangen der Vertrauensebene hilft auch schon während des irdischen Lebens, Sinn und Zweck alles Vorhandenen gleichsam als vorhanden zu akzeptieren, wenn das Individuum all die unergründlichen Dinge um sich herum wieder einmal nicht verstehen kann.

Schon in der Betrachtung der äußeren Welt und der Evolution des Lebens auf diesem Planeten geraten Menschen schnell an ihre Grenzen.

Allein die gelehrte Evolutionsgeschichte des organischen Lebens ist bislang nur Theorie. Es sind immer wieder Widersprüchlichkeiten zu ersehen, die nicht anhand etablierter Anschauungen und Annahmen erklärbar sind.

Wieso haben Menschen sich, nach der Evolutionstheorie, aus einzelligen Lebewesen bis zum hochentwickelten Primaten emporgeschwungen und andere nicht? Ist es nicht sonderbar, dass es auch heute immer noch genau dieselben einzelligen Pantoffeltierchen gibt, aus denen alles Leben angeblich entstanden ist?

Es ist unbegreiflich und nicht nachvollziehbar, warum die Natur anscheinend eine Abspaltung vorgenommen und verschiedene Linien hervorgebracht hat, aus der in einer zeitlich unglaublich langen Kette am Ende der Homo Sapiens steht, während die andere Linie der Einzeller über die selbe lange Zeitspanne auf dem Entwicklungsstand der Einzeller geblieben ist.

Schon dieses Beispiel zeigt, wie wenig Menschen wirklich wissen und dass sehr vieles, das als allgemeingültige Wahrheit gelehrt wird, schlichte Annahme ist.

Dies ist eine Welt, in der sich Menschen gegenüberstehen, die den Weltraum erforschen, während andere noch im Busch leben, wie alle es, nach der Annahme, über zig Tausende von Jahren getan haben.

Dabei kann sich der technisch fortgeschrittene Mensch aber keinesfalls auf den Begriff der Intelligenz berufen, denn seine heutigen Möglichkeiten beweisen ihm, dass der Buschmann im Amazonasgebiet, der vielleicht tatsächlich noch nie ein Flugzeug oder ein Taschenmesser gesehen hat und von deren Existenz er schlichtweg nichts weiß, von seinen Anlagen her aber durchaus intelligenter sein kann als der Oxford Absolvent. Anscheinend ist für ihn die Erfahrung eines Lebens im Dschungel aktuell genau die richtige, während es die für andere ist, einen Jet zu fliegen oder 40 Jahre lang Abend für Abend unreflektiert mit der Dose Bier in der Hand vor dem Fernseher zu dämmern. Es ist wahrhaft müßig, dies alles über den Verstand begreifen zu wollen. Ein zugrunde liegendes Prinzip im Sinne einer Evolution und eines Voranschreitens scheint aber unübersehbar. Eines, das an einem unbestimmbaren Punkt eine Abspaltung hin zum rein Geistigen als alleinige Wesensnatur haben muss, wie es schon vorangehend vorgestellt wurde.
Das Erkennen dieses Prinzips erzeugt das Vertrauen darin.

Anmerkung:
Ähnlich, wie der Begriff Bewusstsein bislang nicht wirklich abschließend wissenschaftlich erklärt werden kann, verhält es sich mit dem Begriff der Intelligenz. Auch die Intelligenz kann nach wie vor nur umschrieben werden.

Geistige Evolution

Worin könnte diese geistige Evolution bestehen?

Das scheinbar und stark anzunehmende Phänomen der Wiedergeburt ist ein Schluss, zu dem man fast automatisch gelangt, ohne unbedingt die existierende Lehre darüber schon an den Anfang der Überlegungen zu setzen.

Glücklicherweise existiert diese Lehre als Idee aber schon sehr lange in verschiedenen Religionen oder spirituellen Anschauungen und deshalb kann es sicher nicht schaden, sie näher zu betrachten. Denn wenn sie etwas Wirkliches beschreibt, so können Informationen über diese Lehre wahrscheinlich nur von relativ hoch entwickelten Geistern ersonnen worden sein - oder vielmehr sogar auf Beobachtung und Erinnerung solcher beruhen.

Um eine als eigentlichen Sinn des Lebens zu verstehende Evolution des Geistes zu machen, muss dieser irgendwie kultiviert werden. Es ergibt sich, ihm dafür zugewandt sein zu müssen. Der Weg führt nach und über das Innen.

Mit einem Teil des Geistes, dem Verstand, beschäftigt er sich unentwegt mit dem Außen; erfasst und begreift es, analysiert, ordnet dieses und jenes zu und ist ununterbrochen mit diesen Angelegenheiten beschäftigt.

Aber es ist lediglich nur ein darüber Nachdenken.

Eine lebenslange Beschäftigungstherapie, die sich selbst ad acta legt, wenn die »Hardware« nicht mehr mitmacht.

Ständig greift der Geist etwas aus dem Äußeren auf, internalisiert es oder lehnt es ab, findet etwas sympathisch oder erzeugt in sich selbst Gefühle der Wichtigkeit oder auch Traurigkeit, versinkt in Weltschmerz, Selbstmitleid oder Selbstherrlichkeit. Die Sinne nehmen permanent Reize wahr und verarbeiten sie.

Sie sind permanent beschäftigt und das Individuum hält sich darüber gerne abgelenkt und gleichermaßen diese Ablenkung sein ganzes Leben lang für die vollständige Wirklichkeit seines Seins.

Aber es ist nur eine Funktion des Geistes, die da unentwegt abläuft, mit der es sich fälschlicherweise zu identifizieren gelernt hat.

Wovon abgelenkt?

Was passiert, wenn der Mensch innehält und den Fokus nicht auf etwas von außen Einströmendes legt, sondern feststellt, dass er trotzdem irgendwie *ist*?

Dies ist die beginnende Erfahrung, den Geist selbst zu erleben, nicht nur über ihn nachzudenken oder ihn als Mittel zu benutzen, um über Wahrgenommenes nachzudenken.

Wer sich selbst auf die Spur kommen will, muss dieses zunächst erst einmal wollen. Er muss aus dem Hamsterrad aussteigen und sich reflektieren *wollen*. Dann aber kann sich die Erkenntnis einstellen, dass er sich Zeit seines Lebens eigentlich ablenkt - von sich selbst.

Aber gibt es tatsächlich etwas zu entdecken?

Diese Frage ist nämlich keineswegs leicht zu beantworten.

Was macht man, wenn man erst einmal nichts mehr macht und beginnt zu schauen? In sich hinein. Es kann für viele eine sehr schwere Übung sein, nichts zu tun als in der Stille mit sich selbst zu sein.

Das Wort Meditation wurde bislang nicht genannt, aber es ist die gängigste Bezeichnung für die Methode, das eigene Innere in der Stille zu beobachten. Meditation ist für viele ein Reizwort und sehr unreflektierte Menschen bezeichnen sie manchmal vorschnell als eine Realitätsflucht und assoziieren den Begriff weiter mit religiösen Sekten, die den Menschen abhängig machen sollen et cetera. Dies sind leider gängige Vorurteile gegenüber der Übung des Meditierens selbst.

Üblicherweise halten Menschen, wie gesagt, die äußere Welt, mit der sie sich unentwegt beschäftigen und über die sie sich identifizieren, für die Wirklichkeit. Alle äußeren Wirklichkeiten unterliegen aber der Vergänglichkeit.

Irgendwann sind tatsächlich alle materiellen Dinge nicht mehr da und nichts weist darauf hin, dass es sie je gegeben hat.

Die meisten Dinge brauchen sehr lange, um vollständig verschwunden zu sein, aber irgendwann sind sie fort.

Ist es tatsächlich eine Flucht vor der Wirklichkeit, sich in die innere Ruhe zu begeben, um ganz bewusst die Natur des eigenen Geistes zu beobachten und zu erforschen?

Es ist ja das, was jemand tatsächlich ist und eine äußerst reale, wirkliche, Erfahrung, sein eigenes geistiges Inneres zu betrachten.

Was könnte für einen Menschen wirklicher sein als er selbst, zunächst unabhängig davon, ob er damit seinen Körper oder seinen Geist meint?

Verschiedene Stile und Übungen von Meditationen existieren, verbunden mit Atemtechniken, die helfen können in die Ruhe zu kommen, um das Suchen besser und leichter betreiben zu können. Meditationen können auch zu anderen Zwecken geübt werden, um Ziele zu erfassen, die Konzentrationsfähigkeit zu verbessern und so weiter.

Eine gewisse zentrierende, klärende und den Geist erfrischende Wirkung hat Meditation eigentlich immer. Der Begriff wird hier aber mehr als Beschreibung für die Suche nach dem, was der eigene Geist eigentlich ist, verwendet.

Diese Frage nach der tatsächlichen Natur des Geistes kann nicht abschließend beantwortet werden.

Beginner von Meditationsübungen erleben, wie der Geist sich anfänglich dagegen sträubt, ruhiger zu werden.

Bald kann aber auch erreicht werden, dass man sich darauf freut, die Übung wieder zu machen, mehr in die innere Ruhe zu kommen.

Hier kann eine weitere, nicht zu beantwortende Frage aufgeworfen werden, nämlich danach, wer sich da freut, wen man erfassen oder beobachten will, wer die Fragen stellt und an wen sie adressiert sind.

Der Geist denkt fast unentwegt und es ist eine sehr schwierige Übung, ihn davon abzuhalten, jedenfalls solange man sich im gewohnten alltäglichen Bewusstseinszustand befindet.

Es ist die schwerste Übung in der Meditation, die Gedanken zu kontrollieren. Mit der Zeit beruhigen sie sich und werden etwas langsamer und weniger.

Es ist auch möglich und im Sinne einer stillen Meditation anzustreben, den Punkt und Zustand zu erreichen, an dem kein Gedanke mehr fließt. In einem gedankenlosen Zustand fühlt man sich aber dennoch erstaunlich lebendig.

Das sonst so wichtige Hauptinstrument im Leben wird in der Meditation oft zum Widersacher, der sich anscheinend so wichtig nimmt, als ob er eine eigenständige und von sich selbst losgelöste Instanz wäre und seine Natur, lediglich Instrument des Geistes zu sein, nicht akzeptieren möchte.

Dies ist aber widersprüchlich und hieran knüpft eine weitere Übung an: Zu verstehen, zu erfahren, dass Mensch nicht nur nicht sein Körper, sondern ebenso wenig sein Denken ist.

Es ist schwierig aber möglich, es zu verlangsamen und sogar anzuhalten, das Denken. Daran erkennt man, dass es nicht man selbst ist. Jemand hat den Ausspruch getan, die Räume zwischen den Gedanken seien die wahre Quelle der Kraft. Dem kann man durchaus zustimmen.

Um nun konkreter die offensichtliche und eigentliche rein geistige Natur des Wesens zu betrachten, seien, relativ oberflächlich, die dem Autor zu diesem Thema zugänglichen Anschauungen des Buddhismus fokussiert.

Denn diese Religion liefert die wohl klarsten Beschreibungen über die Struktur des Lebewesens und aller Prozesse im Kreislauf von Leben und Tod, wobei letzterer lediglich ein anderer Zustand des Lebens zu sein scheint.

Das eng an den Buddhismus angelehnte und von ihm beeinflusste Totenbuch der Tibeter (Auch: Tibetanisches Totenbuch oder ähnlich, je nach Autor und Ausgabe) stellt hier sehr deutliche Aussagen zur Verfügung, die nachfolgend etwas nähere Betrachtung erfahren.

Zunächst unterscheidet sich der Buddhismus von den meisten Religionen darin, dass er keine monotheistische Glaubenslehre ist, sondern keinen übergeordneten Gott kennt und die vollkommene Eigenverantwortung stets deutlich hervorhebt. Die äußert sich in der Tatsache des sich aus der Qualität sämtlicher Handlungen, Reden und Gedanken ergebenden Schicksals, das darüber selbst erschaffen wird und dem folglich niemand als von einer externen Macht gegeben unterlegen ist.

Schicksal ist somit keine von einem externen Schöpfer festgelegte und vorgegebene Strecke, die man als besser oder schlechter gestelltes Wesen innerhalb eines Lebens zu durchlaufen hat. Vielmehr ist es eine unentwegte Bewegung, die veränderbar ist.

Ein permanenter Vorgang, dessen objektive Qualität sich in dem Begriff des Karma und dessen umfangreicher Lehre erklärt. Es gibt demnach keine übergeordnete externe Instanz, durch welche das eigene Schicksal durch Gnade positiv beeinflusst werden kann, die über Gebete und rituelle Handlungen erwirkt werden könnte.

Diese Ansicht dürfte für viele Menschen ein extrem unangenehmer Punkt sein, der viele davon abhält, diese Lehre anzunehmen und sich zwangsläufig und ausschließlich auf das eigene Selbst, die Reflexion desselben und eben eine hundertprozentige Selbstverantwortung zu besinnen und diese zu akzeptieren.

Dem steht die scheinbar widersprüchlich Beobachtung gegenüber, dass auch der bekennende Buddhist durchaus religiöse Rituale wie Gebete und Handlungen kennt und praktiziert.

Wen sollen diese dann erreichen und eventuell gnädig stimmen?

Es ist zu beachten, dass auch der Buddhismus durchaus ein umfangreiches Pantheon kennt, um zumindest zum besseren Verständnis diesen Ausdruck zu verwenden.

In den umfangreichen Texten tauchen zahlreiche Wesenheiten auf, die als Gottheiten oder Götter bezeichnet werden, neben anderen wie etwa Meistern oder Dakinis, wobei letztere an das christliche Bild der Engel erinnern.

Wird die Möglichkeit und eine darin implizierte Sinngebung einer, letztlich geistigen, Evolution vorausgesetzt, so stellt sich die Erkenntnis ein, dass es real existierende Wesen gibt, die eine höhere Entwicklungsstufe und damit ein fortgeschritteneres Bewusstsein erlangt haben und sich bereits in entsprechend anderen geistigen Gefilden befinden als man selbst. Sie sind es, die auch der Buddhist in seinen Gebeten anruft. Viele von ihnen haben im Sinne dieser Glaubenslehre aus absoluter Selbstlosigkeit und Güte heraus ihr gesamtes Dasein dem Wohle aller Lebewesen gewidmet, um diesen zu dienen und dabei zu unterstützen, die gleiche geistige Entwicklung zu machen, die zur sogenannten Befreiung führt. Diese Haltung kommt in der Bezeichnung des *Boddhisattvas* zum Ausdruck.

Eine Art von Hilfe oder gar Gnade scheint also zum Teil doch möglich zu sein, entspringt aber eben nicht dem Willen eines allem übergeordneten Gottes, der Sünden und Böses vergeben kann, wenn man nur lange und oft genug gebetet und sich niedergeworfen hat.

Die angestrebte Befreiung ist bezogen auf die Loslösung von der Notwendigkeit weiterer Geburten, Inkarnationen (Lat.: in carne = ins Fleisch) in einem physischen Körper, der dem Kreislauf von Geburt, Alter, Krankheit und Tod unterworfen ist, der als das Rad des Lebens und Kreislauf des Leidens bezeichnet wird.

Die Erlösung besteht darin, die sogenannte vollkommene Buddhaschaft zu erlangen, um als Wesen in seiner ursprünglichen geistigen Natur in einem von mehreren sogenannten reinen Buddhaländern geboren zu werden, in denen kein Leid existiert, sondern ewige Glückseligkeit bestimmend ist. Dennoch kann dort, befreit von der Möglichkeit eines Rückfalls in niedere Gefilde, weiterhin eine Entwicklung zum eigenen Wohle und dem aller anderen Wesen erfolgen.

Die Umschreibung von negativen Handlungen, die Ursachen darstellen und Konsequenzen nach sich ziehen, welche in neuen Leben und Lebenssituationen als Auswirkung vollzogen werden müssen, kommt dem Gedanken der Sünde mitunter durchaus nahe. Von diesen und weiteren Auswirkungen, die sich als subjektiv empfundenes Leid äußern, kann das Wesen sich aber nur selbst durch das Erschaffen von ausgleichenden Taten erlösen, die wiederum eine entsprechende Einsicht und Geisteshaltung voraussetzen und sich über die Karmalehre erklären.

Offenbar ist, wie angedeutet, eine gewisse Hilfe und Unterstützung durch weiter vorangeschrittene Geistwesen möglich, den vollkommenen Ausgleich kann das Wesen, also jeder Einzelne, nur selbst durch persönliche Arbeit und Anstrengung erlangen.

In diese Anschauung kann der Begriff der Dualität und ihre Natur der Illusion eingebracht werden. Denn nach der buddhistischen Auffassung ist die wahre Natur aller Wesen gleich. Eine Trennung, die Wahrnehmung einer Dualität, ist nur eine eingebildete. Das Erkennen der Gleichheit aller Wesen und ihre rein geistige Verbundenheit untereinander bewirkt die beschriebene Befreiung.

Solange sie nicht erfolgt ist, und davor ihr Erkennen, baut sich das Wesen fortwährend einen Kosmos aus rein imaginären Elementen auf, den es für die Wirklichkeit hält und der als allumfassende Illusion bezeichnet wird.

Darin inbegriffen ist sowohl die äußere materielle Welt, die Menschen üblicherweise als Universum begreifen, inklusive des eigenen Körpers, wie auch die jenseitige Welt, in die jedes Wesen nach seinem irdischen Dasein eingeht.

Die eigentliche und unveränderbare geistige Natur jedes Wesens wird als winzigster geistiger Tropfen beschrieben, dessen Erkennen und die damit verbundene Rückbesinnung die Auflösung sämtlicher Illusion bewirkt.

Nach dieser Lehre, die teilweise verblüffende Parallelen zu anderen Gebieten erhält, beispielsweise zum Schamanismus verschiedener Kulturen und Völker oder auch sogar zum Teil zur modernen Psychologie, die aber auch über Übung erfahrbar ist, in der die Selbstbestimmung und Selbstverantwortung zum realen Erleben wird, baut der eigene Geist diese Illusionen auf, um sie mit der Wirklichkeit zu verwechseln. Da sich das Bewusstsein aller Menschen sehr ähnliche und nahezu identische Illusionen aufbaut, hat sich daraus ein äußerst handfestes und standhaftes Bild der Welt in den Köpfen aller Menschen herangebildet, das sie kollektiv für Wirklichkeit halten.

Das Aufbauen dieser Illusionen, die im Grunde geistigen Bildern und Überzeugungen gleichkommen, die auch als Glaubenssätze bezeichnet werden können und die in ihrer Anzahl quasi unendlich sind, entsteht durch simple Lernvorgänge und die Übernahme ebendieser Überzeugungen und Bilder von außen.

Denn zum Zeitpunkt der Geburt sind diese noch nicht im Geist enthalten, sondern werden erst durch die Personen des Umfelds in diesen eingebracht.

Sie werden einfach übernommen - wie könnte ein Neugeborenes mit einem völlig leeren Geist auch beurteilen, ob es nur Annahmen und gedankliche Gebilde sind, die ihm nahegebracht werden?

Die Rückbesinnung und das Erkennen dieser ursprünglich leeren Natur des Geistes bewirkt, nach der buddhistischen Betrachtung, die beschriebene Befreiung.

Sie kann auch spontan erfolgen, ohne die Last des individuellen Karmas gelebt haben zu müssen.

Solange dieses Erkennen aber nicht stattgefunden hat, kleidet der Geist sich selbst mit Abermillionen von Bildern und Überzeugungen aus, die er mit der Wirklichkeit verwechselt.

Für die Zeit, in der diese Illusion aufrecht erhalten wird, erlebt ein jeder diese Illusion ja offensichtlich auch als sehr real und es ist sehr schwer zu erfassen, was hier gemeint ist, solange die Herangehensweise auf der gewohnten intellektuellen Ebene erfolgt, über die alle sich üblicherweise identifizieren. Zweifellos hat der menschliche Körper, wie alles Materielle, eine sehr reale Struktur. Sie ist jedoch wandelbar und bekannterweise vergänglich.

Alles Vergängliche wird als Illusion beschrieben, das Erkennen dieser als solche und gleichzeitig die des unveränderlichen geistigen Tropfens, der das Wesen eigentlich ist, stellt die zunächst höchste Stufe dar, die wohl der berühmten Erleuchtung gleichkommt.

Noch übergreifender betrachtet ist sie aber nur eine Schnittstelle, über der sich das ewige, unveränderliche und tatsächliche Universum für den unsterblichen reinen Geist auftut, wenn er erst an diesen Punkt gelangt ist. Ein weiterführender Einblick ist aber anscheinend vom hiesigen Stand- und Blickpunkt kaum möglich.

Sehr beeindruckend sind die Beschreibungen des Prozesses des Sterbens und des jenseitigen Bereiches, wie es in dem schon genannten Totenbuch geschildert wird.

Sein Ursprung ist nicht wirklich geklärt und zunächst existierte es nur in Form mehrerer Texte und wurde erst etwa zu Beginn des 20. Jahrhunderts als zusammenhängendes Buchwerk gefügt und auch in westliche Sprachen übersetzt und veröffentlicht. Die Urtexte existieren aber seit Jahrhunderten und ihre Entstehung und sein angeblicher Verfasser sind in mystische Geschichten gekleidet. Dennoch gewinnt der Leser angesichts des präzisen Detailreichtums schnell die Gewissheit, dass es sich hierbei um ernsthafte Schilderungen handelt. Außerdem existieren diese umfangreichen Texte ja tatsächlich und müssen folglich irgendwem entsprungen sein. So wie es schon angedeutet wurde, befinden sich sämtliche Einzelwesen auf sehr unterschiedlichen Stufen von geistiger Evolution und Bewusstheit.

* * *

Nicht jeder findet Zugang zur inneren Welt des Bewusstseins eines anderen.

Offenbar sind nach oben aber keine Grenzen gesetzt und es ist gar nicht unwahrscheinlich, dass immer wieder Einzelne über ihr Bewusstsein Zugang zu Bereichen erhalten, die eindeutig das Derzeitige und Irdische übersteigen. Selbstverständlich fällt es anderen, die nur darunter liegende geistige Niveaus kennen, schwer, höher entwickelte zu erfassen. Ihnen, den meisten Menschen, bleibt nur der Glaube an nicht unmittelbar zu Überprüfendes oder die Ablehnung desselben. Dennoch belegen Phänomene, Begebenheiten und Biographien die Wirklichkeit von Dingen, die das gewöhnliche Alltagsbewusstsein der meisten Menschen für unmöglich hält.

Dazu gehören vorab schon genannte sogenannte außerkörperliche Erlebnisse und Erfahrungen, die eine Existenz reinen Bewusstseins beweisen, ohne dass dies dabei an den physischen Körper gebunden sein muss.

Die übliche Haltung der modernen Wissenschaft und Medizin hierzu wurde ja schon kommentiert.

Viele solcher Fälle sind aber außerordentlich gut dokumentiert und verschiedene Wahrnehmungen betroffener Menschen, die nach Lehrmeinung nicht sein können, von Außenstehenden bestätigt worden. Allein solche Erlebnisse weisen schon sehr auf die Möglichkeit hin, eine rein geistige Natur könnte bestehen und nach dem Tod weiter existieren. Daneben sind besondere Fähigkeiten von Menschen zu stellen, die ebenso eigentlich nicht sein dürften und unmöglich erscheinen.

Es ließen sich hier Beispiele sogenannter Fakire oder auch Menschen anführen, die als Heilige verehrt wurden oder werden und die über ganz außergewöhnliche körperliche Kräfte verfüg(t)en. Sei es, Verletzungen beigebracht zu bekommen, ohne zu bluten und Schmerz zu empfinden und diese unbeschadet zu überstehen oder etwa, über Zeiträume von bis zu mehreren Tagen in einem Sarg eingegraben gesund und munter zu überstehen oder über Jahre, gar Jahrzehnte, ohne feste Nahrung zu leben. Dies sind Beispiele, die ganz absichtlich und bewusst von den entsprechenden Personen vollzogen wurden, um eben die erstaunliche Beherrschung von Körper und Geist zu demonstrieren. Es gibt außerdem Fälle von Yogis, die ganz absichtsvoll und bei bester Gesundheit das Ende ihres irdischen Lebens durch Meditation herbeigeführt haben. Und zwar wegen des Wissens, ihre Aufgabe in dieser Welt beendet zu haben.

Es muss ja seine Gründe haben, wieso solche Menschen zu dieser Überzeugung gelangt sind, und dass sie eine solche außergewöhnliche Beherrschung von Körper und Geist kultiviert und vollbracht haben.

Solche Beispiele beeindrucken zunächst wegen der außerordentlichen Kontrolle des Körpers durch den Geist. Denn es handelt sich hierbei ja nicht um Suizide, sondern um den Einsatz geistiger Fähigkeiten, die für den Normalsterblichen nicht nachvollziehbar sind.

Denn kaum jemand kann über die Kraft seines Geistes einen Herzstillstand herbeiführen, indem er sich still hinsetzt und dies einfach tut. Es kann erahnt werden, wie jemand, der über solche enormen geistigen Kräfte verfügt und der sein ganzes Leben einer spirituellen Praxis und Übung gewidmet hat, über diesen Geist schon zu Lebzeiten Bereiche erfahren und den Zugang zu ihnen ganz bewusst erlangt hat, die über das Irdische hinaus gehen.

Es ist anzunehmen, dass jemand, der so etwas vollbringt, sich also gezielt und absichtlich in den Tod zu meditieren, dann auch weiß, wohin er geht.

Konkret kann hier das Leben und Werk des schon erwähnten bekannten Yogis Paramahansa Yogananda angeführt werden, dessen berühmtes »Letztes Lächeln«, eine Stunde vor seinem endgültigen bewussten Verlassen seines Körpers aufgenommen, bei jeder erneuten Betrachtung beeindruckt. Ebenso wie die Tatsache, dass sein Körper noch volle 20 Tage nach seinem offiziellen Tode nicht das allergeringste Anzeichen von Zersetzung oder Verwesung aufwies.

Dieser Umstand wird von den Anhängern des von Yogananda praktizierten und gelehrten *Kriya Yoga* als Auswirkung ebendieses Yoga benannt.

Diese erstaunliche »Unverweslichkeit« wurde gar vom Direktor des Friedhofs in Los Angeles, auf dem der Körper drei Wochen nach dem offiziellen Ableben beigesetzt wurde, in einer beglaubigten Urkunde bestätigt.

Seit 2014 ist im Internet ein Filmbericht des ZDF zu finden, der das Phänomen um den buddhistischen Lama *Hamba Lama Daschi-Dorsho Itigelow* beleuchtet.

Dieser wirklich außergewöhnliche Mensch hat offenbar an seinem eigenen Beispiel der Welt und seinen Anhängern ein ebensolches für die Kraft des Geistes über den Körper und seine grundsätzliche übergeordnete Bedeutung geben wollen. Nach seinem offiziellen »Tod« im Jahre 1927 wurde er im Lotussitz, der klassischen Meditationsposition, beigesetzt.

Auf seine eigenen vorher gegebenen Anweisungen hin sollte er, wenn seine Anhänger und Schüler meinten, dass die Zeit dafür gekommen sei, wieder ausgegraben werden. So geschah es, dass der Körper insgesamt drei Mal, endgültig nach 75 (!) Jahren aus der Erde geholt wurde. Ausgiebige medizinische Untersuchungen wurden an ihm vorgenommen und bestätigt, dass er keinerlei Balsamierungen oder sonstige Behandlungen erfahren hatte. Dieser Körper ähnelt zwar auf den ersten Blick dem einer Mumie, ist aber keine. Im Gegenteil reagiert der Organismus zwar sehr langsam, aber er reagiert auf äußere Einflüsse. Beispielsweise ist die Zirkulation seines ziemlich verdickten Blutes nachgewiesen, und angeblich öffnet er gelegentlich Augen und Mund. Nach wie vor sitzt er in der Meditationshaltung und befindet sich in einem gläsernen Schrein in einem bedeutenden buddhistischen Kloster in Russland. Die bislang vorgenommenen medizinischen Untersuchungen ergaben das verblüffende Ergebnis, dass der Todeszustand dieses Körpers nicht definitiv festgestellt werden konnte und dass seine Zellen noch lebendig sind. Offenbar lebt dieser Mensch und befindet sich nach wie vor in einem äußerst tiefen meditativen Zustand, der scheinbar über Zeit und Umwelteinflüsse erhaben ist.

Es sind natürlich willkürliche einzelne Beispiele, die hier nur ansatzweise erwähnt sind, die aber real existieren und solche wundersamen Menschen und Fähigkeiten hat es über alle Zeiten und Epochen hindurch gegeben.

Sind solche Einzelbeispiele nicht eigentlich Beweis genug, wozu der Geist in der Lage sein kann und dass es einen anderen Bereich geben muss, in den alle eingehen, wenn sie diese Welt verlassen?

Zeigen sie nicht außerdem, dass diese Fähigkeiten *potenziell* in jedem Menschen vorhanden sein *müssen*?

Es ist sicherlich eine langwierige und schwierige Arbeit, die Disziplin aufzubringen, den eigenen Geist so zu kultivieren, um solche Fähigkeiten zu entwickeln.

Aber sie sind ein Beweis für die höhere Stellung des Geistigen über das Körperliche, und sie belegen die mehr als hohe Wahrscheinlichkeit eines Lebens nach dem Tode und damit auch einen Sinn des Lebens überhaupt, auch wenn das Bewusstsein der meisten Menschen dies nicht erfassen kann. Genau darin besteht sicherlich auch der Grund, warum außergewöhnlich hoch entwickelte Geister einzelner solche Beispiele gegeben haben.

Wenn mystische Schriften exakte Beschreibungen über innere Prozesse beim Sterbevorgang und weit darüber hinaus Beschreibungen jenseitiger Bereiche und verschiedene Stufen und Prozesse liefern, die ein Verstorbener nach seinem irdischen Tod durchläuft, dann ist es durchaus berechtigt anzunehmen, dass diese Beschreibungen auf konkreten Beobachtungen und Erinnerungen beruhen.

Kann es schaden, ihnen Bedeutung zuzumessen und sich mit der offensichtlichen Sinnhaftigkeit der eigenen Existenz auseinanderzusetzen?

Exkurs Totenbuch

Um eine noch bessere Vorstellung zu vermitteln, soll nachfolgend eine detailliertere Erläuterung von Beschreibungen erfolgen, die in dem mehrfach genannten Tibetischen Totenbuch zu finden sind.

Sie betreffen alle Vorgänge aller lebendigen Wesen und spiegeln zwar mehr oder weniger einen Großteil des Inhalts einer bestimmten Glaubenslehre wider, können aber an vielen Stellen auch mit natürlichen psychischen Prozessen gleichgesetzt werden.

Überschneidungen und Übereinstimmungen zu diesen geistigen Vorgängen, dessen Mechanismen alle Menschen unterliegen, werden auch in der Schrift selbst hervorgehoben. Ferner ist das Tibetische Totenbuch nicht immer in einem absoluten Kontext zur Religion Buddhismus zu betrachten. Speziell nach Tibet ist die Lehre dieser Religion über etliche Jahrhunderte nur nach und nach vorgedrungen und hat sich in diesem Prozess mit schon vorher in diesem Kulturraum etablierten Betrachtungen zu Leben und Tod vermischt, die einen ursprünglichen schamanischen Charakter besitzen.

Es wurde bereits erläutert, wie nach Ansicht der buddhistisch orientierten Glaubenslehren, oder deren unterschiedlichen Pfaden innerhalb dieser Religion, die einheitliche Vorstellung existiert, nachdem ein unvergänglicher Geist vorübergehend einen physischen Körper bekleidet. Der Geist, vielmehr das Bewusstsein, kann sich in ganz unterschiedlichen Zuständen befinden, in die er autonom oder auch durch unvorhersehbare Einflüsse geraten kann. Dies wird auch jeder moderne Mediziner bestätigen.

Nach Auffassung der Lehre, die dem Text zugrunde liegt, durchläuft jeder Mensch regelhaft verschiedene bestimmte Zwischenzustände des Bewusstseins oder befindet sich zeitweise in ihnen. Diese Zwischenzustände werden mit dem Begriff *Bardo* umschrieben.

Grundsätzlich gibt es mindestens fünf verschiedene Bardos, in die das Wesen immer wieder gerät, solange es im vorab schon einmal genannten sogenannten Kreislauf des Leidens gefangen ist.

Dieser Zyklus wird so genannt, weil er zwar nicht permanent, aber doch zwangsläufig immer wieder Zustände enthält, die subjektiv als Leid empfunden werden. Was den aktuellen Zustand des irdischen Daseins angeht, so sind es das Altern, Krankheiten und der Tod, dem für den Großteil der Menschen ein mit körperlichen und seelischen Schmerzen verbundener Prozess des Sterbens vorangeht.

* * *

Im Einzelnen sind die unterschiedlichen Bardozustände:

Der Augenblick der Geburt.

Der Zustand des Träumens.

Der Augenblick vor dem Tod.

Der erste Zustand nach dem Sterben.

Der zweite Zustand nach dem Sterben.

Manche Quellen benennen auch den Zustand der Meditation als einen weiteren Bardo.

* * *

Im Augenblick der Geburt ist der Geist des Menschen zwar schon vorhanden, aber ein Bewusstsein hat sich in der eigentlichen Bedeutung des Wortes noch nicht wirklich gebildet.

Dieser Vorgang, das Entstehen eines Bewusstseins, beginnt mit dem Betreten der Welt.

Der Geist wird oft mit einem vollkommen leeren Blatt verglichen, das von nun an mit etwas beschrieben wird.

Das gerade geborene Wesen begreift sich noch nicht als getrennt von seiner Umgebung und seinen Mitmenschen, es hat überhaupt noch keine Vorstellung davon, was damit gemeint sein könnte und nimmt noch keine begriffliche Einteilung im Sinne eines Wertesystems vor.

Zwar kann es Empfindungen wie angenehm oder unangenehm wahrnehmen und unterscheiden, dies geschieht aber vollkommen autonom und äußert sich in automatischen Reaktionen wie Lachen oder Weinen und Schreien.

Alle Wertungen, also Zuordnungen von Wahrnehmungen, das Erfassen von Objekten, Personen und zeitlichen Abläufen erfolgt von nun an über Lernprozesse, die in aller Regel von den Personen der Umgebung vermittelt werden.

Einfach gesprochen könnte man sagen: Der Geist wird von jetzt an mit Vorstellungen und Bildern gefüllt und gleichermaßen, welche Bedeutungen diese haben und dass sie überhaupt Bedeutungen haben.

Es sind also nicht natürlicherweise vorhandene, sondern von extern eingebrachte Werte, die der Geist des Wesens nun unaufhörlich internalisiert. Ähnlich so, wie ein Computer mit Informationen programmiert werden muss, um zu funktionieren.

Es entspricht der Natur von Lernvorgängen an sich, dass sie umso besser und flüssiger funktionieren und Informationen abgerufen werden können, je öfter sie wiederholt werden.

So findet sich das Wesen über seinen Geist immer mehr und besser in der Welt zurecht.

Aber - es sind Informationen, die übernommen werden und nicht aus sich selbst heraus entstehen, über die der Vorgang geschieht, der als Identifikation bezeichnet werden kann.

Der Geist wird mit immer mehr und einer endlosen Kette von neuen gelernten Bildern und Begrifflichkeiten gefüllt.

Und auch die Wesen, die dem kleinen Kind all diese Dinge beibringen, haben sie in einem identischen Prozess von anderen gelernt.

Alles Gelernte entspricht Glaubenssätzen, übernommenen Annahmen, die mit Wahrheit und Wirklichkeit gleichgesetzt werden.

Im Verlauf finden mehr und mehr Prozesse statt, alles bereits vorhandene miteinander zu verknüpfen und auch eigene Zuordnungen und Werte zu erzeugen.

Ihre Basis war und bleibt aber eine Datenmenge, die von außen, also gewissermaßen künstlich, in den eigenen Geist eingebracht wurde.

Irgendwann erfolgt dann auch die Unterscheidung des Selbst von dem anderen. Es kommt der Tag, an dem Mutter oder Vater - oder irgendjemand - dem Kinde den Unterschied zwischen Ich und Du begreiflich macht. Dies ist sicher eine erste Erschütterung des Geistes, denn bis hierher hat er diese Unterscheidung noch nicht gemacht.

Diese Unterscheidung bewirkt das plötzliche Gefühl der Getrenntheit, die bisher so nicht empfunden wurde.

Es ist die erste wirkliche Abspaltung, das Herausfallen aus dem Gefühl einer alles verbindenden Geborgenheit und Einheit, als die die Welt bislang empfunden wurde.

Es wurde schon benannt, dass die Rückbesinnung auf die Verbundenheit aller Wesen ein Element dieser und auch anderer Glaubenslehren ist, die mit einem späteren bewussten spirituellen Prozess verbunden ist.

Zunächst findet aber diese Trennung statt, während über das gesamte weitere Leben hindurch der Geist weiter mit zahllosen neuen Bildern, Werten und Assoziationen angereichert wird.

In seiner Gesamtheit bildet dies die Wirklichkeit für jeden einzelnen Menschen, die er eigentlich nur als Paket einer endlosen Fülle von Gedanken in sich trägt.

Hier wird auch deutlich, warum von manchen Lehren das Leben, die Welt und wie sie in aller Regel begriffen wird, als Illusion bezeichnet wird.

Alle Menschen glauben an gelernte Bilder, von denen sie die wenigsten tatsächlich selbst empirisch geprüft haben.

Durch den Umstand, dass alle Menschen an ein sehr ähnliches Weltbild glauben, welches sich aus der Gesamtheit der Fülle zusammensetzt, mit der der Geist Zeit seines Lebens angereichert wurde, halten sie ihre individuellen Weltbilder kollektiv für eine einzige Wirklichkeit. Ohne sich je klarzumachen, dass es nur Bilder und Wertvorstellungen sind, die streng genommen eine artifizielle Natur haben und sich nicht von selbst gebildet haben und ohne angestoßen worden zu sein sich auch nicht gebildet hätten.

Alle glauben also an die gleiche Illusion, die sie mit Wirklichkeit gleichsetzen. Diese Wirklichkeit ist auch wirklich, aber eben nur individuell.

Im individuellen Erleben jedes Einzelnen sehr ähnlich, aber nicht identisch und nicht im Sinne eines wissenschaftlichen Beweises allgemeingültig.

In diesem Punkt können verblüffende Überschneidungen gefunden werden, die mit Ansichten verschiedener schamanischer Traditionen einhergehen, nach deren Auffassung dieses künstliche Weltbild in den Köpfen der allermeisten Menschen mit einer kleinen Insel verglichen werden kann, die in einem unendlichen Ozean aus sozusagen wirklicher Wirklichkeit schwimmt.

Verbunden mit solchen Traditionen und Anschauungen existieren Übungen, um den Geist, das eigene Bewusstsein, in einen Zustand zu bringen, diese Wirklichkeit, die um die Insel herum existiert, zu betrachten. Denn dieser Ozean stellt das unvergängliche Universum dar, in das der geistige Anteil, der das menschliche Dasein übersteht, wieder eingeht.

In solchen Ansichten findet sich auch die Aussage, dass die Natur des Bewusstseins nach dem Sterben nahezu identisch sei mit dem Zustand des Bewusstseins während des Träumens.

Diese Sichtweise ist identisch zu der Lehre, die das Totenbuch der Tibeter vermittelt. Und auch hier ist der Hinweis zu finden, dass sich der Verstorbene umso besser auf der Seite des Todes zurechtfindet, je besser sein bewusster Zugang zu seiner Traumebene zu irdischen Lebzeiten gewesen ist.

Es muss nun nicht mehr herausgehoben werden, dass Leben vielleicht nie wirklich endet, sondern wahrscheinlich mehr die Zustände des Geistes wechseln.

Das auch von der Psychologie mit einer Größe von etwa 90 Prozent eingeschätzte Unbewusste stellt hiernach wohl den eigentlichen Anteil des Geistes dar. In diesen großen Bereich taucht jeder Nacht für Nacht ein, um dort mit seiner Traumpersönlichkeit ein vorübergehendes Leben neben dem Leben zu führen.

Da die meisten Menschen sich nur in sehr geringem Umfang an ihre Träume erinnern können und sehr wenige in ihren Träumen bewusst erwachen und sie sogar steuern können, erscheint die Traumwelt für fast alle als etwas Unwirkliches und sehr Flüchtiges.

Entsprechend wird in der normalen Wirklichkeit des Wachzustands dem Träumen nur sehr wenig Bedeutung beigemessen.

Nach Ansicht der Medizin hat das Träumen eine klärende Funktion. In den Träumen bewältigt der Mensch seine Konflikte, die im täglichen Leben entstehen und ungelöst bleiben.

Dies sind auch normale Vorgänge und diese Konflikte sind gewöhnlich auch nur kleinere Angelegenheiten, die keinen dramatischen Charakter besitzen und für jedermann alltäglich sind.

Wer jedoch bewusste Erinnerungen an sogenannte luzide Träume hat, der weiß, dass es unterschiedliche Qualitäten von Träumen gibt. Ferner finden manche Menschen einen wirklich bewussten Zugang in ihre nächtlichen Träume, und für sie gestaltet sich die Traumwelt wesentlich wirklicher als für den Großteil aller Menschen.

Der Traumzustand ist, wie schon gesagt, einer der Bardozustände, der außergewöhnlichen Zwischenzustände des Bewusstseins.

Schamanische Überlieferungen, die ursprünglichen südamerikanischen Kulturen entstammen sollen, beinhalten die Aussage, dass der Traumkörper, die unbewusste Persönlichkeit im Menschen, die zweifellos als eine Art Persönlichkeit angesehen werden kann, das Element im lebendigen Wesen ist, das das irdische Dasein überlebt. Mit ihm betritt der Mensch als dann nunmehr rein geistiges Wesen die Welt, die nach dieser folgt. Auch das Totenbuch der Tibeter liefert klare Aussagen zur Natur des Geistes nach dem Sterbevorgang und setzt diese Natur als sehr ähnlich neben die Natur des Bewusstseinszustands während des Träumens.

* * *

Wenn der Bardo des Augenblickes vor dem Tode beginnt, dann vollziehen sich im Menschen, in seinem Geiste und in seinem Körper, Vorgänge, die er, noch in diesem Leben verweilend, nur ein einziges Mal durchläuft.

Nach dem letzten Atemzug ist der Mensch noch keineswegs vollkommen gestorben. Folgende Abläufe vollziehen sich aber in einem individuell unterschiedlichen Tempo und mit unterschiedlicher Wahrnehmung.

Die Qualität, mit der diese Vorgänge wahrgenommen und empfunden werden, soll vom Grad der geistigen Entwicklung abhängen.

Bei sehr unbewussten Menschen kann der Vorgang des Sterbens nur wenige Momente dauern, bei höher entwickelten Geistern bis zu einer Viertelstunde. Solange wie es braucht, eine Mahlzeit einzunehmen, heißt es.

Nach dem letzten Seufzer beginnt für gewöhnlich unmittelbar der Vorgang der Auflösung des physischen Körpers und auch der geistigen Anteile, die jeder im Laufe des Lebens für seine Identifikation als menschliches Wesen benötigt, etwa alle Gefühlsempfindungen.

Die physischen Elemente, aus denen jeder Körper besteht, zerfallen nacheinander, während der Geist in den tiefsten Punkt des Wesens absinkt, der ihm möglich ist. Ob dieser Punkt im Gehirn angesiedelt ist oder nicht ist unerheblich. Je nach Grad der Bewusstheit werden die Auflösungsprozesse der einzelnen Elemente vom Geist entsprechend wahrgenommen und möglicherweise mit visionären Bildern erlebt.

Das Zerfallen geschieht in einer bestimmten Reihenfolge:

Erde

Wasser

Feuer

Luft /Raum

Es ist beispielsweise möglich, dass die Auflösung des Elementes Wasser, das alle Körperflüssigkeiten und das System, das sie in ihrer Gesamtheit während der gesamten irdischen Lebenszeit gesteuert hat, beinhaltet, mit dem Eindruck des Schwimmens oder auch des Ertrinkens verbunden ist.

Nach der Auflösung der Elemente sammelt sich die sogenannte väterliche Essenz, die mit der Farbe Weiß assoziiert wird, im Zentralkanal und das Bewusstsein erlebt dies als eine Vision eines vom Mondlicht erhellten Nachthimmels.

Darauf folgt die Sammlung der »mütterlichen Essenz« mit der Farbe Rot und einer Vision eines von Sonnenlicht durchfluteten Himmels.

Nach Auffassung der Lehre, der diese Beschreibungen entspringen, zirkuliert die von der Naturwissenschaft bis heute nicht identifizierte Lebenskraft zu Lebzeiten in vielen Tausenden feinster Kanäle innerhalb des Körpers, sogenannter Nadis, und sammelt sich während des Sterbevorgangs zu einem einzigen winzigsten Tropfen, in dem alles enthalten ist, das letztlich die physische Natur überlebt und weiter wandert und wieder geboren wird.

Die mütterlich und väterlich genannten Essenzen der Lebensenergie treffen nach den vorangehend beschriebenen Visionen aufeinander und eine alles umfassende Dunkelheit kommt über den Geist/das Bewusstsein.

Nach diesem letzten Eindruck gelangt der Geist in den Zustand seiner ursprünglichen wahren Natur, so wie sie zu Beginn des Lebens gewesen ist, bevor er mit den ersten Eindrücken angefüllt wurde.

Diese reine Natur wird *Rigpa* genannt oder auch das klare Licht des Geistes oder die vollkommene Leerheit (Rigpa findet aber auch als Begriff Anwendung, um das Verweilen des Bewusstseins im aktuellen Augenblick ohne jede Ablenkung zu bezeichnen).

An den allermeisten Menschen gehen diese Stufen des Prozesses vorüber, ohne dass sie von ihnen erkannt werden. Wem es gelingt, sie bewusst zu erleben und insbesondere in dem klaren Licht bewusst zu verweilen, der kann dadurch die Befreiung erlangen und sich aus der Notwendigkeit weiterer Geburten lösen.

Das Verweilen des Geistes, des Bewusstseins, in seiner reinen Natur soll bis zu drei Tage andauern und auf diesen Zustand das Erwachen in einem der reinen Buddhaländer erfolgen, in denen kein Leid existiert und das Wesen von der Notwendigkeit einer weiteren Inkarnation erlöst ist.

Das klare Licht als tatsächlich allerletzte Stufe des irdischen Daseins geht an unvorbereiteten und sehr unbewussten Menschen, an den meisten, genauso unbemerkt vorüber wie alle diese Vorgänge und dauert für jene in ihrem subjektiven Erleben zeitlich nur solange wie ein Fingerschnippen.

Eine persönliche Erfahrung

Eine zuverlässige Quelle des Autors (sein Gedächtnis) kann berichten, dass das Bewusstsein auch scheinbar zufällig schon zu Lebzeiten in das klare Licht des eigenen Geistes »abrutschen« kann.

Während des Schlafes erwachte das Bewusstsein plötzlich in einem Zustand höchster Klarheit und war sich sofort darüber bewusst, dass dies keine Ebene eines Klartraums oder des Träumens überhaupt war, sondern eben eine andere, ein wirklicher Ort, an dem es sich nun befand. In dem Raum war nichts als eine Art weißen, milchigen Lichts, das dennoch gleichzeitig auch eine Substanz war. Trotzdem war es weder Licht noch Substanz und konnte völlig klar wahrgenommen werden. Es erstreckte sich in alle Richtungen bis gegen Unendlich und es war sonst überhaupt gar nichts darin. Das Bewusstsein versuchte sodann einen Aufhänger zu finden, etwas, woran es sich irgendwie »festmachen« konnte, das Bestreben nach Orientierung. Der Eindruck war gleich mit jenem, wenn man nachts plötzlich an einem ungewohnten Ort erwacht, etwa in der ersten Urlaubsnacht im Hotel, und einige Momente benötigt, um sich zurechtzufinden und dann zu denken: »Ach ja, ich bin ja jetzt hier.«

Doch geschah dieser erlösende Moment nicht und angesichts dieser Erkenntnis entstand ein Gefühl von Panik. Im allernächsten Moment das Erwachen im Bett. Noch in der ersten Sekunde nach dem Erwachen, während die Erinnerung an dieses Erlebnis noch ganz klar vor dem geistigen Auge bestand, schob sich ein weiteres Bild von der rechten Seite zur linken hin über das der Erinnerung. Das neue Bild zeigte eine Art Mauer, die aus mehreren weißen Quadern bestand. In der Mitte war aber ein überdimensional großes, einzelnes lebendiges Auge.

Im nächsten Moment dann das endgültige Erwachen im neuen Tag.

Was dieses Erlebnis so besonders macht ist der Umstand, wie die Licht-Substanz, die gleichzeitig doch keine war, wahrgenommen wurde, denn sie entspricht genau der Beschreibung des klaren Lichts des Geistes, wie sie in dem tibetischen Totenbuch zu finden ist.

Zudem wird an einer anderen Stelle in dem Buch genau ein solches einzelnes lebendiges Auge beschrieben, das symbolhaft einer bestimmten Wesenheit zugeschrieben wird.

Wirklich authentisch wurde dieses kurze aber überaus klare nächtliche Erlebnis dadurch, dass der Betreffende erst etwa eineinhalb Jahre nach dem Erlebnis die Beschreibungen in ebenjenem Buch gelesen hat.

* * *

Gelingt es während des Sterbens, das klare Licht zu erkennen und in ihm zu verweilen, so soll sich nach und nach die Erkenntnis einstellen, dass und wie alle Lebewesen und Elemente der gesamten Schöpfung energetisch miteinander verbunden sind.

Damit dürfte der Eindruck der Getrenntheit für immer verloren und das Erkennen der allumfassenden Einheit aller Wesen erreicht sein, verbunden mit wahrer, ewiger Glückseligkeit.

Erkennt das Bewusstsein des Sterbenden das klare Licht nicht, und geht es an ihm unerkannt vorüber, so fällt es in einen Zustand tiefer Bewusstlosigkeit.

Dies ist nun das endgültige Ende des vergangenen Lebens.

Nach genau 108 Stunden erwacht es im Beginn des ersten Bardozustands nach dem Sterben.

Die beschriebenen Vorgänge der Auflösung der Elemente beginnen nun erneut und zwar in umgekehrter Reihenfolge.

Es entsteht ein neuer Körper, nur dass er rein geistig bleibt, ähnlich oder gleich zu dem, wie alle ihn während der irdischen Manifestation im Traum erleben.

Hieran zeigt sich, wie real der Geist und die wahre Natur der Existenz ist. Alle Sinnesfunktionen sind fortan wieder vorhanden und sogar werden alle Wahrnehmungen nun in einer bis zu sieben mal deutlicheren Klarheit erlebt. Es ist anzunehmen, dass die meisten sich nicht ihres Todeszustands im Klaren sind oder dies nur allmählich realisieren.

Gleichzeitig kann es die eigene Wahrnehmung strapazieren und überfordern, wenn alle Lichter und Geräusche sieben mal intensiver erlebt werden als zu ihrer vorangegangenen Lebenszeit.

Hinzu kommt die Gewissheit, dass es kein Erwachen geben wird und jeder durch die nun folgenden Prozesse gehen muss, unabhängig davon wie sie erlebt werden.

In aller Regel dauern diese Vorgänge in den Bardozuständen nach dem Tod mindestens 49 Tage.

Innerhalb dieser Zeitspanne durchläuft das Wesen verschiedene Stufen, die mit äußerst intensiven Visionen verbunden sind:

In einer bestimmten Abfolge erscheinen dem Verstorbenen mehrere Wesenheiten, die im Totenbuch als Buddha-Gottheiten bezeichnet werden. Sie sind begleitet von allerlei symbolhaften Erscheinungen. Dies sind etwa die Buddhas begleitende Wesen, die rituelle Handlungen vollziehen, verschiedene kennzeichnende Farben, Symbole und Ähnliches.

Die Beschreibungen innerhalb des Totenbuches verwenden Begriffe der Tradition und Kultur, der sie entstammen. Deshalb ist etwa von Buddhas oder Dakinis die Rede. Werden die Bezeichnungen und Begriffe gegen andere ausgetauscht, so wird die allen Wesen einheitliche psychologische Natur deutlich. Es können zum Beispiel auch Wörter wie Engel oder Geistwesen verwendet werden, um ein besseres Verständnis zu schaffen.

Immer wieder wird in dem Buch auf den Umstand hingewiesen, dass die innere Natur bei allen verstorbenen Wesen gleich ist und daher alle die gleichen Prozesse durchlaufen, die sie mitunter verschieden erleben, ganz so, wie es ihrem geistigen Entwicklungsstand entspricht. Darin liegt ebenso begründet, dass diese Erlebnisse in jeder Richtung sehr überwältigend sein können.

Genauso erhält der Leser wiederkehrend die Information, dass alle diese Erlebnisse und Wahrnehmungen nichts anderes sind als Projektionen des eigenen Geistes. Diese Wahrnehmungen entsprechen verschiedenen Anteilen, die schon im irdischen Leben in dem großen Raum des Unbewussten angelegt und vorhanden sind. Sie können mit dem Begriff der Archetypen erklärt werden.

Diese erscheinen nun, wie in einem realen Traum, als vollkommen eigenständige Wesenheiten, und es dürfte für den ungeschulten Geist schwer sein, sie als Anteile des eigenen Selbst zu identifizieren und zu erkennen.

Wiederholt wird darauf hingewiesen, dass das Erkennen dieser Tatsache, dass jeder hier nur Teile seiner selbst wahrnimmt, die sofortige Befreiung bewirkt.

Die Befreiung aus dem Rad des Leidens, aus dem Wechselspiel von Geburt, Leben, Sterben, Tod und erneuter Geburt, das sich solange vollzieht, bis dies als das erkannt wird, was es ist.

Oder bis das Wesen innerhalb dieses Kreislaufs es schafft, keine Ursachen mehr zu erschaffen, die Auswirkungen erzeugen, welche in neuen Lebenssituationen durchlaufen werden müssen.

Um es in der entsprechenden Terminologie zu sagen: Solange, bis kein Karma mehr erschaffen wird, das eine neue Wiedergeburt erfordert.

An vielen Stellen im Text heißt es, dass auch ungeschulte und sehr unbewusste Menschen/Wesen die Befreiung aus dem ewigen Kreislauf von Leben und Tod erlangen können, wenn sie ihren Zustand klar erkennen.

Dies ist der einzige Grund für die Existenz der Texte, die heute als das Tibetische Totenbuch bekannt sind.

Denn es wurde in die Welt gebracht, um vornehmlich den Verstorbenen daraus vorzulesen.

Innerhalb der länger andauernden Vorgänge, die jeder bis zur erneuten Wiedergeburt durchläuft, hat der Geist des gestorbenen Menschen immer wieder Einblicke auf die Welt, die er verlassen hat.

Er sieht und hört seine Verwandten, wie sie um ihn trauern oder kann auch seinen eigenen verlassenen Körper betrachten.

Ist sich der Betreffende nicht über seinen Zustand im Klaren und nimmt all dies wie in einer Traumsequenz wahr, die er nicht verlassen, aus der er nicht erwachen kann, so wird verständlich, wie erschreckend alle Wahrnehmungen sein können und es wahrscheinlich für die meisten auch sind.

Da aber eben durchaus noch eine Verbindung zur Welt der Lebenden besteht, die immer wieder aufflackert und die bis zum letzten Stadium der Wiederverkörperung bestehen bleibt, kann es durchaus hilfreich sein, zum Verstorbenen zu sprechen, ihn direkt anzureden und ihm über diese Vorgänge vorzulesen.

Genauso wie es sicher eher nützen als schaden kann, schon im irdischen Leben selbst in diesen Schriften gelesen zu haben und sich gegebenenfalls daran zu erinnern.

Mit dem einzigen Zweck, die Erkenntnis über den Zustand und die Tatsache, nur Anteile der eigenen Natur zu schauen, zu erlangen und damit die Befreiung aus diesen Vorgängen zu erreichen, um als geistiges Wesen in einem ewigen, friedvollen geistigen Raum zu erwachen.

Während der wechselnden Erscheinungen, die in bestimmter Reihenfolge in den aufeinander folgenden Tagen nach dem Sterben geschehen, kann es zu begleitenden Wahrnehmungen kommen, welche als Tor oder Zugang zu den verschiedenen Bereichen und Lebensformen anzusehen sind, in die ein Wesen geboren werden kann.

Nach der buddhistischen Auffassung existieren sowohl im rein geistigen/jenseitigen Zustand als auch im materiellen Universum eine Vielzahl von Welten und auch Lebensformen, in die das Wesen hineingeboren werden kann. Weiter können aber nur wenige Lebensformen eine geistige Entwicklung machen, die es ihnen ermöglicht, dem Rad des Lebens zu entrinnen.

Lässt sich eine Wiedergeburt nicht vermeiden, so sollte es nach Möglichkeit die menschliche Lebensform sein.

Es ist in diesem Rahmen zu umfangreich, auf alle Details einzugehen und daher sei empfohlen, sich bei Interesse die Lektüre des Totenbuschs selbst zuzuführen.

Jedenfalls ist eine Geburt als Tier oder auch in einer anderer Lebensform durchaus möglich, ebenso wie es ganz verschiedene angenehme wie unangenehme Bereiche geben soll, in die der Geist geraten kann. Die vorab erwähnten Tore oder Zugänge zu den verschiedenen Bereichen und Lebensformen, die begleitend zu den dominierenden Visionen erscheinen, werden eher als verlockend und angenehm erlebt, weshalb die Gefahr besteht, sich zu ihnen hinziehen zu lassen.

Sie werden als milde, rauchige Lichter beschrieben, die auch verschiedene Farben haben können, während die Visionen der archetypischen Gottheiten von unglaublich überwältigender Intensität und Klarheit beschrieben werden.

Dennoch soll sich der Betreffende nach Möglichkeit unbedingt diesen Gottheiten und ihrer Bereiche zuwenden und sich ihnen bedingungslos übergeben und es umgekehrt vermeiden, sich von den milden, rauchigen Lichtern angezogen zu fühlen.

Einmal in deren Sog geraten soll sich eine Geburt in einem ungünstigen Bereich nicht vermeiden lassen und ein weiteres leidvolles Leben muss überstanden werden, bevor sich eine neue Möglichkeit zur Befreiung ergeben kann.

Zu der Abfolge der Erscheinungen der Gottheiten werden dem Leser, oder auch dem Verstorbenen, bestimmte Gebete und Anrufungen der jeweiligen Buddhas an die Hand gegeben. Daneben wird jedem nahegelegt, diese schon im irdischen Leben auswendig zu lernen.

Gelingt es, sich diesen Erscheinungen zuzuwenden und keine Angst vor den gleißenden Lichtern, Farben und Tönen, sowie gegenüber den wesenhaften Erscheinungen zu haben, so kommt auch dies einer Befreiung aus dem Rad des Lebens gleich und ist absolut anzustreben.

Die Erscheinungen werden zunächst als friedvolle Gottheiten bezeichnet. Werden sie als solche nicht erkannt, so kehren sie in gleicher Reihenfolge an den nächsten Tagen in umgekehrter Qualität zurück. Dann sind es die sogenannten rasenden Gottheiten und ihre Erscheinungsform und alle sie begleitenden Bilder und Wesen sind nun von sehr grausamer und geradezu blutrünstiger Natur. Dies ist dann einfach nur die gegenteilige polare Richtung ihrer Natur und Erscheinung und hierin spiegelt sich die Analogie aller Polarität schlechthin, also hell, dunkel, gut und böse, angenehm und unangenehm et cetera und ist ein weiteres Anzeichen dafür, dass der Geist immer noch in der Illusion haftet. Diese Illusion, die Täuschung, ist ein elementares Phänomen alles Vorübergehenden.

Damit ist sowohl die diesseitige wie auch die jenseitige Welt gemeint und dass alles, was darin erlebt wird, lediglich vom Geist des Wesens selbst in Form einer Projektion aus sich selbst aufgebaut wird. Dies wurde ja vorab schon erläutert.

Das Erkennen der Projektionen als solche des eigenen Geistes bewirkt ihre Auflösung und sofortige Befreiung, was das einzige Ziel in der geistigen Evolution eines jeden Lebewesens darstellt.

* * *

Es dürfte deutlich geworden sein, dass es schwer sein kann, diese Erkenntnis zu erlangen.

Abermals sei auf die Schwierigkeit - aber nicht Unmöglichkeit - hingewiesen, wie schwierig das bewusste Erkennen eines Traums und seiner Natur im Traum für die meisten ist.

Hat der verstorbene Geist die Erschütterungen dieser Visionen überstanden und sich auch nicht in einen ungünstigen Bereich ziehen lassen, in dem er möglicherweise Erlösung von den Erscheinungen zu finden gehofft hat, so kommt er an den Punkt, an dem er seinem Richter begegnet.

Dieser wird in den zugrunde liegenden Lehren als ein Dämon, Yamas, geschildert, der in Begleitung anderer fürchterlicher Wesenheiten die weißen und die schwarzen Steine zählt. Diese stellen die Verdienste und Verfehlungen des vergangenen Lebens dar. Überwiegen die Verfehlungen, Sünden, wenn diese Bezeichnung gewählt werden möchte, so folgen entsprechende Konsequenzen. Sie können durchaus darin bestehen, von diesem Dämon und seinen Furien in Stücke geschnitten, zerhackt und aufgefressen zu werden. Aus dem zerstörten Körper entsteht solange ein weiterer, denn der Betreffende ist ja bereits gestorben, bis alle Verfehlungen abgegolten sind.

Der Text des Totenbuchs gibt den Hinweis, wie real diese Dinge erlebt werden können. Wer bis zu diesem Punkt gelangt ist, der hat es bislang nicht geschafft, sich der Illusion bewusst zu werden und erlebt dies entsprechend real, so wie auch das irdische Leben als vollkommen real erlebt wird, und es den allermeisten Menschen schwer fällt, sich überhaupt dem Gedanken anzunähern, was damit gemeint ist, wenn alles Bekannte als Illusion und Täuschung bezeichnet wird.

Allerdings ist auch die Begegnung mit dem Dämon, und dieser selbst, eine weitere Projektion, ein weiterer Anteil des eigenen Geistes und stellt die vermeintliche Verkörperung des eigenen inneren Richters dar, den offenbar jeder in sich trägt.

Die Psychologie kleidet diese psychische Instanz in den Begriff des Gewissens, oder des Über-Ich, nach Freud. Unbewusst bewertet sich jeder Mensch, lobt oder verurteilt sich auf einer mehr oder weniger unbewussten Ebene für alles, was er je gemacht, gesprochen oder gedacht hat.

Zumindest dies kann eine Erkenntnis sein, zu der jeder gesunde Geist Zugang finden kann, er muss nur die Bereitschaft dazu in sich kultivieren und zulassen. All diese Selbstbewertungen sind auf einer auch für die hiesige Wissenschaft bisher unbekannten Ebene gespeichert, aber abrufbar.

Jeder kann die Erfahrung machen, dass überhaupt alles jemals Erlebte erinnert werden kann.

Manches ist so tief im Unbewussten vergraben, dass die bewusste Ebene keinen Zugriff darauf findet. Jedoch können es sowohl zufällige Schlüsselerlebnisse wie therapeutische Methoden sein, die Erlebtes zu Tage fördern können. Selbstverständlich kann es keine Garantie dafür geben, dass beliebig verdrängte Inhalte bewusst gemacht werden können, wie etwa Erinnerungen an schwere Traumatisierungen.

Dennoch steht außer Frage, dass alles je Erlebte noch als Information in einer Art Matrix in jedem Wesen vorhanden ist. Wie real, intensiv und lebendig diese Informationen sind, kann sich jeder vergegenwärtigen, indem er sich absichtsvoll und ganz bewusst an ein emotional stark besetztes Erlebnis erinnert und dabei die Erfahrung machen wird, dass er die Situation unmittelbar auch mit den damals vorhandenen Gefühlen wieder-erlebt. Sie sind also irgendwo tatsächlich vorhanden und abrufbar. Und das Unbewusste wird zu gegebener Zeit all dies freisetzen. Offenbar geschieht es nicht unbedingt während des Sterbens, sondern mitunter auch erst danach.

So intensiv alle Erinnerungen weiter in jedem Wesen lebendig sind, so lebendig sind auch die vermeintlichen Wesenheiten, denen es begegnen kann. Nur wer sich selbst liebt kann auch andere lieben, heißt es.

An diesen Schilderungen wird deutlich, wie wichtig es sein kann, sich selbst zu vergeben.

Alles jemals Begangene an sich vorbehaltlos zu akzeptieren, alle Bewertungen fallen zu lassen und sich zu seinen eigenen Verfehlungen zu bekennen und sie sich bedingungslos einzugestehen, dürfte wahrhaft keine leichte Übung sein. Doch scheint es, dass ein jeder sich dadurch auch selbst erschaffene Torturen, wie die vorangehend angedeuteten, ersparen kann.

Wenn es gelingt, einen offenbar vorhandenen Speicherort zu akzeptieren, der das irdische Leben überdauert und der wohl nur geistiger Natur sein kann, so kann dies ein wichtiger Schritt auf dem Weg der eigenen Evolution sein, die anscheinend nicht mit dem Ende dieses Lebens erlischt. Darüber hinaus erlangen alle weiteren hier beschriebenen Prozesse einen anderen Stellenwert und eine gehobene Wichtigkeit.

Es scheint, dass der Mensch wahrhaftig nicht die universelle Wichtigkeit besitzt, die er sich selbst gerne zuschreibt und erst recht nicht über das Wissen verfügt, die Schöpfung auch nur im Ansatz beurteilen zu können.

Löst sich das denkende Wesen von den weltlichen Vorgaben, die vornehmlich die Naturwissenschaft als vermeintlich erkannte allumfassende Gesetzmäßigkeiten aufstellt, so kann es sich damit möglicherweise auch selbst einen großen Gefallen tun.

Nachdem der Verstorbene die Tortur überstanden hat, umhüllt ihn eine erneute Bewusstlosigkeit, aus der er im nächsten Zustand nach dem Tode erwacht, dem Bardo des Werdens. Hier wird er nun tagelang getrieben von Stürmen und Wesen, die ihn zu verfolgen scheinen, und vor denen er nur für kurze Zeit Entrinnen findet. Allmählich sollen darauf Erscheinungen folgen, die erneut die verschiedenen Bereiche kennzeichnen, in denen eine neue Geburt erfolgen kann. Es können Landschaften oder sogar architektonische Einzelheiten oder Besonderheiten und andere Merkmale sein.

Naht der Moment der Wiederverkörperung, so nimmt der Betreffende auch seine künftigen Eltern und deren Liebesspiel wahr, zu dem er sich intensiv hingezogen fühlt.

Sogar kennzeichnet eine Aversion gegen die Frau eine Geburt als weibliches Wesen und umgekehrt die gegen den Vater eine Geburt als Mann - eine abermalige bestätigende Überschneidung tiefenpsychologischer Erkenntnisse, die sich im menschlichen Leben dann wieder in den sogenannten psychosexuellen Entwicklungsphasen zeigen, hier im Speziellen im Elektrakomplex, beziehungsweise im ödipalen Konflikt.

Auch hier gibt das Totenbuch noch Anweisungen für den Verstorbenen, eine Geburt möglichst zu vermeiden und doch noch ein bewusstes Erwachen in Form der bewussten Erkenntnis über den eigenen Todeszustand zu erreichen, der immer noch über das Hören der vorgelesenen Worte geschehen kann.

Angeblich kann ein Aufenthalt im Bereich des Todes sehr viel länger dauern als die genannten 49 Tage und vielleicht ist auch eine viel frühere Geburt in irgendeiner Welt und Lebensform möglich.

Das materielle Universum birgt ja wohl unzählbar viele Planeten, auf denen Leben sicherlich möglich ist und schon die anscheinend auf ewig unbeantwortbare Frage, ob das All endlich ist oder nicht zeigt, wieviel der Mensch wirklich weiß.

Allein die Vorstellung eines, beispielsweise, endlichen Universums überfordert sogar einen Geist mit höchster Bildung.

Was sollte dahinter sein?

Allumfassender Sinn oder doch alles Zufall?

An dieser Stelle enden im hiesigen Kontext die Beschreibungen des Tibetischen Totenbuchs mit der erneuten Anregung, sich selbst bei Interesse vertiefend damit auseinanderzusetzen und gleichermaßen mit einem möglichen Sinn des Lebens an sich und mit dem des eigenen. Verfolgt der interessierte Geist diesen Pfad, so gelangt er mit Sicherheit zu etwas Greifbarem anstelle einer leeren Phantasieblase.

Es wurde vermehrt der Hinweis gegeben, wie viele Überschneidungen und Knotenpunkte existieren zwischen verschiedenen Lehren unterschiedlicher Richtungen, Kulturen und verschiedener Zeiten, sowie auch wissenschaftlichen Erkenntnissen und möglichen eigenen Erlebnissen.

In der Summe zeigen sie doch auf, wie sehr viel wahrscheinlicher ein allumfassender Sinn hinter absolut allem steht, als dass alles nur ein großer Zufall wäre.

Doch - wie der größte Teil dieses Buches hervorheben möchte, wird diese Welt von einer Vielzahl derart verhafteter, machtgieriger Geister dominiert, deren vornehmliche Ausrichtung es ist, möglichst alle anderen Menschen so unbewusst und unwissend wie möglich zu halten.

Die Intention hinter diesem geschriebenen Wort ist die Anregung, vor allem die Selbstverantwortung für das eigene Leben zu erkennen und sie anzunehmen. Sie soll nicht darin bestehen, alles, das hier eine kritische Bewertung erfahren hat kategorisch abzulehnen oder eine grundlegende »Antihaltung« einzunehmen. Schließlich muss jeder die Welt, in der er lebt, akzeptieren wie sie ist.

Die vorangehend beschriebene Betrachtungsweise des Totenbuches stellt einen deutlichen Kontrast zu den vorherigen Themen dar.

Die damit verbundene Haltung zum eigenen Leben und zum Leben an sich wird einer viel oberflächlicheren Grundattitüde gegenüber gestellt, die der Mehrheit der Menschen entspricht.

Der multipel abgelenkte Mensch kann im Allgemeinen keine sinnerfüllte Tiefe von sich selbst und dem Leben erfassen und sucht für gewöhnlich auch nicht danach. Im Gegensatz zu Menschen, die gerade auf eine Vertiefung und eine Suche auch im Inneren ihrer selbst ausgerichtet sind. Ihre Haltung wird üblicherweise nicht sehr ernst genommen und eine wirklich spirituell ausgerichtete Einstellung mit esoterischem und spiritistischem Nonsens vermischt, was zu einer Diskreditierung dieser Bereiche in der allgemeinen öffentlichen Meinung führt.

Während der nach einem Sinn Suchende und Gläubige wenigen Dingen erhöhte Wichtigkeit schenkt, lenkt der durchschnittliche Mensch seine Aufmerksamkeit auf viele und dauerhaft wenig sinnhafte Dinge, die für ihn alle die gleiche Wichtigkeit besitzen, die aber doch nur ablenkenden Charakter haben. Daraus ist inzwischen ein subtiles, sich selbst bildendes und erhaltendes Konzept geworden.

Das liegt auch daran, dass die meisten Menschen auch nur ablenkende Dinge und oberflächliche Werte kennen, die heute aus Social Media, TV und Konsumüberfrachtung bis in den privatesten Lebensbereich bestehen, und sie daneben in die Zwänge des alltäglichen Arbeits- und Gesellschaftslebens eingebunden sind.

Das Leben selbst wird mittlerweile mehr als ein Konsumprozess verstanden.

Obwohl die wenigen, die enorm von diesem Umstand profitieren, ebenso in einer permanenten geistigen Oberflächlichkeit verharren, geht es ihnen an der Spitze der materiellen Pyramide doch gut genug, um ihrerseits nicht daraus auszubrechen, geschweige denn nach einem tieferen Sinn des Lebens zu suchen.

Ob »der tiefe Sinn« tatsächlich existent ist oder ob es keinen gibt, können die Anhänger beider Ausrichtungen nicht objektiv belegen.

Doch führt der Suchende im Vergleich zum nihilistischen Denker und Konsumenten meist ein ausgeglicheneres und innerlich harmonischeres Leben.

Allein deshalb, weil das tugendhafte und teils demütige Ideal desjenigen, der in sich selbst den Frieden sucht und danach trachtet, ihn zu verwirklichen, nicht nur zu einem besseren Umgang mit eigenen Konflikten führt, sondern auch gerade darüber ein friedfertigeres und harmonischeres Interagieren mit seinen Mitmenschen findet.

Deshalb wäre rein objektiv diese Ausrichtung zu favorisieren, wenn die Frage aufrichtig verfolgt würde, wie ein zunehmend harmonisches und friedvolles Weltgefüge erreicht werden könnte.

* * *

Keine der vorherigen Beschreibungen soll eine Vorgabe darstellen, sich einer bestimmten religiösen Richtung hinzuwenden!

Das Beispiel der buddhistischen Glaubenslinie und die konkreten Erläuterungen des Totenbuchs sind lediglich wegen ihrer außerordentlich klaren Stellungnahmen erfolgt. Zudem birgt der Buddhismus die Botschaft einer allumfassenden und bedingungslosen Friedfertigkeit, wie sie in anderen Religionen so nicht zu finden ist und daher nur als Grundlage der Lebensführung für jeden Empfehlung und für niemanden Schaden sein kann.

Selbst der Atheist kann den Tugenden dieser Lehre nur zustimmen: Brächten sie doch bei konsequenter Anwendung keinerlei Konflikte mit sich oder dienten nur ihrer Vermeidung oder Verringerung, unabhängig davon, ob eigener religiöser Glaube vorhanden ist oder abgelehnt wird.

Auch sollte der zum Abschluss unternommene Ausflug in Richtung Religion und Glauben lediglich ein Aufzeigen von Möglichem sein, das bei ernsthafter und offener Betrachtung des Lebens und der Welt eine größere Wahrscheinlichkeit erhält, als die weit verbreitete und geschürte Botschaft des Zufälligen, dem alles unterliegt und aus dem alles Leben ebenso als seelenloses Produkt ohne tieferen Sinn und Hintergrund entsteht und vergeht.

* * *

Es kann also berechtigterweise als übergeordneter und eigentlicher Sinn angenommen werden, oder eine Aufgabe, die prinzipiell jeden betrifft, überhaupt die Frage nach dem Sinn zu stellen.

Sowie danach zu suchen, ob Antworten darauf vorhanden sind oder Erfahrungen diesen Sinn bestätigen können.

Selbstverständlich bedeutet dies Arbeit an sich selbst und darüber hinaus, Grenzthemen zu konfrontieren, die in der heutigen Zeit mit großen Ängsten verbunden sind, weil sie seit vielen Jahrhunderten mit Vorurteilen und fehlerhaften Lehren und Anschauungen verknüpft sind.

Es ist müßig und nicht möglich, auf sich ergebende Fragen nach den Botschaften der Religionen einzugehen, die nebeneinander betrachtet und verglichen werden könnten. Das Bestreben läuft vielmehr darauf hinaus, aufzuzeigen, dass ein Sinn des Lebens mehr als wahrscheinlich ist und wie sehr das umfassende und vielfältige Gefüge unserer Welt darauf ausgerichtet ist, Menschen möglichst von einer solchen Sinnsuche abzuhalten.

Über all diese Dinge sollen Menschen offenbar nicht nachdenken und damit verbundene Fragen nicht stellen. Damit dies gar nicht erst geschieht, sind zahlreiche Mechanismen etabliert, um verschiedene Lehren, geistige Ausrichtungen und Menschen, die ihnen nachgehen, zu diskreditieren, sie als lächerlich und realitätsfern dastehen zu lassen.

* * *

Alle genannten Beispiele und Meinungen, die vielleicht zunächst eher naiv anmuten, spiegeln aber doch sehr real den Zustand des Lebensraumes aller Menschen.

Jeder kann sich täglich vom Desaster menschlichen Treibens überzeugen, indem er einfach nur fernsieht, die Zeitung liest oder bewusst durch seinen Alltag geht. Darin findet jeder die Bestätigung dafür, dass dieser Text kein Ergebnis paranoider Einfälle oder purer Pessimismus ist.

Selbstverständlich befinden sich die mächtigen Menschen unserer Welt, die alle in der Gesamtheit unter Kontrolle halten, auf einem ebenso eher niedrigen geistigen Niveau und würden solche Bücher für absoluten Nonsens halten. Möglicherweise ist ihnen aber auch irgendwie bewusst, dass das nicht unbedingt totaler Blödsinn sein muss, denn es muss ja seine Bewandtnis haben, warum der Mensch so massiv von einer Sinnsuche abgehalten wird. Ebenso sind kritische Schriften zu ähnlichen Themen auch in demokratischen und freien Ländern schon auf dem Index gelandet.

Wieso also wird so enorm viel Aufwand angestellt, um Geist und Bewusstsein so oberflächlich wie möglich zu halten?

Ein möglicher Kontrollverlust, also Machtverlust, stellt sicher eine der ausschlaggebenden Befürchtungen dar.

Es scheint offenkundig auch unmöglich, alle Geister unter einen Hut zu bekommen, die Denkausrichtung aller Menschen auf einen einzigen Nenner zu bringen. Ein Erkennen und bewusstes Reflektieren der Tiefe des eigenen Geistes ist stets ein wichtiger erster Schritt, um die vollkommene Selbstverantwortung für das eigene Leben zu erkennen. Ein friedvolles Miteinander von Vielen im Äußeren, dessen Erkennen als unbedingte Notwendigkeit als Ergebnis innerer Prozesse des Einzelnen, ist zwangsläufiges Ziel der Erforschung des eigenen Seins.

Eine wachsende Bewusstheit lässt die Zunahme des Erkennens aller Umstände der weltlichen Zusammenhänge auf allen Ebenen entstehen, bei gleichzeitiger Bewusstheit über eine Verbundenheit aller Wesen auf einer real existierenden metaphysischen Ebene.

Es existieren sehr viele Wege, um diese Schritte zu machen.

Die ausführlichen Darlegungen bestimmter spirituell-religiöser Anschauungen, wie sie vorangehend zu lesen waren, haben hier nur beispielhaften Charakter. Die beschriebenen Prozesse der Erkenntnis können unabhängig jeder religiösen Ausrichtung gemacht werden oder auch im Rahmen religiöser Strukturen erfolgen. Denn zweifellos enthalten viele alte und etablierte Religionen Botschaften, die ein friedvolles und soziales Miteinander der menschlichen Gemeinschaft zum Ziel haben, ebenso wie ihnen selbstverständlich eine spirituelle Komponente innewohnt.

Leider sind sie über die Zeiten durch unzählige Fehlinterpretationen absichtsvoll oder auch aus reinem Missverständnis heraus verzerrt und meist in rein moralisierende Vorgaben und Frömmelei gewandelt worden. Allein die Inhalte der biblischen zehn Gebote können als eine rein ethisch-soziale Grundlage herhalten, die auch losgelöst vom Glauben an einen Gott die Basis für ein tugendhaftes Leben in einem konfliktarmen Miteinander aller Menschen bilden könnte.

Nötig ist der Entscheid, sich auf die Suche nach inneren Wirklichkeiten und Wahrheiten zu begeben, der sich unmittelbar auch auf das äußere Leben auswirkt.

* * *

Als simples Fazit kann vielleicht festgehalten werden, dass die Menschheit umso besser gesteuert werden kann, je dümmer sie ist. Sie in größtmöglicher Unwissenheit zu halten und vor allem in der riesigen Gruppe der wirklich Armen in der Welt höhere Bildung zu vermeiden, gehört zu einem erkennbaren Konzept. Dies trifft auf die banalsten Dinge im alltäglichen Leben eines jeden einzelnen zu, wie sie zu Beginn des Buches angerissen wurden, als auch auf Strukturen und Verhältnisse, die tatsächlich ganze Völker und die Geschicke der Menschheit betreffen.
Von übergreifenden Fragen soll der Mensch abgehalten werden.
Eine Befriedung des eigenen Lebens und das der Mitmenschen beginnt aber definitiv im einzelnen Individuum und nur dort.
Selbstverständlich ist es jedem nur möglich, aus dem eigenen Blickwinkel heraus wahrzunehmen und sich mitzuteilen.
Insofern findet hier das Vermitteln einer ganz subjektiven Betrachtung statt, die an möglichst vielen Beispielen festgemacht wurde, die übergreifend trotzdem jeden Menschen betreffen. Wenn die Abfolge der behandelten Themen von Beginn bis zu diesem Punkt nur grob betrachtet wird, entsteht vielleicht ein chaotischer Eindruck. Jedoch ist eine verbindende Linie ebenso leicht auszumachen.
Es dürfte wohl leicht fallen, bis hierher alles zu verstehen und den appellativen Charakter zu erfassen, auch wenn dieser vielleicht tatsächlich naiv anmutet.
Er begründet sich unter anderem darin, die Möglichkeit der Einflussnahme deutlich aufzuzeigen.

Eine der größten Suggestionen besteht in der subtilen Botschaft des Ausgeliefertseins gegenüber den großen Themen der Welt.

Sie setzen sich aber aus all den kleinen Themen der einzelnen zusammen.

Und innerhalb des eigenen kleinen Universums hat es jeder stets in der Hand, zumindest kleine Veränderungen zu vollziehen, die Prozesse in ihm selbst bewirken, die aber auch gesehen werden und Übertragungen auf andere haben können.

Wieso also nicht aktiv davon Gebrauch machen, die Welt im Rahmen der eigenen Möglichkeiten zu verändern?

Es dürfte deutlich geworden sein, wie größtmögliche Besonnenheit und Friedfertigkeit nur von Vorteil sein können, unabhängig vom jeweilig angestrebten Ziel oder Thema.

Diese grundsätzliche Einstellung beginnt immer zuerst im eigenen Selbst. In diesem Sinne sollte der Mensch permanent auf seinem Weg sein, im Sinne eines unentwegten Voranschreitens. Sowohl in der Schulung des eigenen Geistes als auch in Aktionismus und Interaktion im Weltlichen, die zwangsläufige Folge sind und seien sie auch noch so subtil und gering.

Freiheit ist das höchste Gut des Menschen und, wie deutlich gezeigt wurde, erst recht und natürlicherweise auch jedes Tieres. Sind sie doch in der Beschneidung des eigenen Freiraums und Selbstbestimmung am meisten betroffen.

Diese Freiheit wird allen fortwährend weggekürzt, bei gleichzeitiger Verkündung der Formel, der Erhalt dieser Freiheit und ihre Verteidigung sei das einzig Erstrebenswerte und Wichtige.

Wie mehrfach festgestellt, machen manche Strebungen auf dem Erdball überhaupt keinen Hehl aus ihrem Ansinnen, Freiheiten einzuschränken und Menschen nicht nur Recht, sondern gar auch Fähigkeit zur Selbstbestimmung abzusprechen.

Zudem trägt ja auch das Wirken der Anführer der angeblich freien Nationen massiv zur Beschneidung der Freiheit bei.

Obwohl paradox dazu gegenteilig behauptet wird, die Kürzungen trügen gerade zu Schutz und Erhalt der Freiheit bei, seien aber nun mal notwendig geworden, etwa im Kampf gegen Terror.

Dennoch kann der Einzelne sich stets aufs Neue bewusst machen, dass sein eigenes Leben auch zu einem großen Teil in seinen eigenen Händen liegt.

Man kann über die Erörterungen der chaotischen Zustände des eigenen Lebensraumes zu einer Besinnung auf das ganz Wesentliche in sich selbst gelangen und darüber in eine veränderte Grundhaltung. Diese kann, soll und darf jeder auch nach außen tragen.

* * *

All die hier angerissenen Themen und Umstände können mittlerweile von so gut wie jedem Menschen leicht herausgefunden und mehr oder weniger auch auf ihren Wahrheitsgehalt hin überprüft werden.

Alle möglichen Verschwörungstheorien und teilweise auch deren Realität sind allgemein bekannt. Trotzdem richtet sich niemand wirklich dagegen aus oder belächelt sogar Menschen, die immer noch darauf hinweisen. Genau hierin besteht der ursprüngliche Ansatz, darüber zu schreiben und hier ist auch der Grundstein für die allumfassende Manipulation des Geistes gelegt.

Gefällt es den Menschen, Sklaven zu sein?

Wahrscheinlich würde jeder auf diese einfache und naive Frage mit einem entschiedenen Nein antworten.

Wieso sind sie es dann?

Es ist offensichtlich, dass eine große Gruppe, über 90 % aller Menschen, mit allen möglichen Informationen über fürchterlichste Dinge konfrontiert werden kann, ohne dass irgendetwas Nennenswertes daraus entsteht, um Besseres herzustellen oder Schlimmes zu mindern.

Die Menschheit bleibt stets passiv - während eine sehr kleine Gruppe stets initiativ ist, um die große Gruppe noch besser zu kontrollieren.

Ist das nicht auffällig?

Dem Individuum wird die Unterdrückung seines Geistes und seines gesamten Lebensbereiches aufgezeigt und erläutert und es lacht noch darüber.

Genau darin besteht die Manipulation.

Wer jetzt mitleidig und wissend lächelt ist Opfer dieser Strategie.

Daran kann man feststellen, wie subtil und doch sehr mächtig sie ist, und wie sehr man ihr unterlegen ist.

Glaube

Die umfassende Abwendung von allen Themenbereichen, die mit dem Begriff des Glaubens in Verbindung gebracht werden können, so wie es in den letzten Jahrzehnten vor allem in den westlichen, »fortschrittlichen«, Gesellschaften zu beobachten war, eine damit verbundene Ausrichtung zu ausschließlicher Rationalität und Bewertung alles Geschehens nur auf der logischen Ebene, gehört sicherlich mit zu genau dieser umschriebenen und vermuteten Strategie.

Eines ihrer Ziele besteht darin, den Menschen ihren Glauben an definitiv vorhandene höhere geistige Kräfte und den inneren Zugang zu diesen Kräften, sowie die Glaubensfähigkeit an sich, zu nehmen.

Damit wird dem Menschen auch der Glaube an sich selbst und seine eigenen kreativen Kräfte und Möglichkeiten genommen.

Kann dies nicht erfolgen, weil manche Völker tiefer als andere in ihrem Glauben verwurzelt sind und entsprechend traditioneller leben, so wird versucht, die Inhalte des Glaubens zu instrumentalisieren und zu verfälschen.

Dies ist aktuell am besten an der massiven Radikalisierung innerhalb des Islam erkennbar und wie diese große Religion von immens vielen, äußerst weltlichen Gruppen und Richtungen dazu verwendet wird, extreme Verklärungen religiöser Botschaften zu erschaffen, um Ziele zu erreichen. Und zwar über eine gezielte Manipulation des Geistes. Angesichts der jüngsten Ereignisse und Anschläge im Namen radikal-islamischer Terrorgruppen braucht dies wohl nicht näher erläutert zu werden.

Eine Anpassung von Glaubensinhalten an ausschließlich weltliche Ziele und Ideale oder gar eine Ausrottung des Glaubens raubt dem Menschen in seinem Inneren auch seine Zuversicht und damit verknüpft auch ein gesundes Selbstgefühl.

Damit wird er immer offener und lenkbarer für alle möglichen Einflüsse, die in ihm als Einzeltier der großen Herde nur ein genau ebensolches sehen.

Die wenigen überlebenden und inhaftierten Attentäter der Anschläge in Frankreich und Belgien 2015 und 2016 haben ja beispielhaft bestätigt, wie leicht es fällt, simple Gemüter mit simplen Botschaften zu manipulieren und sie zu fatalen Handlungen zu bewegen, ohne dass sie selbst in der Lage wären, dies auch nur im Ansatz zu erkennen.

* * *

Fehlt der Glaube an sich selbst und ebenso an eine mögliche übergeordnete spirituelle Kraft, werden alles Geschehen und das eigene Dasein bis in die kleinste Faser als seelenloses Zufallsprodukt ohne jeden tieferen Sinn und Zweck wahrgenommen, so entsteht auf einer tiefen Ebene eine ebenso tiefe Resignation und nach außen eine vollkommene Gleichgültigkeit und Oberflächlichkeit.

Dies ist bereits überall deutlich erkennbar.

Dies ist die verborgene Botschaft an die Menschheit, mit der sie lenkbar gehalten wird.

Der Umstand, dass die offiziellen Führer großer Nationen sich zu einem von mehreren etablierten Glaubenssystemen bekennen, dient höchstens weiterer Verwirrung und steht zudem in krassem Widerspruch aller Entscheidungen, Vorgaben und Handlungen, die von den Führungskräften ausgehen.

An dem einfachen Beispiel ganz zu Beginn wurde dies schon deutlich.

Wie wahrhaftig kann eine angebliche eigene Glaubensausrichtung sein, wenn Massentötungen und Kriege kühl geplant und umgesetzt werden, die dazu noch auf nachweislichen Lügen beruhen?

Wie kalt, berechnend und boshaft müssen Menschen in ihrem Inneren sein, um so etwas in die Welt zu bringen - und sich gleichzeitig auf die Führung eines Gottes zu berufen?

Es soll jedoch nicht der religiöse Glaube an sich als Grundvoraussetzung für ein Miteinander aller Menschen in Frieden und Harmonie propagiert werden. Allein die ganz unterschiedlichen Inhalte der diversen existierenden Glaubenslehren zeigen ja die Unmöglichkeit, die Menschheit als Ganzes in einer dieser Lehren geistig unterzubringen. Schon daran ist erkennbar, wie Illusion und Wunsch den religiösen Glauben bestimmen.

Eine objektive Betrachtung führt zu der Frage, was Glaube eigentlich ist. Weiter oben wurde beschrieben, wie Geist und Verstand sich beim jungen Menschen bilden und dass Denkinhalte, Werte und Überzeugungen fast ausschließlich übernommene geistige Strukturen sind. Zwangsläufig muss dies auch auf den religiös motivierten Glauben zutreffen.

Man übernimmt Vorgaben ohne sie zu hinterfragen oder unterstellt sich einer Richtung, die doktriniert wurde oder einem am meisten sympathisch erscheint. Die Illusion wird deutlich, wenn der Vorgang des Betens genauer ins Visier genommen wird: Jeder Gläubige, egal welcher Ausrichtung, betet und bittet. Zu einem angenommenen übergeordneten Wesen. Alle Gläubigen sind der Überzeugung, dass ihr Gott der wahre und einzige ist. Es ist ähnlich wie mit der Bildung der Gewissensstruktur. Die moralischen Werte, die verinnerlicht werden, sind meistens ähnlich zu denen des Umfelds, der Kultur und des Lebensraumes, sowie der dort dominierenden Religion und alle sind wechselseitig abhängig voneinander.

Wenn der unreflektierte Geist dafür betet, etwas in seinem Leben möge sich erfüllen, so ist das eine ganz individuelle Sache.

Er lässt außer Acht, ob die Berechtigung seiner Bitte auch für seinen Nachbarn die gleiche Wertigkeit haben könnte.

Oder ob seine Bitte, so sie erfüllt würde, nicht vielleicht einem anderen schaden könnte.

Hier kommt die Relativität aller Dinge zum Tragen: Wird der Bezugspunkt verändert, ändert sich auch der Wert und die Bedeutung. Wird ein Baum gefällt, können viele sehr nützliche Dinge aus seinem Holz erschaffen werden. Gleichzeitig verlieren viele kleine Lebewesen ihre Behausung oder gar ihr Leben durch das Fällen des Baumes. Geschweige denn der Baum als Lebewesen selbst sein Leben. Der Wald, in dem der Baum stand, verliert ein Bestandteil, der ihn als Wald ausmacht.

Gleichzeitig wird Platz geschaffen für einen neuen Baum oder gar mehrere kleinere.

Das Fällen dieses Baumes hat also viele völlig unterschiedliche Bedeutungen und Konsequenzen, je nachdem, ob die Sichtweise eines Tischlers, eines Vogels, eines Insekts oder des Baumes selbst herangezogen wird oder ob über Nutzen oder Schaden des Fällens für den Waldbestand spekuliert wird. Eine einzige Sache besitzt demnach mehrere ganz verschiedene Wertigkeiten, die aber alle real nebeneinander bestehen und das trifft auf absolut alles zu.

Es erscheint ganz und gar nicht sinnvoll und auch vollkommen unmöglich, dass ein Gott allen Wesen, die zu ihm beten, die Inhalte ihrer Gebete erfüllen kann. Denn sie sind in ihrer Vielfalt auch inhaltlich so widersprüchlich und konträr, dass dies ganz unmöglich ist.

Das Individuelle und ganz Subjektive ist immer an die erste Stelle für das Motiv des Betens an sich zu stellen.

Aus solchen einfachen Überlegungen heraus wird deutlich, dass Glaube ein Produkt des Denkens und des Wunsches ist.

Niemals ist der Glaubensinhalt objektiv überprüfbar.

Leider machen sich die Anhänger der Glaubenslehren auch niemals die Mühe, sich selbst diesen kritischen Fragen zu stellen.

Wahrscheinlich schon wegen des intuitiven Wissens, dass ihr Glaube darunter zusammenstürzen würde.

In Bezug auf den Buddhismus als nicht mono- oder polytheistische Glaubenslehre erhält dieser von seinen Inhalten her im Vergleich die höchste Wahrscheinlichkeit einer Authentizität. Und zwar, weil er die vollkommene Eigenverantwortung jedes einzelnen Wesens heraushebt und an die vorderste Stelle stellt. Von dieser und den Qualitäten des eigenen Handelns hängt das Schicksal ab und nicht von der Gunst eines übergeordneten Gottes.

Zahlreiche Phänomene weisen auf die Möglichkeit und Wahrscheinlichkeit eines Fortbestehens aller lebendigen Wesen hin, wie es beschrieben wurde. Ob die Möglichkeiten hierfür, etwa die tatsächliche Existenz jenseitiger Dimensionen und anderer Welten, ganz ursprünglich bewusst von einem vielleicht doch vorhandenen übermächtigen Wesen erschaffen wurden oder sich aus sich selbst heraus in unzähligen Prozessen gebildet haben, darüber kann wohl auch diese Religion keine Antworten liefern.

Ebenso ist es zweifellos ein erkennbarer Umstand, dass auch diese Religion für die allermeisten seiner Anhänger zu einer leeren Hülse verkommen ist, in die die gleichen Wünsche in Form von Gebeten und Huldigungen projiziert werden, wie es auch bei den anderen Religionen der Fall ist. Der Glaube, wie der Mensch ihn heute kennt und im Rahmen der Religionen auffasst, erweist sich aber bei eben genauerer Untersuchung als ein imaginäres Gebilde des eigenen Geistes, das nur die Funktion eines eingebildeten Trostspenders hat.

Der tiefe Sinn scheint also vorhanden, ist über religiösen Glauben aber wohl nicht zu erfassen.

Allein das Vertrauen in seine Existenz ist das einzige, aus dem der Mensch Trost ziehen kann. Angesichts zahlreicher Phänomene, Begebenheiten und auch außergewöhnlicher Fähigkeiten einzelner ergibt sich am Ende die Feststellung der höheren Wahrscheinlichkeit des Sinns gegenüber des Zufalls.

* * *

Offenbar ist Glaube eines der wichtigsten Elemente, um das eigene Leben als sinnvoll betrachten zu können.

Sei es der Glaube an eine spirituelle Kraft oder an sich selbst. Das scheinbare Ziel der Ausmerzung jedes tieferen Glaubens in den Menschen oder die Instrumentalisierung der Glaubensfähigkeit selbst als Möglichkeit um weltliche Ziele zu erreichen und Menschen dafür über einen fehlgeleiteten Glauben zu missbrauchen ist scheinbar erkannt worden. Großes und auch Friedvolles kann vollbracht werden, wenn ein unumstößlicher Glaube dahinter steht.

Genau deshalb wird versucht, den Glauben zu vernichten oder ihn zu verklären. Hinter dieser Struktur ist immer auch das Muster des Destruktiven zu erkennen. Zerstörung, Entzweiung, Zwietracht, Gewalt im Äußeren und Gefühle wie Hass, Stolz und Gier als innere Voraussetzungen sind das Muster dieser zerstörerischen Struktur, mit der die Menschheit kontrolliert wird.

Technischer Fortschritt, der sich auch immer noch schneller vollzieht, spielt dem zu und möglichst simple Gemüter, Unwissen oder schlichte Dummheit sind der Nährboden für eine allumfassende Kontrolle des Geistes selbst.

Epilog

Wie festgestellt wurde, ist der Glaube selbst ein entscheidendes Element für Erfolg in jedweder Hinsicht.

Da ja zum Beispiel die unterschiedlichen spirituell-religiösen Glaubensrichtungen im Vergleich zueinander inhaltlich oft höchst widersprüchlich sind, haben dennoch immer wieder einzelne Anhänger ganz verschiedener Glaubensrichtungen ihren Geist in hohem Grade kultiviert und sind zu Idolen und lebenden Beispielen geworden.

Zu Menschen, die teilweise zu körperlichen wie geistigen Leistungen fähig sind oder waren, die eigentlich nicht möglich sein sollen. Ihr Glaube im Sinne einer tiefen Überzeugung ist aber anscheinend immer die wichtigste Grundlage hierfür gewesen. Auch vollkommen weltlich und eher unreligiös ausgerichteten, aber sehr erfolgreichen Menschen, wird immer eines bescheinigt: Der Glaube.

Ihr Glaube an sich selbst und an die Sache, die ihnen den Erfolg bereitet hat. So wird es auch von betreffenden Menschen selbst bezeichnet. Sie heben stets hervor, wie wichtig und unabdingbar ihr Glaube an sich und ihre Sache gewesen ist. Ohne diese tiefe Überzeugung kann wirklicher Erfolg nicht gelingen. Der Glaube ist somit das wichtigste Fundament für jedes erfolgreiche Vorankommen. Es ist vollkommen unwichtig, ob es sich um einen religiösen Glauben handelt oder um den Glauben an sich und eigene Fähigkeiten oder den Glauben an eine Idee oder ein Prinzip.

Der Glaube selbst ist bei allen dieselbe Kraft.

Ob es sich bei entsprechenden Menschen um geistige Führer handelt oder außerordentlich erfolgreiche Wirtschaftsmagnaten, ist für den Glauben selbst einerlei. Je überzeugter der Mensch von der Sache ist, an die er glaubt, desto größere Leistungen und Erfolge kann er erzielen.

Genau dieser Glaube soll dem einzelnen »Herdentier« und der Masse als Gesamtheit geraubt werden. Alle Strebungen der Angehörigen der mächtigen »Kaste« der Menschheit laufen darauf hinaus: Aushöhlung der Inhalte religiöser Glaubenslinien oder Suggestion eines Selbstbildes, das dem eines einflusslosen Einzelwesens gleichkommt.

Eines von unzähligen in einer großen Gruppe, das weder allein noch kollektiv etwas bewirken kann.

Also der Verlust des Glaubens an sich selbst.

Dass viele aber doch Großes erreicht haben, und zwar mit einem unerschütterlichen Glauben, und unabhängig davon, ob sie aller Welt bekannt wurden oder in ihrem gesellschaftlichen Gefüge geblieben sind, zeigt, wie mächtig und wirksam der Glaube selbst tatsächlich ist. Daher kann abschließend nur vehement auf die Wichtigkeit des Glaubens hingewiesen werden.

Es ist offensichtlich egal, was der Inhalt des Glaubens ist.

Wichtig ist die Kultivierung und Festigung dieses Glaubens, der Fähigkeit zu glauben.

Es kann nur von Vorteil sein, Glauben in sich und an sich selbst zu finden. Die Methoden, zu ihm zu gelangen und die Ziele, die mit ihm erreicht werden wollen, sind sekundärer Natur und es bestehen unendlich viele Möglichkeiten, zu diesem Glauben zu finden und etwas mit ihm zu verwirklichen. Möchte der Mensch als Einzelwesen und die Menschheit als Ganzes einen tatsächlichen Fortschritt erzielen und sich von den geistigen Fesseln befreien, so muss der Glaube an erster Stelle stehen. Der Glaube daran, das Erstrebte auch erreichen zu können. Fehlt diese Überzeugung, ist jeder Aktionismus vergeblich. Möchte der Mensch in innerem Frieden mit sich selbst stehen und im Außen mit seinen Mitmenschen im Frieden zusammenleben, so muss er zunächst daran glauben, dass genau das möglich ist.

Selbstredend können viele destruktive Umstände, die diese Welt für die meisten mehr unkomfortabel als paradiesisch machen, nicht sehr schnell verändert und durch Besseres ersetzt werden. Aber bei allen Erfolgen ist zunächst immer irgendwann der erste Stein gesetzt worden.

Auch dies beinhaltet der Glaube: Dass der Erfolg kommen wird.

Ob gleich oder erst in vielen Jahren. Damit verbunden ist sicherlich auch eine gewisse altruistische Haltung. Sie muss nicht in der totalen Aufgabe des Selbst und nur in einer Aufopferung für eine Sache bestehen und sollte ebenfalls nicht mit einem künstlichen Märtyrertum gleichgesetzt werden. Nicht jeder ist ein Ghandi oder eine Mutter Theresa.

Jeder kann nur im Außen das verwirklichen, was er innerlich verwirklicht hat.

Der äußere Erfolg ist damit eng an die innere Wirklichkeit gebunden.

Also an die Überzeugungen, an den Glauben. Den Glauben an die eigene Wichtigkeit im eigenen Leben und in der Welt. Und den Glauben daran, dass vielleicht schon das eigene Denken als erster Baustein in der Zukunft auch anderen nützlich sein kann und auch sein wird.

Es ist nicht mehr nötig, weitere Umschreibungen und Beispiele zu benennen.

Den Kerninhalt umzusetzen ist zunächst eine individuelle Sache, die sich erst danach auch mit anderen Ideen und Menschen zu etwas wirklich Wirksamen in der Welt zusammenschließen und Neues erschaffen kann. Da die Idealbilder, die hier beschrieben werden, eben leider nicht und immer weniger von Menschen vorgelebt und propagiert werden, die in der Öffentlichkeit stehen und jedermann bekannt sind und die somit Vorbildcharakter haben, sollte sich der Einzelne ohne sie auf den Weg machen. Etwa mit dem Ziel, Bildung und die Möglichkeiten hierfür tatsächlich an eine ganz hohe Stelle zu setzen.

Unermüdliche Verringerung und letztlich Abschaffung von Unwissenheit.

Entfaltung der geistigen Möglichkeiten in einem friedvollen und sozialen Miteinander muss wichtiger werden als Konfliktlösung durch Gewalt.

Bildung statt Militäretat.

Verbunden mit der Aufgabe einer allzu egoistischen Haltung und einer Förderung des Gewahrseins der Wichtigkeit eines kollektiven Zusammenhalts. Dies muss in die Köpfe der Menschen, aller Menschen. Die Menschheit ist miteinander verbunden und muss wohl oder übel miteinander hier leben. Bis in alle Zeiten oder zumindest bis in eine sehr ferne Zukunft. Denn sie kann diesen Planeten nicht verlassen. Wieso nicht den Grundstein für eine lebenswerte und positive menschliche Gesellschaft jetzt setzen?

Ordnung im Denken, Erschaffung von geistigen Werten, Minderung rein triebhafter Strebungen, Kultivierung des Glaubens.

Um fast zuletzt auf die vermutete große Manipulation zurückzukommen, ein Zitat aus unbekannter Quelle:

»Das Teuflischte am Teufel ist, dass er die Menschen glauben macht, es gäbe ihn nicht.«

* * *

Als Gegenpol dazu zwei Zitate mehr oder weniger bekannter Zeitgenossen:

»Why not help one another on the way?
Make it much easier.
Say you just can´t live that negative way – if you know what
I mean.
Make way for the positive day.«

- Bob Marley -

* * *

»Here today – gone tomorrow.
Don´t need myself remembered.
What I help create and leave behind is important to me!«

- Jello Biafra - / - LARD -